Adriano Todaro

Dizionario politico-sociale di Nova Milanese

Passato e presente

ZeroBook
2018

Titolo originario: *Dizionario politico-sociale di Nova Milanese: Passato e presente* / di Adriano Todaro

Questo libro è stato edito da **ZeroBook**: www.zerobook.it.
Prima edizione: ottobre 2018
ISBN 978-88-6711-152-7

Controllo qualità **ZeroBook**: se trovi un errore, segnalacelo!
Email: zerobook@girodivite.it

La vita non è quella che si è vissuta, ma
quella che si ricorda e come la si ricorda
per raccontarla.

Gabriel García Márquez
"Vivere per raccontarla", Mondadori 2004

Con il sostegno ideale dell'Arci di Nova Milanese

Questo libro è dedicato ad Enrico Rossi ed Elio Sala. Sicuro che
mi avrebbero consigliato per il meglio.

A.T.

Libri dello stesso autore

Autobianchi: vita e morte di una fabbrica

Editrice l'esagono, 1993

Nuova Edizione – *ZeroBook 2018*

4 strade: il romanzo-Storia della Resistenza

a Nova milanese e in Brianza

unità a sinistra-Comune di Nova Milanese, 1995

Una vita in prestito - Storia delle cooperative di Nova

Editrice Legacoop, 1997

Dizionario politico - sociale di Nova Milanese

Edizioni unità a sinistra, 1998

Un mattone lungo un secolo

Editrice Cooperativa La Benefica, 2001

Una botta di vita

(a cura di) *Edizioni Unitre di Cesano, 2009*

Dizionario politico - sociale di Cesano Maderno

(a cura di) *Edizioni Unitre di Cesano, 2011*

Dizionario politico - sociale di Varedo

(a cura di) *Edizioni Unitre di Varedo, 2014*

Neuroni in fuga

ZeroBook, 2017

Indice generale

Istruzioni per l'utilizzo di questo libro

Già nel 1998 avevo pubblicato un dizionario su Nova Milanese. Oggi ho sentito il bisogno di aggiornarlo perché quei dati sono ormai obsoleti. Inoltre era appesantito da tutta una serie di voci che non riguardavano propriamente Nova, quanto piuttosto la società, in generale.

Il libro che avete fra le mani è diviso in otto capitoli più, alla fine, uno studio compiuto da Puccy Paleari sulle vie di Nova. All'interno degli otto capitoli, sempre in ordine alfabetico, il lettore troverà tutte le voci che corrispondono a quel capitolo.

Certo, molte voci non appaiono. Alcune voci perché non mi sono sembrate importanti; altre perché mi sono sfuggite. In totale ci sono circa 800 voci (escluse quelle riguardanti i consiglieri comunali che sono più di 300). Poche, se le confrontiamo con un vero e proprio dizionario, ma abbastanza per far conoscere al lettore cosa è stata Nova e cosa è oggi.

Essendo tutto perfettibile, questo lavoro lo si poteva fare, forse, in modo diverso e certamente migliore.

Credo, tuttavia, che la lettura di questo libro possa rappresentare un buon inizio.

Durante la redazione del libro mi sono posto il dilemma se cancellare tutte le vecchie voci e mettere solo le voci riguardanti Nova oggi. Poi ho deciso diversamente, perché mi sono reso conto che il lettore avrebbe avuto l'esigenza di un confronto fra il vecchio e il nuovo. Ad esempio oggi si parla molto, spesso negativamente, dell'immigrazione da Paesi stranieri. Io ritengo, però, che il sapere quanti immigrati ci fossero a Nova negli anni Cinquanta del secolo scorso, sia un dato importante per capire la realtà di oggi.

La stessa cosa l'ho potuta notare nel capitolo dedicato alle Associazioni. Un radicamento importante, questo, per Nova. Eppure, gran parte di queste associazioni sono sparite. Quando chi le ha fondate, le ha gestite e vissute, ha abbandonato per diversi motivi l'associazione, la stessa è morta. Indagine sociologica, certo. Io, molto più semplicemente, ho cercato di far comprendere al lettore che alcuni decenni fa, la struttura e la ramificazione della nostra piccola società novese, era molto avanzata e direi moderna.

Oggi la memoria è un lusso. Qualcuno dice – come l'ex magistrato Gherardo Colombo in un suo famoso libro – che è un vizio. La memoria è spesso faticosa e ingombrante. Eppure, la riappropriazione della memoria, inevitabilmente, porta ad una crescita e ad una consapevolezza comune.

Spesso la memoria è l'unico antidoto che abbiamo nei confronti del morbo dell'indifferenza, del qualunquismo, del razzismo. La memoria, quindi, come argine al disordine. Questo lo dicono in tanti e non sto inventando nulla. La memoria, però, deve essere coltivata, alimentata, sostenuta. Se non si fa questo diventa solo retorica, triturata nel grande frullatore dei mezzi di comunicazione di massa, banalizzata, magari, da un *"mi piace"*.

Comprendere la differenza che corre tra ricordo e memoria significa trovare gli elementi per costruire il nostro domani. La differenza è sostanziale. Non per cullarci nella nostalgia, nella retorica del *"si stava meglio quando si stava peggio"*, quanto, piuttosto, avere consapevolezza che la memoria è il nostro scudo contro l'oblio e l'apatia.

Pubblicare un libro nel nostro Paese non è impresa facile. Con l'aggravante che è molto costoso. Certo, oggi la tecnica ci aiuta ma poi è necessaria una capillare distribuzione, una adeguata pubblicità, magari trovare qualcuno (istituto di credito o azienda) disposto a sponsorizzare il libro. D'altronde è risaputo che oggi, in Italia, se il libro non ha, quanto meno, alcuni "passaggi" in televisione, non si vende. Allora è necessario trovare altre vie, trovare opzioni alla normale distribuzione, alla composizione, alla stampa. Insomma, se non puoi o non vuoi fare il giro delle sette chiese ed elemosinare qualche euro, il libro te lo devi fare da solo.

Nella pratica, un nuovo modello di editoria.

È quello che ho fatto. Questo libro non ha un prezzo di vendita perché in tal caso avrei dovuto denunciare la cosa alla Siae, avere la possibilità di fatturare e amenità del genere. Poche copie stampate e regalate alle istituzioni. Poi, chi lo vuole, lo acquisti presso gli *store* che ci sono in rete, sia in formato cartaceo e sia in formato elettronico e-book

Nella speranza di non aver dimenticato nessuna voce, il lettore, più precisamente, troverà i seguenti capitoli:

- **Sindaci, podestà, assessori, consiglieri comunali** – In questo capitolo, il primo, si troveranno tutti coloro che nel corso degli anni, dal 1860 al 2018, sono stati eletti nel Consiglio comunale di Nova. Inoltre i podestà e i commissari prefettizi. C'è da precisare – come spiego nel cap. 1 – che non è stato possibile avere tutti i dati che riguardano i consiglieri comunali dal 1860 al 1923. Dalla Liberazione (elezioni del 1946) al 2018, il lettore, invece, troverà tutti i consiglieri comunali, divisi per data di elezione.

- **Comune, territorio** – Le notizie che riguardano il Comune inteso anche dal punto di vista territoriale. Dalle prime lampade elettriche a quanto è costato il "nuovo" Municipio, da quanto guadagnavano i sindaci di un tempo a quanto guadagnano ora così come i consiglieri comunali, gli assessori, il segretario comunale e il presidente del Consiglio comunale, dal primo piano regolatore ai carabinieri, a quanti sono i poliziotti urbani di Nova e altro ancora.

- **Resistenza, deportazione, pace, guerra** – Per quanto riguarda i partigiani, hanno voce propria solo coloro che sono morti combattendo o nei vari campi di eliminazione nonché alcuni partigiani che anche dopo la Liberazione hanno avuto incarichi pubblici o sociali. E poi le vicende della Liberazione, le organizzazioni partigiane, i caduti della prima e seconda guerra mondiale, le manifestazioni avvenute a Nova per la pace.

- **Economia, lavoro** – Le notizie che riguardano l'economia novese, alcune aziende, le banche, i sindacati, gli infortuni sul lavoro avvenuti a Nova. Le vecchie filande e i Caaf, i redditi Irpef, la Tari ecc.

- **Associazionismo, cultura, informazione** – Sono riportate le associazioni culturali e sportive del passato e del presente. Per ognuna di loro, in poche righe, la loro storia, l'ambito dove operano ecc. offrendo così al lettore tutte quelle notizie indispensabili per conoscerle meglio. In questo capitolo anche notizie sui giornali locali; anche quelle testate che non esistono più ma che hanno lasciato segno del proprio operato.

- **Mondo cattolico e non solo** – Tutto ciò che fa riferimento al mondo cattolico (dalle chiese agli oratori, dalle associazioni di volontariato ad alcuni sacerdoti) ma anche notizie sulle due chiese evangeliche (quella cristiana evangelica e quella cristiana pentecostale) e la Sala del Regno dei Testimoni di Geova.

- **Sanità e interventi sociali** – Quando comincia ad operare la prima ambulanza a Nova? In quale anno? Dove il primo ambulatorio? E quanti medici operano, oggi, a Nova? Questo e tanto altro si trova nel capitolo sulla sanità, dagli Interventi sociali offerti dal Comune alle associazioni che operano in campo sanitario.

- **Statistica** – Riporto dati su Nova non solo ripresi dall'Istat, ma anche da altri enti di ricerca territoriale. Per sapere quanti sono a Nova gli analfabeti e quanti erano ad esempio venti anni fa, quanti i laureati, gli anziani, le vedove, i vedovi, i bambini che frequentano le scuole, gli immigrati stranieri e la loro provenienza. I depositi bancari dei novesi e quante auto ci sono oggi a Nova, nonché quanti rifiuti "producono" ogni giorno i novesi, il numero dei matrimoni ecc.

- *i rinvii* – Nel testo, i rinvii ad altre voci presenti nel dizionario, sono indicati dal segno ► posto prima della parola secondo la quale il lemma è ordinato alfabeticamente (es. "stipendio ►assessori" rinvia alla voce **assessori, stipendio**). Quando la voce cercata, è in un altro capitolo, fra parentesi troverete anche il numero del capitolo nel quale la voce appare. Questo non vale per il cap. 1, quello dedicato ai consiglieri comunali, perché avrei dovuto fare innumerevoli "rinvii".

Non sempre è stato agevole trovare i dati di questa o quella associazione o ente. Molte volte ho trovato delle resistenze incomprensibili – quasi fossero "associazioni segrete" e non pubbliche – restie a comunicare il numero dei loro iscritti o il costo della tessera. È il caso, ad esempio, di alcuni partiti. Questi dati il lettore non li troverà e non troverà neppure chi non ha ritenuto rispondere ai miei quesiti o che riportano, nel sito del Comune, numeri telefonici e indirizzi e-mail inesistenti.

Per ultimo, al capitolo nono, una ricerca fatta a suo tempo da Puccy Paleari che ho voluto titolare "**Storia di strade, strade di storia**". Una ricerca che dimostra, in modo lampante, come cambiano le denominazioni delle vie, secondo come cambia la situazione politica del Paese.

Voglio sperare che questo libro possa rappresentare elementi di conoscenza importanti. Sta al lettore novese, ora, avere la pazienza di leggerlo, sfogliarlo, consultarlo, farlo girare. Sul libro non c'è nessuna sorta di copyright, convinto come sono che il sapere, la conoscenza, non ha proprietà e deve circolare liberamente.

Adriano Todaro

ottobre 2018

⇒ I dati raccolti in questo libro, arrivano sino alla metà agosto del 2018.

⇒ Un libro come questo che tratta molti dati e nomi, è soggetto ad errori. È pressoché impossibile pubblicare un libro senza errori. Malgrado i controlli, gli errori spesso rimangono e si fanno notare solo a stampa terminata. Come dice una filastrocca-componimento sugli errori "... *Neppure il microscopio a scorgerlo è bastante, prima; ma dopo esso diventa un elefante... se pur dell'opera tutto il resto è perfetto, si guarda con rammarico soltanto quel difetto*". Mi scuso, quindi, con i lettori per gli eventuali e non voluti errori.

⇒ La foto di copertina della vecchia Nova fa parte della collezione di Angelo Baldo ed è stata tratta dal libro "Storia di Nova" di Massimo Banfi e, appunto, Angelo Baldo. Quella a colori della Nova di oggi, è tratta da Wikipedia.

⇒ Un grazie di cuore, a tutti coloro che hanno voluto fornirmi notizie per la realizzazione di questo libro. Non faccio nomi, perché c'è il pericolo di dimenticare qualcuno. Ma loro sanno quanto sono stati utili e indispensabili.

⇒ Un ringraziamento particolare va, però, al giornale on-line *girodivite* (www.girodivite.it) e all'editrice ZeroBook, per l'assistenza offertami durante la fase tecnica di progettazione e stampa del libro.

Capitolo primo: Politica

Sindaci
podestà, assessori,
consiglieri comunali
dal 1860 al 2018

Abbreviazioni dei partiti

Alleanza a Nova Milanese	Al	Partito dei democratici	Pdd
Alleanza nazionale	An	Partito democratico	Pd
Comunisti italiani	Ci	Partito democratico della sinistra	Pds
Democratici di sinistra	Ds	Partito liberale italiano	Pli
Democrazia cristiana	Dc	Partito nazionale fascista	Pnf
Democrazia proletaria	Dp	Partito popolare italiano	Ppi
Democrazia Libertà-Margherita	Dlm	Partito socialista democratico italiano	Psdi
Di più per Nova	D+	Partito repubblicano italiano	Pri
Fare per Nova	Fpn	Partito socialista di unità proletaria	Psiup
Forza Italia	Fi	Partito socialista italiano	Psi
Io lavoro per Nova	Ilpn	Partito socialista unitario	Psu
Italia dei valori	Iv	Per Nova con Barzaghi	Pnb
Lega nord	Ln	Per Nova con... cretamente	Pnc
Liberi e Uguali	LeU	Polo della libertà	Pdl
Movimento 5 Stelle	M5s	Rifondazione comunista	Rc
Movimento sociale italiano	Msi	Sinistra unita per Nova	Sun
Noi con Andrea Romano	Ncar	Sole che ride	Sr
Nova 2000 per Colombo	N2000	Tutti insieme per Nova con Manzoni	Tim
Nova che cambia	Ncc	Unità a sinistra per Nova	Usn
Nova Ideale	Ni	Verdi alternativi	Va
Partito comunista italiano	Pci	Vivere Nova	Vn

I Podestà di Nova Milanese

Il **podestà** era il titolare della più alta carica civile nel governo delle città dell'Italia centro-settentrionale durante il Basso Medioevo.

Nei secoli successivi e fino al 1918 il termine fu impiegato per designare il capo dell'Amministrazione comunale, in particolare nei territori di lingua italiana soggetti al dominio dell'Impero austro-ungarico.

Durante il regime fascista, gli organi democratici dei comuni furono soppressi e tutte le funzioni svolte in precedenza dal sindaco, dalla Giunta comunale e dal Consiglio comunale furono trasferite al podestà, che era nominato dal governo tramite regio decreto. Il podestà d'epoca fascista rimaneva in carica cinque anni con possibilità di rimozione da parte del prefetto oppure di riconferma oltre i cinque anni canonici. Questi i podestà di Nova:

Beretta, Giuseppe – Nato a Cusano Milanino il 10 luglio 1894, ma abitante a Nova, è stato segretario del Pnf di Nova nel 1922 e, nel 1937, nominato, per qualche tempo, podestà in sostituzione di Achille Prada. È morto il 22 gennaio 1975.

Prada, Achille – Nato a Nova Milanese il 2 aprile 1898, ingegnere e proprietario della omonima falegnameria di via Roma. Achille Prada, durante il periodo fascista, fu nominato podestà l'11 luglio 1926. Nel 1937 viene sostituito, per breve tempo, da Giuseppe Beretta. Ritorna podestà sino al 6 settembre 1941 quando si fa sostituire da Antonio Sartori. Pochi mesi dopo, riprende la carica e la mantiene sino al 3 novembre 1943 quando a Nova arriverà il commissario prefettizio Ugo Belitrandi. L'azienda di Prada, fondata dal padre nel 1878, ha prodotto mobili e, durante l'ultima guerra, barconi e ponti mobili per l'esercito. Nel 1960 ci lavoravano 60 persone. Poi, pochi anni dopo, la richiesta di fallimento e la conseguente chiusura dell'azienda. È morto a Bordighera il 17 marzo del 1965.

Sartori, Antonio – Viene nominato podestà di Nova Milanese il 6 settembre 1941 in sostituzione di Achille Prada.

I Commissari prefettizi

Il **commissario prefettizio**, nell'ordinamento italiano, indica l'organo monocratico di amministrazione straordinaria del comune o della provincia. È previsto dall'art. 141 del decreto legislativo 18 agosto 2000, n. 267.

È sempre un membro della Prefettura cui il Comune appartiene e viene inviato per gestire la normale e corrente amministrazione (quando ad esempio le forze politiche non riescono a trovare una intesa), Quando, invece, un Comune è sciolto per mafia, subentra una *commissione straordinaria*, composta da tre membri scelti fra funzionari pubblici e magistrati, in servizio o in quiescenza. A Nova Milanese ci sono stati, nel tempo, diversi commissari prefettizi:

Memeo, Vincenzo nel 1911

Turati, Riccardo dal 1923 al 1926

Belitrandi, Ugo dal 1943 alla Giunta della Liberazione

Palmiero, Mario e **Ajello, Raffaele** dal 1970 al 1971

Iacontini, Francesca nel 2003 (Commissario straordinario)

I sindaci di Nova Milanese dal 1860 al 2018

1860 - 1862	**Marzorati** Giuseppe	Moderato
1862 - 1876	**Pogliani** Gerolamo	Moderato
1876 - 1882	**Vertua** Lorenzo	Moderato
1882 - 1896	**De Barzi** Gerolamo	Moderato
1896 - 1899	**Marzorati** Marzio	Moderato
1899 - 1902	**Cetti** Giuseppe	Moderato
1902 - 1903	**Vertua** Lorenzo	Moderato
1903 - 1910	**Ferrari Ardicini** Alessandro	Conservatore
1910 - 1911	**Beretta** Achille	Conservatore
1911 - 1914	**Vertua** Lorenzo	Moderato
1914 - 1917	**Pessi** Carlo	Psi
1917 - 1920	**Seregni** Edoardo	Cattolico
1920 - 1921	**Crippa** Mario	Psi
1921 - 1923	**Pessi** Carlo	Psi
1945 - 1962	**Fedeli** Carlo	Psi
1962 - 1970	**Spreafico** Mario	Psi
1971 - 1985	**Fedeli** Giorgio	Psi
1985 - 1990	**Colombo** Antonio	Psi
1990 - 1993	**Parma** Renato	Pci
1993 - 1999	**Barzaghi** Laura	Dc
1999 - 2003	**Brioschi** Ermanno	Fi
2003 - 2008	**Barzaghi** Laura	Dc (poi Pd)
2008 - 2013	**Barzaghi** Laura	Pd
2013 - 2018	**Longoni** Rosaria	Pd
2018 - 2022	**Pagani** Fabrizio	Pd

Elezioni amministrative dal 1860 al 1923
Miscellanea degli eletti

Le prime elezioni comunali avvennero il 15 gennaio 1860. Di solito viene indicata la data del 30 maggio perché, negli archivi comunali di Nova, a quella data corrisponde il più antico verbale riguardante i consiglieri comunali. C'è da dire che è molto difficile ricostruire la nomina dei consiglieri comunali perché la legge dell'epoca prescriveva, periodicamente, il rinnovo di un quinto dei consiglieri comunali.

Dal 1860 al 1866, le elezioni amministrative si devono dunque ripetere nel luglio d'ogni anno per rinnovare di un quinto il Consiglio comunale e provinciale. È quello che è definito il "Decreto Rattazzi" dal nome di Urbano Rattazzi, ministro dell'Interno e della Giustizia, che in data 25 aprile 1859 riforma la Legge Elettorale del 17 marzo 1848. Fino al termine del secolo si continuerà a votare nel mese di luglio d'ogni anno per sostituire la scadenza naturale dei tre consiglieri eletti.

Lo spirito della riforma prevedeva il ricambio di tre sulla base dei quindici eletti che avevano diritto di restare in carica cinque anni per completare il proprio mandato. Tuttavia per la bassa affluenza alle urne e per effetto del voto limitato all'interno del gruppo di consiglieri insediati nel gennaio 1860 con le amministrative del regno sardo-lombardo, in parte rinnovato con le elezioni italiane nel luglio 1861, chi era estratto a sorte e chi usciva poi alla scadenza quinquennale del suo mandato, era solitamente rientrante per mancanza d'altri candidati.

L'unica volta che si tennero le elezioni amministrative generali fu nel gennaio del 1860, mentre successivamente gli eletti vennero suddivisi a sorte in cinque classi, ognuna delle quali doveva andare a rinnovo in un anno diverso. Gli appuntamenti elettorali potevano ovviamente dover supplire anche a casi di morte o dimissioni, ma in tal caso l'eletto proseguiva il mandato per il solo tempo restante a chi aveva sostituito. Le elezioni generali si sarebbero poi svolte solo in caso di commissariamento per incapacità di eleggere la Giunta.

Gli elettori del 1860 non ricevevano la scheda al seggio. Dovevano portarsi da casa un foglietto con scritto a mano o a stampa "Unione alla Monarchia Costituzionale del Re Vittorio Emanuele" oppure uno recante la dicitura "Regno Separato", piegarlo ed inserirlo nell'urna elettorale.

Il sistema elettorale era semplicemente quello del voto plurinominale illimitato: ogni elettore aveva la possibilità di esprimere tante preferenze quanti erano i consiglieri da eleggere. I candidati eletti erano ovviamente quelli più votati.

Per quanto riguarda Nova Milanese, non raggiungendo i 3 mila abitanti, si dovevano esprimere 15 consiglieri, fra i quali andavano scelti 2 assessori.

Per votare, così come recita il decreto del ministro Rattazzi, era necessario:

1) avere compiuto 25 anni di età e sapere leggere e scrivere;

2) pagare un annuo censo non minore di lire italiane 40.

Naturalmente le donne non potevano votare. Indipendentemente dal censo pagato, potevano votare (ed essere eletti) tutta una serie di persone che svolgevano determinate professioni come farmacisti, professori, i membri delle accademie, funzionari, militari, membri degli Ordini equestri ecc. Insomma, tutti escluso i lavoratori, i contadini.

Di molti degli eletti del periodo 1860-1923, non si hanno notizie anagrafiche certe. Un po' per la tenuta degli archivi e un po' perché alcune delibere, scritte a mano, sono risultate di difficile interpretazione. Una ulteriore ricerca presso l'Archivio di Stato di Milano, non ha dato i risultati sperati. Per questo motivo, rimandando una ricerca più approfondita solo di questa parte (1860-1923), ho preferito riportare solo dati certi. Spesso, in molti casi, solo il cognome e il nome in ordine alfabetico, indipendentemente dalla data di elezione.

La funzione di scrutatore per il rinnovo del quinto dei consiglieri comunali, veniva svolto dal vice parroco Ildebrando Lodi (o Todi).

Arosio, Edoardo – Nato a Nova Milanese il 14 febbraio 1888, è consigliere comunale socialista, quando, il 3 dicembre del 1922, viene istituita la prima scuola serale. Ha fatto parte del consiglio sindacale della Cooperativa Edificatrice Avanti. È morto il 5 maggio 1943.

Berri, Giulio - Di professione ingegnere è morto poco dopo l'elezione a consigliere comunale nel 1860.

Besostri, Pietro - Nato nel 1810.

Bianchi, Angelo - Nato a Nova Milanese nel 1810.

Bianchi, Giuseppe -

Boffi, Giovanni - Nato a Nova Milanese nel 1872 (oppure il 30 marzo 1875), era in Consiglio comunale nel 1920 quando venne rieletto sindaco, il socialista Carlo Pessi. Assieme ad altri tre consiglieri della minoranza, sull'elezione di Pessi si era astenuto. È morto a Milano il 26 aprile del 1922 (oppure a Moncalieri-To) l'11 maggio del 1946.

Bugatti, Agostino - Nato a Nova Milanese l'8 novembre 1889, è consigliere comunale, socialista, quando nel 1920 viene rieletto sindaco, Carlo Pessi. Ha fatto parte del collegio sindacale della Cooperativa Edificatrice Avanti. È morto il 2 febbraio 1923.

Bugatti, Angelo -

Bugatti, Carlo - Nato a Nova Milanese nel 1826.

Bugatti, Erasmo - Nato a Nova Milanese nel 1793.

Bugatti, Giuseppe -

Canzi, Giuseppe - Nato a Nova il 12 luglio 1867, uno dei primi socialisti ad entrare in Consiglio comunale nel 1902 (assieme a Luigi Grimoldi) eletto con 103 voti. È morto il 14 agosto 1922.

Caremi Pietro - Consigliere comunale dal 1883 al 1896, quando viene eletto sindaco Marzio Marzorati in sostituzione di Gerolamo De Barzi.

Cattaneo, Enrico -

Cattaneo, Felice -

Cetti, Gerolamo - Fratello del sindaco Giuseppe, ingegnere, moderato, è stato assessore. Il 24 novembre 1895, si dimetterà dalla carica perché gli arriva in ritardo la convocazione del Consiglio comunale. Cetti abitava a Como. Nell'aprile 1913, dopo la morte del fratello Giuseppe, fu eletto sindaco, ma rifiutò l'incarico.

Cetti, Giuseppe – Sindaco moderato di Nova dal 1899 al 1902. Fu sua la decisione di costruire, nel 1901, la ►scuola elementare di via Roma (cap. 5).

Conti, Cipriano –

Crippa, Mario – Esponente socialista novese di rilievo, fa parte di quel Consiglio comunale (era assessore) che il 26 luglio del 1914, elegge il primo sindaco socialista Carlo Pessi e l'ha sostituito quando questi, nel maggio 1917, viene imprigionato per antimilitarismo. Nel luglio 1920, si dimetterà dalla Giunta assieme ad altri colleghi, per protesta nei confronti della sottoprefettura di Monza che voleva aumentare la tassa sul bestiame. È stato anche un acceso e anticlericale polemista dalle colonne del settimanale *La Brianza*.

De Barzi, Gerolamo – Nato a Milano nel 1819, nobile, è stato sindaco di Nova dal 1882 al 1896 e assessore. Si dimetterà il 31 agosto 1896. Al suo posto, Marzio Marzorati. È morto il 28 novembre 1898.

De Ponti, Ferdinando – Consigliere comunale di orientamento moderato, viene eletto nel 1902 con 94 preferenze. Sindaco, in quell'anno, Lorenzo Vertua.

Deponti, Antonio – È il segretario comunale nel 1860.

Deponti, Fedele –

Deponti, Francesco – Nato a Nova Milanese nel 1822.

Elli, Pompeo (fu Carlo) – Nato a Nova Milanese il 27 maggio 1887, è stato consigliere comunale, per il Psi sin dal 1920. Il 31 ottobre di quell'anno, in qualità di consigliere "anziano", ha diretto la seduta consiliare che ha rieletto Carlo Pessi. Nell'aprile 1945 sarà rieletto per il Psi. Ha fatto parte del Cln, fondatore della Cooperativa Autotrasporti Nova Milanese e del Circolo Socialista Giacomo Matteotti. Certamente uno degli esponenti socialisti più importanti di Nova. Nella sua osteria di via Garibaldi, si tenevano le riunioni antifasciste così come nell'osteria gestita da Alessandro Restelli chiamata, appunto, *osteria dei Restelin* e in quella di piazzetta Moronini gestita da Pietro Sironi. È morto il 24 settembre 1957.

Fasola Giuseppe – Nato a Limbiate nel 1864, consigliere comunale moderato e assessore, nel 1912, nella Giunta guidata da Lorenzo Vertua. È stato uno dei fondatori della Cooperativa di consumo della energia elettrica di Nova. Nel 1931, diventa presidente della Commissione per il censimento della popolazione. È morto il 12 giugno 1932.

Fedeli, Attilio – Esponente socialista, è nato a Nova e fa parte di quel Consiglio comunale che il 26 luglio 1914, elegge il primo sindaco socialista, Carlo Pessi e sarà lui a fare il comizio quando

Pessi tornerà dal confino, nel marzo 1919.

Figini, Giuliano – Nato a Nova Milanese il 6 settembre del 1888, è stato consigliere comunale nel 1922 quando, il 3 dicembre, l'Amministrazione comunale guidata da Carlo Pessi, decide di istituire la prima scuola serale pubblica. È morto il 17 gennaio 1975.

Frigerio, Angelo – Nato a Nova Milanese nel 1808.

Galbiati, Angelo –

Galbiati, Luigi –

Galli, Natale – Nato a Nova Milanese il 16 dicembre 1889, era in Consiglio comunale nel 1922, quando il 3 dicembre di quell'anno, l'Amministrazione comunale guidata da Carlo Pessi, decide l'istituzione della prima scuola serale. Ha fatto parte del collegio sindacale della Cooperativa Edificatrice Avanti di Nova. Membro del Comitato di Liberazione nazionale (Cln), ha fatto parte della prima Giunta della Liberazione ed è stato uno dei fondatori della Cooperativa Popolare di Consumo. È morto il 6 dicembre 1949.

Gargantini, Antonio –

Gatti, Angelo – Nato a Nova Milanese il 31 marzo 1877, fa parte di quel Consiglio comunale che il 26 luglio 1914, elegge il primo sindaco socialista, Carlo Pessi. È stato poi rieletto anche nel 1921. Ha fatto parte del collegio sindacale della Cooperativa Edificatrice Avanti di Nova. È morto il 20 luglio 1930.

Gavazzi, Pio – Ingegnere, conservatore e moderato, nato a Milano nel 1848, è stato consigliere comunale di Nova nel 1902 e nel 1914. Faceva parte di quella famiglia Gavazzi proprietaria delle famose filande di Desio e di quello che poi diventò il Banco di Desio. Fu lui a chiamare le squadracce fasciste, nel 1921, per reprimere gli scioperi nelle sue fabbriche. A Nova fu uno dei consiglieri più assenteisti. Non a caso era l'unico consi-

gliere assente quando fu nominato sindaco Carlo Pessi il 26 luglio 1914. È morto a Desio nel 1927.

Gianotti, Angelo (di Carlo) – Nato a Nova Milanese nel 1848, è consigliere comunale moderato, e assessore della Giunta di Lorenzo Vertua dal 1903 al 1912. Fa anche parte di quel Consiglio comunale che il 26 luglio 1914, elegge il primo sindaco socialista, Carlo Pessi. È stato uno dei fondatori della Cassa Rurale di Nova e della Cooperativa fra contadini. È morto il 3 dicembre 1925.

Gianotti, Giuseppe –

Giovannini, Antonio – Esponente cattolico, fa parte di quel Consiglio comunale che il 26 luglio 1914 elegge il primo sindaco socialista Carlo Pessi. È stato fondatore e presidente della Cassa Rurale di Depositi e Prestiti di Nova nel 1928 e della Cooperativa agricola e di consumo S. Antonio di Nova. Era in Consiglio comunale anche quando venne rieletto sindaco, nel 1920, Carlo Pessi. Lui, assieme ad altri tre consiglieri della minoranza si era astenuto.

Giussani, Giovanni –

Grimoldi, Angelo –

Grimoldi, Giuseppe –

Grimoldi, Luigi – Nato a Nova Milanese il 20 agosto 1878, uno dei primi consiglieri comunali socialisti (l'altro fu Giuseppe Canzi) eletto, con 92 preferenze, nelle elezioni del 1902. Nel 1904, con Carlo Pessi, fa parte della Società Mutua Operaia di Desio. Nel 1921, è stato uno dei fondatori della Cooperativa Edificatrice Popolare. È morto il 16 gennaio 1947.

Isimbardi, Pietro –

Lecchi, Pietro –

Lentati, Pietro – Nato a Nova Milanese nel 1817.

Levati, Giuseppe – Nato a Nova Milanese il 7 dicembre 1880, fa parte di quel Consiglio comunale (era assessore) che il 26 luglio 1914, elegge il primo sindaco socialista, Carlo Pessi. È morto il 24 maggio del 1918.

Lissoni, Andrea – Nato a Monza nel 1807 (la famiglia proveniva da Vedano), avvocato, abitante a Milano in via Monte Napoleone, 12 era un ricco proprietario terriero con possedimenti a San Bernardo. Nominato senatore del Regno nel 1864, sposò Giuseppa Pulici. Consigliere comunale di Nova nel 1902 come clerico-moderato con 97 preferenze, fece parte di quel Consiglio comunale che, il 26 luglio 1914, elesse Carlo Pessi primo sindaco socialista di Nova. È morto il 29 aprile 1878.

Lissoni, Felino – Nato a Nova Milanese il 22 settembre 1875, fa parte di quel Consiglio comunale che, il 26 luglio 1914, elesse Carlo Pessi primo sindaco socialista di Nova. Nel 1926, ha fatto parte della Commissione per il commercio fisso e ambulante. È morto a Milano il 22 dicembre del 1946.

Manzi, Luigi –

Mapelli, Andrea – Nato a Lomagna (Lecco) nel 1889, fa parte di quel Consiglio comunale che, il 26 luglio 1914, elesse Carlo Pessi primo sindaco socialista di Nova. È stato uno dei fondatori e presidente della Cooperativa agricola e di consumo S. Antonio. È morto il 29 settembre 1925.

Marelli, Carlo –

Mariani, Luigi – Nato a Nova Milanese il 25 marzo 1886, fu uno dei socialisti novesi più importanti. Fondatore di cooperativa, contadino come il padre Vincenzo, Luigi Mariani abitava in vicolo De Barzi. Il 12 novembre 1910 sposò, a Bollate, Teresa Lecchi. È probabile che da quella data si trasferì in quel centro. Nel 1874 nel Consiglio comunale di Nova, c'erano due altri omonimi di Luigi Mariani. Uno di essi era nato a Nova nel 1824.

Mariani, Martino – Nato a Nova Milanese nel 1846, fa parte di quel Consiglio comunale che, il 26 luglio 1914, elesse Carlo Pessi primo sindaco socialista di Nova. È morto il 3 luglio 1928.

Marzorati, Giuseppe – È il primo sindaco di Nova. Di professione ingegnere, è restato in carica dal 1860 al 1862 quando muore. In quegli anni ci sono, a Nova, poco più di 2 mila abitanti e votano in 128.

Marzorati, Marzio – Nato a Milano nel 1842, sindaco di Nova dal 1896 al 1898 quando viene sostituito da Giuseppe Cetti. A fine Ottocento, Nova non raggiungeva i 3 mila abitanti. È morto il 30 novembre 1904.

Marzorati, Pio – Eletto consigliere comunale democratico nel 1902 con 129 preferenze (ma lo era già stato nel 1876), secondo solo al sindaco Lorenzo Vertua che prese 143 voti. Pio Marzorati fondò e fece parte di diverse cooperative novesi come la Cooperativa di consumo dell'energia elettrica, la Cooperativa di consumo popolare e responsabile della Società di mutua assicurazione del bestiame.

Mauri, Achille – Nato a Nova Milanese nel 1812

Mauri, Luigi –

Merati, Giovanni –

Novati, Gasparre – Nato a Nova Milanese nel 1806.

Novati, Giovanni – Nato a Nova Milanese nel 1817.

Novati, Giuseppe – Nato a Nova Milanese nel 1808.

Orsenigo, Giosuè –

Pagani, Luigi – Nato a Nova Milanese nel 1865 (oppure il 27 dicembre 1876), fa parte di quel Consiglio comunale che, il 26 luglio 1914, elesse Carlo Pessi primo sindaco socialista di Nova. È morto il 12 maggio 1921 (oppure l'8 giugno 1936).

Pagani, Mario – Nato a Nova Milanese il 26 dicembre 1886, fa parte di quel Consiglio comunale che il 26 luglio 1914, elegge il primo sindaco socialista novese, Carlo Pessi. Eletto consiglie-re comunale per il Psi, è stato membro della prima Giunta della Liberazione. Fondatore della Cooperativa Edificatrice Avanti e della Cooperativa Popolare di Consumo. È morto il 7 gennaio 1962.

Parma, Carlo – Nato a Nova Milanese nel 1848 (oppure il 16 aprile 1878), era in Consiglio comunale nel 1920 quando venne rieletto sindaco Carlo Pessi. Lui, assieme ad altri tre consiglieri della minoranza, si era astenuto. È stato uno dei fondatori della Cooperativa di Consumo e Agricola S. Grato. È morto il 18 marzo 1912 (oppure il 26 gennaio 1933).

Pessi, Carlo – Nato a Nova Milanese il 4 aprile 1882, Carlo Pessi è stato uno degli esponenti socialisti più coraggiosi e in vista. Eletto sindaco il 26 luglio 1914, a 32 anni, si batte immediatamente contro la guerra e per questo destituito dalla carica, nel maggio 1917, e inviato al confino. Ritornato a Nova nel marzo 1919, viene accolto con una grande manifestazione di popolo. Viene rieletto sindaco dal 31 ottobre 1920 al 1923. Con Pessi si rompe la consuetudine di eleggere, quali primi cittadini, nobili, professionisti, industriali. Carlo Pessi è, infatti, ciabattino. Fu lui, il 23 luglio 1916, a dedicare una via a Paolo Mariani (cap. 2) e ad istituire, il 3 dicembre 1922, con voto unanime dei 15 consiglieri presenti, la scuola serale pubblica (cap. 5).

Pessi, Carlo – Nato a Nova Milanese nel 1804. Da non confondere con il più noto Carlo Pessi, sindaco di Nova nel 1914.

Pogliani, Gerolamo – Nato a Nova Milanese nel 1800, è stato sindaco moderato novese dal 1862 al 1876. Nel 1873 ci sono, a Nova, 1.872 abitanti: nascono 96 bambini e ci sono 72 decessi. Si sono sposate 24 coppie.

Prada, Innocente –

Pulici, Davide – Nato a Nova Milanese il 17 maggio 1871, so-cialista, era in Consiglio comunale nel 1922 quando, il 3 dicembre, è istituita la prima scuola serale pubblica. Ha fatto parte dei probiviri della Cooperativa Edificatrice Avanti. È morto il 20 gennaio 1929.

Rossetti, Mosè – Nato a Nova Milanese nel 1824.

Sala, Carlo –

Scuratti, Pietro – Era in Consiglio comunale nel 1920 quando venne rieletto sindaco Carlo Pessi. Lui, assieme ad altri tre consiglieri della minoranza, si era astenuto. Ha fatto parte della commissione del censimento del 1931 ed è stato uno dei fondatori del Circolo Cooperativo Concordia.

Scuratti, Samuele –

Silva, Francesco – Si sa molto poco di questo consigliere comunale, se non che è stato eletto nel 1912 con sindaco Lorenzo Vertua.

Sironi, Giovanni – Nato a Nova Milanese il 15 gennaio del 1868, fa parte di quel Consiglio comunale che il 26 luglio 1914, elegge il primo sindaco socialista, Carlo Pessi. Sarà consigliere comunale anche nel 1921. È morto il 29 marzo del 1935.

Tagliabue, Bassano – Nato a Nova Milanese il 17 settembre 1878, fa parte di quel Consiglio comunale che il 26 luglio 1914, elegge il primo sindaco socialista, Carlo Pessi. Assessore nel 1920, a luglio si dimetterà, assieme agli altri membri della Giunta, per protesta nei confronti della sottoprefettura di Monza che voleva aumentare la tassa sul bestiame. È morto l'11 maggio 1952.

Tagliabue, Giovanni – Socialista, era in Consiglio comunale nel 1922 quando, il 3 dicembre venne istituita la prima scuola serale pubblica. Ha contribuito a fondare il Circolo Socialista Giacomo Matteotti e la Cooperativa Edificatrice Popolare.

Tagliabue, Giuseppe –

Tagliabue, Luigi – Consigliere comunale democratico, nel 1912, con sindaco Lorenzo Vertua. Ha fatto parte della Cassa di risparmio di depositi e prestiti di Nova ed è stato uno dei fondatori della Cooperativa agricola e di consumo S. Antonio.

Tracq, Enrico – Viene eletto nel 1911, consigliere comunale socialista. Poco dopo passerà (per una questione di incarico di maestra della moglie), con grande scandalo, nelle file dei cattolici.

Turati, Antonio – Nato a Nova Milanese nel 1860, fa parte di quel Consiglio comunale che il 26 luglio 1914, elegge il primo sindaco socialista, Carlo Pessi. Sarà assessore anche nel luglio 1920 quando si dimetterà, assieme a tutti gli altri membri della Giunta di Nova, per protesta, nei confronti della sottoprefettura di Monza che voleva aumentare la tassa sul bestiame. È morto il 14 novembre 1937.

Vaghi, Luigi –

Vaghi, Pietro – Nato a Nova Milanese nel 1824.

Vertua, Lorenzo – Nato il 16 novembre 1848, avvocato, moderato, è stato sindaco di Nova Milanese dal 1876 al 1882 e dal 1902 al 1903. Sarà ancora sindaco, dal 1911 ai primi mesi del 1914. È morto l'1 ottobre 1923.

Viganò, Achille – Nato nel 1862, è stato consigliere comunale e assessore moderato, nel 1912, nella Giunta guidata da Lorenzo Vertua. È stato uno dei fondatori della Cooperativa di consumo della energia elettrica di Nova. È morto il 25 aprile 1939.

Villa, Cesare – Nato a Nova Milanese nel 1827.

Villa, Giovanni – Nato a Nova Milanese il 24 giugno 1878 (oppure nel 1887), fa parte di quel Consiglio comunale che il 26 luglio 1914, elegge il primo sindaco socialista, Carlo Pessi. Verrà rieletto nel 1921. Ha fatto parte dei probiviri della Cooperativa Edificatrice Avanti di Nova. È morto il 15 marzo 1949 (oppure il 26 giugno 1953).

La prima Giunta della Liberazione 30 aprile 1945

Il 30 aprile 1945 s'insedia, a Nova Milanese, la prima Giunta della Liberazione, nominata dal Cln (Comitato di liberazione nazionale) nelle persone di

Carlo **Fedeli**, sindaco

Pietro **Sironi**, vicesindaco[*]

Consiglieri: Augusto **Biolcati**, Tullio **Carrara**, Emilio **Crippa**, Pompeo **Elli**, Giuseppe **Gianotti**, Carlo **Ghioni**, Natale **Galli**, Enrico **Lissoni**, Mario **Pagani**, Ernesto **Pinazza**

Comitato di Liberazione di Nova

Oltre ai componenti della prima Giunta, il Comitato di Liberazione nazionale di Nova è così composto:

Edgardo **Zavattoni**, medico, indipendente

Virginio **Cugini**, meccanico, comunista

Mario **Corti**, operaio gommaio, democristiano

Carlo **Zappa**, meccanico, socialista

I responsabili delle Organizzazioni

Felice **Beretta**, Corpo volontari della libertà

Melania **Mangili**, Unione difesa della donna

Emilio **Vanzati**, Fronte della gioventù

Giuseppe **Gianotti**, Comitato dei contadini

* **Sironi, Pietro** – Nato a Nova Milanese il 22 giugno 1897, è stato vice sindaco della prima Giunta della Liberazione. Fondatore della Cooperativa Autotrasporti, del Circolo Cooperativo Concordia e presidente della Cooperativa Concordia Case. Nella sua osteria di piazzetta Moronini, si ritrovavano esponenti dell'antifascismo novese. È morto il 7 marzo del 1965.

N.B. – I dati degli altri membri della Giunta della Liberazione eletti in Consiglio comunale, si trovano nell'anno di corrispondenza della loro elezione.

Elezioni amministrative (21 aprile) 1946 – 1951

sindaco: **Carlo Fedeli** (Psi-Pci)

Caimi, Giovanni (fu Fedele) – Nato a Nova Milanese il 19 novembre del 1896, è stato eletto consigliere comunale, socialista. È stato anche presidente della Cooperativa S. Antonino. È morto il 31 maggio 1974.

Colombo, Achille (fu Pietro) – Nato a Milano il 26 novembre 1901, viene eletto consigliere comunale, per la Dc. Ha partecipato alla fondazione del Circolo Cooperativo Concordia e anche della Cooperativa Concordia Case. Rieletto come indipendente, nel 1951, ha fatto parte, nel 1954, della prima commissione per il Piano regolatore. È emigrato da Nova.

Corti, Mario (fu Enrico) – Nato a Nova Milanese il 18 aprile 1902, ha fatto parte del Cnl (vedi cap. 3) ed è stato consigliere comunale dal 21 aprile 1946 al 1956. Esponente di spicco della Dc, ha partecipato alla fondazione della Cooperativa Autotrasporti Nova Milanese, del Circolo Cooperativo Concordia e della Cooperativa Concordia Case. Nel luglio 1956 viene eletto membro della prima commissione dell'Eca. È morto il 2 giugno 1958.

Crippa, Pietro (fu Giuseppe) – Nato a Nova Milanese il 22 agosto 1898, viene eletto consigliere comunale per il Pci. È stato uno dei fondatori della cooperativa Circolo Famigliare Martiri della Libertà e della Cooperativa Edificatrice La Proletaria. È morto il 5 luglio 1954.

De Ponti, Francesco (di Silvio) – Nato a Nova Milanese il 19 marzo 1917, sarà eletto consigliere comunale repubblicano. Fu rieletto, ma nelle file della Dc, nel 1956. Nel 1955 è stato presidente del Soccorso invernale. È morto il 19 marzo 1980.

Elli, Pompeo (fu Carlo) – Nato a Nova Milanese il 27 maggio 1887, è stato consigliere comunale, per il Psi sin dal 1920. Il 31 ottobre di quell'anno, in qualità di consigliere "anziano", ha diretto la seduta consiliare che ha rieletto Carlo Pessi. Nell'aprile 1945 sarà rieletto per il Psi. Ha fatto parte del Cln, fondatore della Cooperativa Autotrasporti Nova Milanese e del Circolo Socialista Giacomo Matteotti. Certamente uno degli esponenti socialisti più importanti di Nova.

Nella sua osteria di via Garibaldi, si tenevano le riunioni antifasciste così come nell'osteria gestita da Alessandro Restelli chiamata, appunto, *osteria dei Restelin* e in quella di piazzetta Moronini gestita da Pietro Sironi, vicesindaco della Liberazione. È morto il 24 settembre 1957.

Fedeli, Carlo (fu Salvatore) – Assieme a Carlo Pessi, senza dubbio uno dei sindaci più popolari di Nova. A 39 anni è il sindaco della Liberazione e manterrà la carica sino al 1962. Nato a Nova Milanese il 10 agosto 1906, commerciante, socialista, ha fondato e diretto la Cooperativa Autotrasporti, è stato nel collegio sindacale della Cooperativa Popolare di Consumo, nel Circolo socialista Giacomo Matteotti, fondatore della Cooperativa Edificatrice Popolare e, assieme a Vittorio Viviani, fondatore, nel 1952, della Libera Accademia di Pittura e di svariate società sportive. Ha rappresentato, per tanti anni, uno dei punti di riferimento per i novesi al di là dell'appartenenza politica. Si è presentato nel 1971, nella lista dei socialdemocratici ed è stato eletto (darà subito dopo le dimissioni in quanto in quella competizione, era stato eletto anche il figlio Giorgio). È morto il 23 dicembre 1980. A lui è dedicata una piazza, inaugurata il 25 aprile 1987. È stato tumulato nel Famedio.

Frigerio, Giovanni (di Mosè) – Nato a Nova Milanese il 27 marzo 1920, è stato eletto consigliere comunale, comunista. È morto, a Milano, il 21 novembre 1990.

Fumagalli, Eugenio (di Giuseppe) – Nato a Nova Milanese il 25 ottobre 1919, è stato eletto consigliere comunale, per il Pci. È morto l'11 aprile 1983.

Ghioni, Felice (di Enrico) – Nato a Nova Milanese il 28 dicembre 1909, viene eletto consigliere comunale, per il Pci. È morto il 22 aprile del 1982.

Lissoni, Enrico (di Natale) – Nato a Nova Milanese il 20 maggio 1909, viene eletto consigliere comunale, per la Dc. Ha fatto parte del Cln ed è stato uno dei fondatori della Cooperativa Autotrasporti Nova Milanese. È morto il 7 novembre 1972.

Meroni, Emilio (fu Giovanni) – Nato a Lissone il 30 dicembre 1898, viene eletto consigliere comunale, per il Pci. È stato uno dei fondatori della Cooperativa Popolare di Consumo.

Novati, Carlo Enrico (fu Giuseppe) – Nato a Nova Milanese il 16 febbraio 1902, verrà eletto consigliere comunale, per il Psi e rieletto il 27 maggio 1951. È morto il 7 giugno del 1983.

Seregni, Aldo (fu Carlo) – Nato a Nova Milanese il 26 ottobre 1911, è stato eletto consigliere comunale, repubblicano. È morto il 23 ottobre 1986.

Seregni, Alessandro (di Edoardo) – Nato a Nova Milanese il 26 ottobre 1907, viene eletto consigliere comunale, per la Dc. Verrà rieletto il 6 novembre 1960. È stato dirigente dell'Azione cattolica. È morto a Desio il 21 agosto del 1969.

Seregni, Francesco Giovanni (fu Vincenzo) – Nato a Nova Milanese il 17 ottobre 1923, è stato eletto consigliere comunale, per il Psi. È morto a Desio il 2 marzo 1983.

Seregni, Vittorio (fu Alberto) – Nato a Nova Milanese il 28 gennaio 1909, è stato eletto consigliere comunale, per il Pci. Sarà rieletto anche nel 1951, 1956 e nel 1960. È stato uno dei fondatori della Cooperativa Edificatrice Popolare. È morto a Monza il 7 agosto del 1988.

Tagliabue, Edoardo (di Bassano) – Nato a Nova Milanese il 10 settembre 1914, viene eletto consigliere comunale, per il Pci. È morto il 23 marzo 1962.

Viganò, Giovanni (fu Pasquale) – Nato a Briosco (Mb) il 12 maggio del 1905, è eletto consigliere comunale, per il Psi. È stato anche presidente del collegio dei sindaci della cooperativa Circolo socialista Giacomo Matteotti. È emigrato da Nova.

Zavattoni, Edgardo (di Antonio) – Nato a Milano il 31 luglio 1914, socialista, per lunghi anni ufficiale sanitario a Sesto San Giovanni, viene eletto consigliere comunale. Ha fatto parte del Cln e ha partecipato alla fondazione della Cooperativa Autotrasporti e della Cooperativa Popolare di Consumo. Nel 1954 ha fatto parte della prima commissione per il Piano regolatore. È morto il 2 novembre 1973.

Elezioni amministrative (27 maggio) 1951 – 1956

sindaco: **Carlo Fedeli** (Psi-Pci)

Beretta, Felice – Nato a Burago Molgora (Mb) il 19 gennaio 1924, viene eletto consigliere comunale, per il Pci, e assessore. Animatore dei partigiani di Nova (Corpo volontari della libertà), ha fatto parte del collegio sindacale della Cooperativa Autotrasporti Nova Milanese e fondatore del Circolo Famigliare Martiri della Libertà. È morto, a soli 27 anni d'età, l'1 dicembre del 1951.

Brioschi, Alessandro – Nato a Nova Milanese il 26 ottobre 1910, è stato eletto consigliere comunale per il Pci. È morto il 23 maggio 1967.

Bugatti, Luigi – Nato a Nova Milanese il 18 agosto 1916, è eletto consigliere comunale, per il

Psi. È morto a Cinisello l'8 agosto 1989.

Colombo, Achille – *Vedi elezioni 1946.* È stato eletto in Consiglio comunale come Indipendente.

Corti, Mario – *Vedi elezioni 1946.* Eletto, per la Dc, in Consiglio comunale.

Crippa, Emilio – Nato a Nova Milanese il 28 gennaio 1916, viene eletto consigliere comunale, per il Pci, e assessore. Sarà riconfermato anche nelle elezioni del 1956. Ha fatto parte della prima Giunta del Cln ed è stato fondatore della Cooperativa Autotrasporti Nova Milanese e del Circolo Famigliare Martiri della Libertà. Nel 1965 e vicepresidente della Cooperativa Edificatrice La Proletaria. È morto l'8 settembre 1986.

Crippa, Serafino – Nato a Nova Milanese il 23 settembre 1901, viene eletto consigliere comunale, per il Psi. È stato uno dei fondatori del Circolo socialista Giacomo Matteotti. È morto l'8 gennaio 1955.

Fedeli, Carlo – *Vedi elezioni 1946.* Eletto in Consiglio comunale e nominato sindaco con 15 voti di preferenza.

Longoni, Adolfo – Nato ad Arosio (Co) il 17 dicembre del 1885, viene eletto consigliere comunale, per la Dc. Impegnato nella cooperazione, è stato uno dei fondatori e presidente del Circolo Cooperativo Concordia. È morto il 28 giugno 1978.

Marelli, Gerolamo – Nato a Nova Milanese il 20 ottobre 1895, è stato eletto consigliere comunale, per il Psi. È morto il 12 novembre 1977.

Novati, Carlo Enrico – *Vedi elezioni 1946.* Eletto consigliere comunale, per il Psi. È morto il 7 giugno del 1983.

Pagani, Mario – Nato a Nova Milanese il 26 dicembre 1886, fa parte di quel Consiglio comunale che il 26 luglio 1914, elegge il primo sindaco socialista novese, Carlo Pessi. Eletto consigliere comunale per il Psi, è stato membro della Giunta della Liberazione. Fondatore della Cooperativa Edificatrice Avanti e della Cooperativa Popolare di Consumo. È morto il 7 gennaio 1962.

Perego, Virginio – Nato a Paderno Dugnano (Mb) il 24 luglio 1915, viene eletto consigliere comunale, per la Dc. Ha fatto parte dei probiviri del Circolo Cooperativo Concordia ed è uno dei fondatori della Cooperativa Concordia Case.

Polentes, Giuseppe – Nato a Vittorio Veneto (Tv) il 25 novembre 1905, emigra a Nova Milanese nel 1931. Analista chimico alla Gerli di Cusano Milanino, è stato per 12 anni presidente dell'Eca (Ente comunale di assistenza) e vicesindaco, per il Pci, nelle elezioni del 1960. In Consiglio comunale ci sarà anche nel 1960 e nel 1964. Proprio in quest'anno, si dimetterà per motivi di salute. Ha guidato con Carlo Fedeli, le prime manifestazioni antifasciste dell'8 settembre 1943 a Nova. Fondatore e presidente del Circolo Famigliare Martiri della Libertà, ha partecipato alla fondazione anche della Cooperativa Edificatrice La Proletaria. È morto il 6 maggio 1980. Una lapide è stata posata nel Famedio del cimitero.

Rossetti, Riccardo – Nato a Nova Milanese il 2 febbraio 1901, viene eletto consigliere comunale, per il Pci e riconfermato nel 1956. Ha fatto parte della prima Commissione del piano regolatore nel 1954. Fondatore della Cooperativa Popolare di Consumo, del Circolo Famigliare Martiri della Libertà, della Cooperativa Edificatrice La Proletaria. È morto il 3 giugno 1962.

Rossi, Angelo – Nato a Vedano al Lambro (Mb) il 3 luglio 1916, viene eletto consigliere comunale, per il Psi. È stato uno dei fondatori della Cooperativa Edificatrice Popolare. È morto il 5 giugno 2011.

Scuratti, Mario – Nato a Nova Milanese il 29 marzo 1913, è stato eletto consigliere comunale, per il Pci. Fondatore del Circolo Famigliare Martiri della Libertà e della Cooperativa Edificatrice La Proletaria. È morto il 18 marzo 1975.

Seregni, Giuseppe – Nato a Nova Milanese il 17 ottobre 1923, è stato eletto consigliere comunale, indipendente. Ha fatto parte della prima commissione Eca nel 1956, vicepresidente della mutua Enrico Toti e fondatore della Novese.

Seregni, Vittorio – *Vedi elezioni 1946*. Eletto consigliere comunale, per il Pci.

Tagliabue, Giuseppe – Nato a Nova Milanese il 24 marzo 1911, è stato eletto consigliere comunale, per il Psi. È stato poi riconfermato nel 1956 e nel 1960. Ha fatto parte del collegio sindacale della Cooperativa Edificatrice Popolare di Nova Milanese. È morto il 26 agosto 1992.

Elezioni amministrative (27 maggio) 1956 – 1960

sindaco: **Carlo Fedeli** (Psi-Pci)

Arosio, Emilio – Nato a Cinisello Balsamo (Mi) il 7 maggio 1907, viene eletto consigliere comunale, della Dc. Ha fatto parte, nel 1952, della Commissione distrettuale delle imposte. È morto il 26 marzo 1985, a Rapallo.

Brioschi, Alessandro – *Vedi elezioni 1951*. È stato eletto consigliere comunale per il Pci.

Brioschi, Mario – Nato a Nova Milanese l'8 settembre del 1904 è stato eletto consigliere comunale per la Dc. Al suo posto, però, era entrato Umberto Grimoldi, essendo più anziano. Ha contribuito alla fondazione della Cooperativa Popolare di Consumo e del Circolo Cooperativo Concordia. È morto il 7 novembre 1987.

Cinquanta, Fiorenzo – Nato a Capergnanica (Cr) il 31 luglio 1926, viene eletto consigliere comunale per il Pci e riconfermato nelle elezioni del 1960 come assessore. Emigrato da Nova nel 2006.

Crippa, Emilio – *Vedi elezioni 1951*. Eletto consigliere comunale per il Pci.

De Ponti, Francesco – *Vedi elezioni 1946*. Eletto consigliere comunale non più per il Pri, bensì per la Dc.

Fedeli, Carlo – *Vedi elezioni 1946 e 1951*. Eletto in queste elezioni per il Psi. Nominato sindaco.

Galimberti, Ester – La prima donna eletta nel Consiglio comunale di Nova Milanese, per il Pci. Nata a Milano il 10 maggio 1901, è confermata anche nel 1960. È emigrata a Belgirate (No) nel novembre 1962.

Grimoldi, Umberto – Nato a Nova Milanese il 2 ottobre 1891, è stato eletto consigliere comunale per la Dc. Aveva avuto lo stesso numero di voti del compagno di partito Mario Brioschi, ma essendo più anziano di età, era entrato lui in Consiglio comunale. Durante il periodo fascista, nominato Cavaliere, è stato presidente della Cassa Mutua sanitaria fra semiabbienti. È morto il 21 luglio 1973.

Longoni, Armando – Nato a Nova Milanese il 28 dicembre 1923, Armando Longoni è stato per ben 38 anni in Consiglio comunale nelle file della Dc. Eletto per la prima volta nel maggio 1956, c'è restato sino al 1994. Nel 1971 ha ricoperto la carica di assessore e vicesindaco. L'8 settembre 1943, riesce a fuggire dalla caserma di Ivrea e raggiunge Nova dove viene nascosto. Prende contatto con alcuni partigiani, in particolare Enrico Riboldi. Difficile elencare tutti gli incarichi che ha avuto a livello istituzionale. Certamente ha rappresentato, assieme a Carlo Fedeli, Mario Spreafico e Giuseppe Inzaghi, la memoria storico-politica di Nova Milanese. Spesso è stato il consigliere che ha ricevuto più preferenze personali, ma anche il più assiduo a frequentare le sedute del Consiglio comunale. Ha contribuito alla fondazione del Circolo Cooperativo Concordia e ha fatto parte della Cooperativa Edilizia Enrico Mattei e della Cooperativa Don Minzoni. È morto il 21 aprile del 1995. È stato tumulato nel Famedio.

Mariani, Carlo – Nato a Nova Milanese il 17 luglio 1913, è stato eletto consigliere comunale per il Psi e riconfermato nel 1960. È stato uno dei dirigenti e presidente della Cooperativa Popolare di Consumo. È morto a Desio il 7 luglio 1988.

Mariani, Felice – Nato a Nova Milanese il 22 aprile 1938, è entrato in Consiglio comunale, come Psi, nei primi mesi del 1965 al posto del dimissionario Angelo Seregni. È stato segretario dello Spi di Nova. Varie volte è stato premiato per il numero elevato di donazioni di sangue.

Parma, Mario – Nato a Nova Milanese il 28 novembre 1908, è stato eletto consigliere comunale, per il Psi. Sarà riconfermato anche nel 1960. Sindaco del Circolo Socialista Giacomo Matteotti, è stato fondatore della Cooperativa Edificatrice Popolare. È morto l'1 marzo 1992.

Pirovano, Rinaldo – Nato a Nova Milanese il 28 gennaio 1925, è stato eletto consigliere comunale, per il Pci e assessore. Il 31 gennaio 1958 si dimetterà perché abita a Milano e sarà sostituito da Carlo Seruggia.

Polentes, Giuseppe – *Vedi elezioni 1951.* Eletto consigliere comunale, per il Pci.

Riboldi, Enrico – Nato a Paderno Dugnano il 14 maggio 1925, è stato eletto consigliere comunale, per il Pci e sarà rieletto nel 1960 quanto entra in Giunta come assessore. Partigiano combattente (ha fatto parte dei Gap e delle Sap), ha rappresentato un punto di riferimento per tanti giovani che hanno scelto poi di combattere i nazifascisti. Per questa sua attività, il Tribunale fascista di Como lo condannerà a 24 anni di reclusione. Quando viene arrestato, dopo un conflitto a fuoco, era vicecomandante della 52/a Brigata Garibaldi. Dirigente locale dell'Anpi, assieme a Mario Ornaghi, nel febbraio del 1972, fonda il Comitato unitario antifascista. È stato presidente, nel 1949, del Circolo Famigliare Martiri della Libertà e negli anni Sessanta, segretario del Pci di Nova. È morto il 24 febbraio 1978.

Rossetti, Riccardo – *Vedi elezioni 1951.* Eletto consigliere comunale, per il Pci.

Rossi, Lanfranco – Nato a Vedano del Lambro (Mb) il 17 giugno 1920, viene eletto consigliere comunale per il Psi e riconfermato nel 1960 e nel 1962 quando diventerà assessore. Poi ancora nel 1964 e nel 1970. Dirigente del Circolo Socialista Giacomo Matteotti, ha fatto parte della prima commissione dell'Eca e ha diretto, dal 1964 al 1976, il negozio Coop di via Roma. È morto il 21 ottobre 2011.

Seregni, Angelo – Nato a Nova Milanese il 20 luglio 1929, è eletto consigliere comunale, per il Psi, riconfermato nel 1960 quando diviene assessore e lo stesso avviene nel 1964. Si dimetterà nei primi mesi del 1965. Al suo posto Felice Mariani. Ha fatto parte della prima commissione del Piano regolatore.

Seregni, Vittorio – *Vedi elezioni 1946 e 1951*. Eletto consigliere comunale, per il Pci. Sarà rieletto anche nel 1960.

Seruggia, Carlo – Nato a Nova Milanese il 24 febbraio 1903, è stato eletto consigliere comunale, per il Psi Sarà riconfermato anche nel 1960, quando diverrà assessore. In Giunta era entrato anche il 31 gennaio 1958 quando si era dimesso il comunista Rinaldo Pirovano. Ha fatto parte del collegio sindacale del Circolo Socialista Giacomo Matteotti, della Commissione disciplina commercio fisso nel 1956, ed è stato presidente della Cooperativa Edificatrice Popolare dall'aprile 1955 al 1957. È morto il 19 luglio 1974.

Tagliabue, Giuseppe – *Vedi elezioni 1951*. Eletto in Consiglio comunale per il Psi. Sarà riconfermato anche nel 1960.

Elezioni amministrative (6 novembre) 1960 – 1964

sindaco: **Carlo Fedeli** (Psi-Pci)

Bettero, Cesare – Nato a Nova Milanese il 13 febbraio del 1931, è stato eletto, per la Dc, consigliere comunale. Sarà riconfermato in Consiglio anche nel 1964 e nel 1970. È stato uno dei dirigenti locali della Azione cattolica

Biolcati, Vittorio – Nato a Nova Milanese il 28 maggio 1931, è stato consigliere comunale per il Pci. È morto nel settembre 1961.

Cambiaghi, Lodovico – Nato a Cinisello Balsamo (Mi) l'11 maggio 1922, è stato eletto consigliere comunale, per il Pci. Operaio della Breda, era stato licenziato per motivi politici. È stato presidente del Circolo Familiare Martiri della Libertà e fondatore della Cooperativa Edificatrice Popolare. È morto nel giugno 1981.

Cinquanta, Fiorenzo – *Vedi elezioni 1956*. Eletto consigliere comunale e assessore per il Pci.

Fedeli, Carlo – *Vedi elezioni 1946, 1951, 1956*. Eletto consigliere comunale per il Psi e sindaco.

Galimberti, Ester – *Vedi elezioni 1956*. Eletta consigliere comunale per il Pci.

Inzaghi, Giuseppe – Nato a Paderno Dugnano (Mi) il 29 aprile 1926, viene eletto per il Pci in Consiglio comunale. Sarà sempre riconfermato sino al 1985, quando ritirerà il proprio impegno politico. È stato vicesindaco nelle elezioni del 1964 e assessore in quelle del 1976 e 1981. Ha fondato la Unipol Assicurazioni di Nova e, negli anni, in cui era difficile esserlo, è stato funzionario del Pci. Amministratore del Circolo Familiare Martiri della Libertà e presidente della Cooperativa Edificatrice La Proletaria, ha fatto parte della Commissione imposte e dell'Eca. È morto il 18 luglio del 1989. È stato tumulato nel Famedio.

Lissoni, Giuseppe – Nato a Nova Milanese il 25 dicembre 1911, è stato eletto consigliere comunale per la Dc. Sarà riconfermato anche nel 1964, nel 1970, nel 1971 sino al 1976. È morto il 5 gennaio 1976.

Longoni, Armando – *Vedi elezioni 1956*. Eletto consigliere comunale, per la Dc. Ci resterà sino al 1994.

Mariani, Carlo – *Vedi elezioni 1956*. Eletto in Consiglio comunale nelle liste del Psi.

Parma, Mario – *Vedi elezioni 1956*. Eletto consigliere comunale per il Psi.

Polentes, Giuseppe – *Vedi elezioni 1951 e 1956*. Eletto consigliere comunale e vicesindaco per il Pci.

Riboldi, Enrico – *Vedi elezioni 1956*. Eletto consigliere comunale e assessore per il Pci. Si dimetterà da assessore e il 14 febbraio 1962; gli subentrerà Giuseppe Inzaghi.

Rossi, Lanfranco – *Vedi elezioni 1956*. Eletto consigliere comunale nelle file del Psi.

Seregni, Alessandro – *Vedi elezioni del 1946*. Eletto in Consiglio comunale nelle file della Dc.

Seregni, Angelo – *Vedi elezioni 1956*. Eletto consigliere comunale e assessore per il Psi.

Seregni, Vittorio – *Vedi elezioni 1946, 1951, 1956*. Eletto, per il Pci, consigliere comunale.

Seruggia, Carlo – *Vedi elezioni 1956*. Eletto consigliere comunale e assessore per il Psi.

Spreafico, Mario – Nato a Zaniga (Bg) il 25 luglio 1924, è stato eletto consigliere comunale e assessore per il Psi. Nel 1962 sostituirà Carlo Fedeli e verrà riconfermato sindaco nel 1964 sino al 1970 dirigendo il Comune in anni molto difficili, gli anni dell'immigrazione dalle regioni del Sud e della trasformazione del nostro paese. In Consiglio comunale c'è restato sino alle elezioni del 1995, quasi 35 anni. Presidente del Circolo Socialista Giacomo Matteotti, sindaco della Cooperativa Edificatrice Popolare, presidente del collegio sindacale quando nel 1971 si fondono la Coop di Nova e Muggiò, fondatore e presidente della Cooperativa Edificatrice Nenni, ha contribuito alla nascita della Cooperativa Il Canale. Dall'ottobre 1986, ha fatto parte della Ussl 63 (Unità Socio-Sanitaria Locale). È stato certamente una delle memorie storico-politiche di Nova. È morto il 25 giugno 2012 e tumulato nel Famedio.

Tagliabue, Giuseppe – *Vedi elezioni 1951 e 1956*. Eletto, per il Psi, consigliere comunale.

Elezioni amministrative (22 novembre) 1964 – 1969

sindaco: **Mario Spreafico** (Psi-Pci)

Bettero, Cesare – *Vedi elezioni 1960*. Eletto consigliere comunale nelle file della Dc.

Bettini, Virginio – Nato a Nova Milanese il 29 giugno 1942, viene eletto consigliere comunale per il Psi e assessore. Nel giugno 1971, cambia partito e si presenta capolista del Psiup. Verrà eletto, ma poco dopo lascerà anche questo partito dimettendosi dal Consiglio comunale. Nel 1990, verrà eletto per i Va, ma abbandonerà subito il Consiglio comunale. Si ripresenterà nel 1995 nella lista Vsr, ma non verrà eletto. Per diverse legislature è stato parlamentare europeo per i Verdi anche se si è iscritto a Rc. Nel 2001, questo partito lo presenta per il Senato nella circoscrizione di Busto Arsizio ma non sarà eletto. Nel 2018 si è presentato, come capolista, nella lista Usn a sostegno di Fabrizio Pagani, sindaco, ma non è stato eletto.

Boncristiano, Nicolangelo – Nato a San Severo (Fg) il 19 aprile 1930, viene eletto consigliere comunale per il Pci e assessore nel 1969. Sarà rieletto nel 1971 sino al 1976.

Bonfante, Achille – Nato a Leno (Bs) l'1 luglio 1932, è stato eletto consigliere comunale per la Dc. Sarà riconfermato nel giugno 1970 sino al 1976.

Colnaghi, Omobono – Nato a Nova Milanese il 24 marzo del 1936, è eletto consigliere comunale nella lista del Psiup. Sarà riconfermato nel 1970. Ha fatto parte del consiglio direttivo del Circolo Socialista Giacomo Matteotti. È emigrato a Lissone.

Corti, Enrico – Nato a Nova Milanese il 3 novembre 1933, è stato eletto consigliere comunale nelle file del Pci. Resterà in Consiglio comunale sino al 1970 quando sceglie, per motivi d'incompatibilità, l'incarico sindacale a tempo pieno. Corti presenterà in Consiglio comunale il primo ordine del giorno contro la guerra del Vietnam, l'1 dicembre 1965.

De Lorentis, Vito – Nato a Acquaviva delle Fonti (Ba) il 21 marzo 1934, è stato eletto consigliere comunale per il Psi. Rieletto nel giugno 1970 e nel 1971. Nel 1976 e nel 1985, sarà anche assessore. Ha contribuito alla fondazione della Cooperativa Edificatrice Pietro Nenni, Si dimetterà, dal Psi, nel 1990. Con la scissione socialista era confluito nel Psdi (elezioni 1971) per tornare, nel 1976, nel Psi dopo un periodo passato nel Muis (gruppo di ex socialdemocratici) di cui era esponente Paolo Pillitteri. È morto il 25 ottobre 2004.

Deligios, Lidia – Nata a Milano il 13 settembre 1931, entra in Consiglio comunale, nelle file comuniste nel 1964 al posto del dimissionario Giuseppe Polentes. Per molti anni ha prestato la sua opera all'Inca-Cgil di Nova.

Fasola, Giuseppe (fu Luigi) – Nato a Nova Milanese il 31 marzo 1941, viene eletto consigliere comunale per la Dc. È stato sindaco del Circolo Concordia e presidente della Cooperativa don Minzoni. È morto il 26 giugno 2001.

Fernicola, Pietro Enzo – Nato a Muro Lucano (Pz) il 29 aprile del 1933, viene eletto consigliere comunale per il Psi. Sarà riconfermato nel giugno 1970. Con la scissione socialista, nel 1971, si era presentato nel Psdi. È morto a Milano il 16 dicembre 1980.

Fossati, Renzo – Nato a Lissone (Mb) il 17 giugno 1922, è stato eletto consigliere comunale nelle file della Dc. È morto il 4 giugno 2005.

Gambuto, Giuseppe – Nato a Monte S. Angelo (Fg) il 3 luglio 1924, viene eletto consigliere comunale per il Pci. Sarà riconfermato nel 1960 e nel 1976 quando deciderà di non ripresentarsi. È stato vicepresidente della Cooperativa Edificatrice Popolare e ha fatto parte del direttivo di zona dello Spi (il sindacato dei pensionati Cgil). A Monte S. Angelo è stato capolega, vicesindaco e segretario del Pci. È morto il 7 maggio 2016.

Gardini, Alberto – Nato a Modena il 30 giugno 1919, viene eletto consigliere comunale per il Pci e assessore. Si dimetterà da tutte e due le cariche, un anno dopo. È morto il 15 giugno del 1976.

Gatto, Giovanni – Nato a Copertino (Le) l'1 luglio 1934, è stato eletto consigliere comunale nelle file del Pci. È morto il 7 aprile 2008.

Gianotti, Angelo – Nato a Nova Milanese il 16 giugno 1928, viene eletto consigliere comunale nelle file della Dc. Resterà in Consiglio comunale sino al 1970 come capogruppo del suo partito. Poi, non si presenterà più in lista e si dedicherà alle cooperative. Muore, a 48 anni, il 30 agosto 1976.

Inzaghi, Giuseppe – *Vedi elezioni del 1960*. Viene eletto consigliere comunale, assessore e vicesindaco.

Lissoni, Giuseppe – *Vedi elezioni del 1960*. Eletto consigliere comunale per la Dc.

Longoni, Armando – *Vedi elezioni 1956 e 1960*. Eletto consigliere comunale nella lista della Dc.

Magro, Francesco – Nato a Muro Lucano (Pz) il 12 febbraio 1943, viene eletto consigliere comunale per il Psi al posto di Nicola Natale. Sarà rieletto nel 1970, 1971, 1976 e 1990. È stato anche assessore dal 1971 al 1976. Ha contribuito a fondare la Cooperativa Edificatrice Pietro Nenni.

Marchesi, Fernando – Nato a Bernareggio (Mb) il 26 giugno 1927, viene eletto consigliere comunale per la Dc. Fondatore e probiviro del Circolo Cooperativo Concordia.

Natale, Nicola – Nato ad Acquaviva delle Fonti (Ba) il 2 dicembre 1917, è eletto consigliere comunale nelle file del Psi. Viene fatto dimettere così da agevolare l'entrata in Consiglio comunale di Francesco Magro. Nel 1971 si presenta nella Dc ma non viene eletto. Ha partecipato alla fondazione della Cooperativa Edilizia Enrico Mattei. È morto il 27 aprile 2009.

Nava, Carlo – Nato a Milano l'11 aprile 1929, è eletto consigliere comunale per la Dc. Viene riconfermato nelle amministrative del 1970, nel 1971, nel 1976, nel 1981, nel 1985, nel 1990. È stato assessore dal 1971 al 1976 e presi-dente dei sindaci del Circolo Cooperativo Concordia. Dall'ottobre 1986, ha fatto parte della Ussl 63 e del Comitato di gestione dell'ospedale di Desio. Nel 1991, ha diretto la Commissione per lo Statuto comunale. È morto il 3 aprile 1996.

Parma, Renato – Nato a Bernareggio (Mb) il 21 settembre 1933, viene eletto consigliere comunale per il Pci e sempre riconfermato negli anni a venire. È stato vicesindaco dal 1981 al 1985. Ha ricoperto varie volte l'incarico di capogruppo e assessore, membro di varie commissioni ed eletto sindaco il 14 luglio 1990 nella prima Giunta Pci-Dc, carica che mantiene sino al 1993 quando, per un accordo con la Dc, viene sostituito da Laura Barzaghi. Anche nella Giunta Pds-Ppi del 1995-1999 sarà assessore e vicesindaco. Ha rivestito importanti cariche di partito ed è stato eletto consigliere regionale, per il Pci, nel 1975 e consigliere provinciale nel maggio 1980. Si è occupato anche di cooperative facendo parte del Circolo Martiri della Libertà. Dal febbraio 1989, ha fatto parte del Comitato di gestione della Ussl 63. È stato il primo e unico sindaco comunista di Nova.

Polentes, Giuseppe – *Vedi elezioni 1951, 1956, 1960.* Viene eletto consigliere comunale nelle file del Pci. Alla fine del 1964, si dimetterà per motivi di salute. Al suo posto Lidia Deligios.

Rossi, Lanfranco – *Vedi elezioni 1956 e 1960.* Eletto consigliere comunale per il Psi.

Seregni, Angelo – *Vedi elezioni 1956 e 1960.* Viene eletto consigliere comunale per il Psi.

Sironi, Adriano – Nato a Nova Milanese il 6 novembre del 1931, eletto consigliere comunale per la Dc. Si è molto impegnato nel movimento cooperativistico cattolico diventando presidente del Circolo Concordia. Ha fatto parte del Consiglio regionale dei circoli ricreativi della Lombardia. È morto il 13 ottobre 2014.

Spreafico, Mario – *Vedi elezioni 1960.* Consigliere comunale per il Psi, fu eletto sindaco.

Varisco, Alberto – Nato a Nova Milanese il 20 ottobre 1940, consigliere comunale per la Dc sino al 1999. Segretario della Dc, membro di svariate commissioni comunali, assessore nel 1985, 1990, 1995. Presidente del Comitato sanitario di zona dall'ottobre 1973, tra i fondatori della Cooperativa Acli il Gabbiano, sindaco della Cooperativa Edilizia Enrico Mattei e della Cooperativa Edificatrice don Minzoni.

Viganò, Pietro – Nato a Visino Valbrona (Co) il 23 febbraio 1917, è stato eletto consigliere comunale per la Dc. È morto il 2 agosto 1986.

Viganò, Vincenzo – Nato ad Albiate (Mb) il 22 aprile 1920, eletto consigliere comunale per il Psdi. Nell'aprile 1967, Psi e Psdi si unificano e diventa capogruppo del nuovo partito, il Psu. Nel 1969 si dimette. Si è trasferito in altra città.

Elezioni amministrative (7 giugno) 1970

È l'anno in cui non si riesce a formare la Giunta. Una prima votazione per l'elezione del sindaco, il 21 settembre, darà un risultato di parità fra Armando Longoni e Mario Spreafico: 15 voti a testa. Dopo un'altra riunione del Consiglio comunale, il 24 settembre, la Dc e i due consiglieri del Psu (De Lorentis e Fernicola), abbandonano l'aula, mentre Pci e Psi sono per una Giunta tecnica formata dai partiti presenti in Consiglio comunale.

Il 27 ottobre nuova riunione del Consiglio comunale. Dc e Psu non si presentano. A questo punto, in mancanza di un accordo, Nova sarà commissariata. Arriva a Nova prima il Commissario prefettizio Mario Palmiero poi, fino alle elezioni del 1971, Raffaele Ajello.

Alcune particolarità: per la prima volta, nella lista Dc, è eletta una donna, Vittorina Canzi. La stessa diverrà assessore nelle elezioni del 1971. Eletta anche un'altra donna nelle liste del Pci, Enrica Mattavelli. In assoluto, la prima donna che entra in Consiglio comunale è nel 1956, Ester Galimberti per il Pci.

Nella lista del Pci viene eletto Enrico Rossi. È un omonimo del più noto Enrico Rossi eletto nel 1977 che sarà anche assessore.

Questi, comunque, gli eletti nel 1970 in Consiglio comunale:

Bettero, Cesare – *Vedi elezioni 1960 e 1964.* È eletto consigliere comunale per la Dc.

Bonfante, Achille – *Vedi elezioni 1964.* Eletto consigliere comunale per la Dc.

Boselli, Silvio – Nato a Desio il 14 marzo 1943. è stato eletto consigliere comunale nella lista della Dc. Sarà riconfermato nel 1971 e nel 1976 quando diverrà assessore. Nel maggio 1983, sostituisce in Consiglio comunale, il dimissionario Luigi Comelli. Nel 1985 sarà rieletto. Ha fatto parte del collegio sindacale della Cooperativa Enrico Mattei e della Cooperativa Edificatrice don Minzoni. È stato presidente del Consorzio Nord Milano per lo smaltimento dei rifiuti solidi urbani da dove si è dimesso nel 2015.

Canzi, Vittorina – Nata a Nova Milanese il 9 settembre del 1944, è stata eletta consigliere comunale nella lista della Dc. Sarà riconfermata nel 1971 e nel 1976 quando diventa assessore. È stata la prima donna presente in una lista Dc e la prima ad entrare in Giunta. Ha avuto, nel passato, anche la responsabilità delle pagine novesi de *il Cittadino* ed è stata impegnata nel volontariato cattolico.

Chinnici, Domenico – Nato a Belmonte Mezzagno (Pa) il 7 giugno 1948, è eletto consigliere comunale per il Pci.

Chinnici, Giovanni – Nato a Belmonte Mezzagno (Pa) il 14 maggio del 1931, è stato eletto consigliere comunale nelle file del Pci. Dal 1991 ha fatto parte di Rc. È morto il 6 agosto 1998.

Colnaghi, Omobono – *Vedi elezioni 1964*. È eletto consigliere comunale per il Psiup.

De Lorentis, Vito – *Vedi elezioni 1964*. Eletto consigliere comunale nelle liste Psu.

Fernicola, Pietro Enzo – *Vedi elezioni 1964*. Eletto consigliere comunale nelle liste Psu.

Franceschini, Pietro – Nato a Nova Milanese il 16 maggio 1940, è stato eletto consigliere comunale per il Psi. Sarà riconfermato nel 1971 e nel 1981 quando diverrà assessore. Si dimetterà il 14 gennaio 1983. Al suo posto, in Giunta, Luigi Maria Manzoni. È stato dirigente della Cooperativa popolare di consumo, sindaco della Cooperativa Edificatrice Nenni e un fondatore della Cooperativa Il Canale. È impegnato nel volontariato parrocchiale attraverso la San Vincenzo e la Caritas.

Gambuto, Giuseppe – *Vedi elezioni 1964*. Eletto consigliere comunale nelle file del Pci.

Gargioni, Angelo – Nato a Nova Milanese il 22 febbraio 1939, è eletto consigliere comunale nelle file del Psi. Sarà riconfermato dal 1971 al 1976. È stato capogruppo del suo partito.

Inzaghi, Giuseppe – *Vedi elezioni 1960 e 1964*. Eletto consigliere comunale per il Pci.

Lavezzari, Domenico – Nato a Nova Milanese il 25 maggio 1932, è stato eletto consigliere comunale per la Dc. Sarà riconfermato nel 1971 sino al 1976. Per lunghi anni è stato impegnato nell'Aido. È morto il 20 ottobre 2013.

Lissoni, Giuseppe – *Vedi elezioni 1960 e 1964*. Eletto consigliere comunale per la Dc.

Longoni, Armando – *Vedi elezioni 1956, 1960, 1964*. Eletto consigliere comunale per la lista della Dc.

Luccisano, Antonio – Nato a Bianco (Rc) il 6 settembre 1932, viene eletto consigliere comunale per la Dc e sarà confermato anche nel 1971. Nel novembre 1972, si è è dimesso dal Consiglio comunale per assumere la carica di presidente dell'Eca in sostituzione del socialista Mario Zaina. È stato anche il primo presidente dello Ski Club.

Magro, Francesco – *Vedi elezioni 1964.* Eletto consigliere comunale nelle file del Psi.

Masolo, Alberto – Nato a Verbania (Vb) il 14 novembre del 1940, è stato eletto nelle file della Dc.

Mattavelli, Enrica – Nata a Nova Milanese il 14 gennaio 1949, è stata eletta consigliere comunale per il Pci.

Nava, Carlo – *Vedi elezioni 1964.* Viene eletto consigliere comunale per la Dc.

Pagani, Giuseppe – Nato a Nova Milanese il 13 marzo 1937, è stato eletto consigliere comunale per la Dc. È stato responsabile delle Acli e presidente delle farmacie comunali.

Parma, Renato – *Vedi elezioni 1964.* Eletto consigliere comunale nelle liste del Pci.

Penolazzi, Gilberto – Nato a Villanova Marchesana (Ro) il 17 ottobre 1944, viene eletto consigliere comunale per il Pci.

Rossi, Enrico – Nato a Como il 18 agosto 1939, è stato eletto consigliere comunale per il Pci. È morto nel maggio 1999.

Rossi, Lanfranco – *Vedi elezioni 1956, 1960, 1964.* È stato eletto consigliere comunale nelle file del Psi.

Rudello, Carlo – Nato a Piove di Sacco (Pd) il 21 ottobre del 1927, è eletto consigliere comunale per la Dc. Sarà riconfermato nel 1971. È morto il 12 aprile 2017.

Spreafico, Mario – *Vedi elezioni 1960 e 1964.* Eletto consigliere comunale per il Psi.

Todaro, Adriano – Nato a Nova Milanese il 24 gennaio 1942, è stato eletto consigliere comunale come indipendente del Pci. Sarà riconfermato nel 1971 e nel 1976 quando diverrà assessore e nel 1981. Darà le dimissioni nel gennaio 1982. Al suo posto Giuseppe De Padova. Per lunghi anni ha diretto *Unità a sinistra*.

Varisco, Alberto – *Vedi elezioni 1964*. Eletto consigliere comunale per la Dc.

Elezioni amministrative (13 giugno) 1971 – 1975

sindaco: Giorgio Fedeli (Psi-Dc)

Angelicchio, Donato – Nato a Muro Lucano (Pz) il 13 dicembre 1922, è stato eletto consigliere comunale per la Dc. Sarà riconfermato anche nel 1976. È morto il 24 luglio 1998.

Bentivegna, Giovanni – Nato a Vittoria (Rg) il 30 novembre 1933, viene eletto consigliere comunale, per il Pci. Resterà in Consiglio comunale sino al 1976. È morto il 30 gennaio 1999.

Bettini, Virginio – *Vedi elezioni 1964*. Eletto consigliere comunale per il Psiup. Darà le dimissioni poco dopo e al suo posto entrerà in Consiglio Bruno Pinato.

Boncristiano, Nicolangelo – *Vedi elezioni 1964*. Eletto consigliere comunale per il Pci. Resterà in Consiglio comunale sino al 1976.

Bonfante, Achille – *Vedi elezioni 1964 e 1970*. Eletto consigliere comunale per la Dc.

63

Boselli, Silvio – *Vedi elezioni 1970*. Eletto consigliere comunale per la Dc e assessore.

Canzi, Vittorina – *Vedi elezioni 1970*. Eletta consigliere comunale nelle fila della Dc e assessore.

De Lorentis, Vito – *Vedi elezioni 1964 e 1970*. Eletto consigliere comunale nelle liste Psu-Psdi.

Fedeli, Giorgio – Nato a Monza il 24 febbraio 1936, diventa consigliere comunale per il Psi e nominato sindaco in una Giunta Dc-Psi. Sarà riconfermato nel 1976 e nel 1981 a capo, però, di una Giunta formata da Pci-Psi. Dopo la sua esperienza di primo cittadino, non si è più presentato in nessuna lista. È stato uno dei fondatori della Cooperativa Edificatrice Pietro Nenni e presidente della Commissione urbanistica nel 1986. È morto il 9 marzo del 2005. È stato tumulato nel Famedio.

Franceschini, Pietro – *Vedi elezioni 1970*. Eletto consigliere comunale per il Psi e assessore.

Gambuto, Giuseppe – *Vedi elezioni 1964 e 1970*. Eletto consigliere comunale nelle file del Pci.

Gargioni, Angelo – *Vedi elezioni 1970*. Eletto consigliere comunale per il Psi.

Inzaghi, Giuseppe – *Vedi elezioni 1960, 1964 e 1970*. Eletto consigliere comunale per il Pci.

Lavezzari, Domenico – *Vedi elezioni 1970*. Eletto consigliere comunale nelle file della Dc.

Lissoni, Giuseppe – *Vedi elezioni 1960, 1964 e 1970*. Eletto consigliere comunale per la Dc.

Lista, Leonardo – Nato a Trebisacce (Cs) il 16 gennaio 1943, è entrato in Consiglio comunale per il Pci nel maggio 1975 al posto del dimissionario Bruno Pinato. Sarà riconfermato sino al 1981. Proveniva dal Psiup ed era confluito nel Pci nel 1972. Ha militato anche in Rc prima di abbandonare Nova e tornare in Calabria.

Longoni, Armando – *Vedi elezioni 1956, 1960, 1964, 1970*. Eletto consigliere comunale nella lista della Dc, assessore e vicesindaco.

Luccisano, Antonio – *Vedi elezioni 1970*. Eletto consigliere comunale nella lista Dc.

Magro, Francesco – *Vedi elezioni 1964 e 1970*. Eletto consigliere comunale nelle file del Psi e assessore.

Manfredini, Alessandro – Nato a Milano il 22 aprile del 1945, è stato eletto consigliere comunale per il Psu-Psdi.

Masolo, Alberto – *Vedi elezioni 1970*. È stato eletto consigliere comunale nelle file della Dc.

Mulas, Mario Antonio – Nato a Illorai (Ss) il 15 gennaio 1930, è eletto consigliere comunale per il Pci. Sarà riconfermato anche nel 1976. Nel maggio 1977 ha rassegnato le dimissioni. Al suo posto Enrica Ruscelli.

Nava, Carlo – *Vedi elezioni 1964 e 1970*. Viene eletto consigliere comunale per la Dc e assessore.

Parma, Renato – *Vedi elezioni 1964 e 1970*. Eletto consigliere comunale nella lista del Pci.

Pinato, Bruno – Nato a Codevigo (Pd) il 28 aprile 1940, entra in Consiglio comunale nella lista Psiup, al posto del dimissionario Virginio Bettini che ha lasciato il partito. Nel 1972, Pinato s'iscriverà al Pci e darà le dimissioni dal Consiglio comunale di Nova, nel maggio del 1975 in quanto eletto a Muggiò. Al suo posto Leonardo Lista.

Proserpio, Franco – Nato a Nova Milanese il 17 agosto del 1913, viene eletto consigliere comunale nella lista della Dc. È morto il 28 maggio del 1979.

Rudello, Carlo – *Vedi elezioni 1970*. Eletto consigliere comunale per la Dc.

Sala, Elio – Nato a Nova Milanese il 9 maggio 1946, è stato eletto consigliere comunale per il Pci e in Consiglio comunale ci è restato per tanti anni, fino al 1999. Nel settembre 1976 è stato nominato vicesindaco; nel 1990 assessore ed è stato anche capogruppo del Pds. Sempre nel 1976, ha retto la segreteria del Pci di Nova. Ha fatto parte del direttivo del consiglio soci della Coop e, dall'ottobre 1986, della Ussl 63 cui Nova apparteneva. È morto l'8 maggio 2018.

Spreafico, Mario – *Vedi elezioni 1960, 1964 e 1970.* Eletto consigliere comunale per il Psi.

Todaro, Adriano – *Vedi elezioni 1970.* Eletto consigliere comunale per il Pci.

Urbano, Domenico – Nato a San Giovanni Rotondo (Fg) il 5 giugno 1931, viene eletto consigliere comunale per il Psi e assessore. Riconfermato nel 1976 sarà anche assessore. È stato uno dei fondatori della Cooperativa Edificatrice Nenni.

Varisco, Alberto – *Vedi elezioni 1964 e 1970.* Eletto consigliere comunale per la Dc.

In queste elezioni si presenta, per la prima volta, anche il Pri guidato da Salvatore La Cognata e Mario Battistello che non prenderà nessun seggio.

La stessa cosa per il Msi guidato da Salvatore Villareale. Non prenderà nessun seggio.

Elezioni amministrative (20 giugno) 1976 – 1981

sindaco: **Giorgio Fedeli (Psi-Pci)**

Altieri, Saverio – Nato a Cessaniti (Cz) il 24 dicembre 1946, è stato eletto consigliere comunale per il Pci. Sarà riconfermato nel 1981 e resterà in Consiglio comunale sino al 1995. È stato uno dei fondatori della Cooperativa Il Canale.

Angelicchio, Donato – *Vedi elezioni 1971*. Eletto consigliere comunale per la Dc.

Barzaghi, Laura – Nata a Monza il 9 novembre 1954, è stata eletta consigliere comunale per la Dc. Riconfermata nel 1981, entra in Giunta nel 1985 e nel 1990. Sindaco nel giugno 1993 e poi riconfermata nel 1995 sino al 1999. Laura Barzaghi è stata la prima democristiana a diventare sindaco a Nova Milanese e anche la prima donna eletta a quella carica. Ha guidato una Giunta formata da Ppi e Pds. È stata rieletta sindaco anche dal 2003 al 2013. Nel marzo 2013, è stata eletta consigliere regionale, per il Pd. Nelle regionali del 2018 non è stata rieletta consigliere regionale del Pd.

Beghetto, Gianni – Nato a Tombolo (Pd) il 5 ottobre del 1949, è stato eletto consigliere comunale nelle file del Pci. Darà le dimissioni dal Consiglio comunale nel gennaio 1977. Al suo posto Enrico Rossi.

Bellotto, Luigi – Nato a Nova Milanese il 17 luglio 1950, è stato eletto consigliere comunale nelle file della Dc. Sarà riconfermato nel 1981, nel 1985, nel 1990 e nel 1995. È stato membro del collegio sindacale del Circolo Cooperativa Concordia. Dall'ottobre 1986, ha fatto parte della

Ussl 63. È stato direttore del periodico democristiano *Nova 70*.

Bosco, Gaudenzio – Nato a Nova Milanese il 20 marzo 1943, viene eletto consigliere comunale per Dp (nel 1964 era stato candidato nel Psiup ma non eletto). Dopo qualche tempo darà le dimissioni e per questo partito entrerà in Consiglio comunale Luisella Fantuzzo che, in seguito, sarà esponente novese di Rc.

Boselli, Silvio – *Vedi elezioni 1970 e 1971*. È eletto consigliere comunale per la Dc.

Brenna, Sergio – Nato a Milano il 18 settembre 1946, viene eletto consigliere comunale per il Pci e nominato assessore. Sarà rieletto nel 1981 e nel 1985. Nel 1990, si presenta come indipendente, ma non viene eletto. Ha fatto parte di Rc e, per questo partito, è stato nominato assessore al comune di Rho. Ha diretto a Nova, dal 1990, la Commissione assetto ed utilizzo del territorio.

Canzi, Vittorina – *Vedi elezioni 1970 e 1971*. Eletta consigliere comunale nella Dc.

De Lorentis, Vito – *Vedi elezioni 1964, 1970, 1971*. Eletto per il Psi in Consiglio comunale, sarà anche assessore.

Don, Giancarlo – Nato a Brescia il 28 luglio 1946, viene eletto consigliere comunale per il Pci. Sarà riconfermato nel 1981 quando diventa assessore, nel 1985 e nel 1990 quando diventa anche presidente della Commissione lavori pubblici. È stato anche segretario del Pds di Nova e capogruppo consiliare.

Elli, Felice – Nato a Cesano Maderno (Mb) il 18 marzo del 1950, è eletto consigliere comunale per la Dc.

Fantuzzo, Luisella – Nata a Desio il 10 novembre 1954, è entrata in Consiglio comunale poco dopo il giugno del 1976, al posto del dimissionario Gaudenzio Bosco per la lista di Dp. Sempre per questo partito, viene riconfermata nel giugno 1981 e nel 1985. Nel 1989, si dimetterà dal Consiglio comunale e al suo posto entrerà Luigi Seregni. Si ripresenterà nelle elezioni del 1995 come candidata sindaco per Rc ma senza riuscire nell'intento. Verrà rieletta consigliere comunale. Nel 1995 è stata nominata assessore nella Giunta Ppi-Pds.

Fedeli, Giorgio – *Vedi elezioni 1971.* È eletto consigliere comunale per il Psi e nominato sindaco.

Gambuto, Girolamo – Nato a Monte S. Angelo (Fg) il 12 agosto 1954, è eletto consigliere comunale per il Pci. Darà le dimissioni nell'aprile 1979. Al suo posto, Antonio Rendina.

Inzaghi, Giuseppe – *Vedi elezioni 1960, 1964, 1970, 1971.* Eletto consigliere comunale per il Pci, sarà anche nominato assessore.

Lissoni, Carlo – Nato a Nova Milanese il 25 maggio 1939, è eletto consigliere comunale per la Dc. Ha fatto parte del Consorzio sanitario di zona ed è stato segretario della Dc di Desio.

Longoni, Armando – *Vedi elezioni 1956, 1960, 1964, 1970, 1971.* Eletto consigliere comunale per la Dc.

Magro, Francesco – *Vedi elezioni 1964, 1970, 1971.* Eletto consigliere comunale per il Psi.

Manfredini, Alessandro – *Vedi elezioni 1976.* Nel 1977 si dimetterà. Al suo posto, Giannino Novati.

Masolo, Alberto – *Vedi elezioni 1970 e 1971.* È eletto consigliere comunale per la Dc.

Michilli, Rosa – Nata a Montefalcone Sannio (Cb) il 13 aprile 1944, è stata eletta consigliere comunale per il Pci e resterà in Consiglio comunale sino al 1985. È emigrata da Nova.

Mulas, Mario Antonio – *Vedi elezioni 1971.* Nominato consigliere comunale per il Pci sino al maggio del 1977, quando al suo posto entrerà Enrica Ruscelli.

Nava, Carlo – *Vedi elezioni 1964, 1970, 1971*. Eletto consigliere comunale per la Dc.

Novati, Giannino – Nato a Nova Milanese il 19 settembre 1937, entra in Consiglio comunale, per il Psdi, nel 1977 al posto del dimissionario Alessandro Manfredini. Si dimetterà dal Psdi nel marzo 1981. Nel 1968 è stato cofondatore dell'Apa di Nova (Confartigianato). È stato uno dei candidati esterni di Fi. È morto il 17 dicembre 2007.

Parma, Renato – *Vedi elezioni del 1964, 1970, 1971*. Eletto consigliere comunale nelle file del Pci.

Ponti, Pietro – Nato a Kharkov (ex Urss oggi Ucraina) il 15 dicembre 1953, entra in Consiglio comunale nel 1976, per la Dc, al posto del dimissionario Benito Volpes.

Rendina, Antonio – Nato a Muro Lucano (Pz) il 25 luglio 1947, entra in Consiglio comunale, per il Pci, nell'aprile 1979 al posto del dimissionario Girolamo Gambuto.

Rossi, Enrico (fu Lanfranco) – Nato a Nova Milanese il 26 agosto 1949, è stato eletto consigliere comunale, per il Pci, nel gennaio 1977 al posto del dimissionario Gianni Beghetto. Sarà riconfermato nel 1981, nel 1985, nel 1990 quando diventa assessore. Per lunghi anni è stato segretario del Pci e ha fatto parte del Comitato federale provinciale. È stato anche assessore della Giunta Ppi-Pds. Ha partecipato alla formazione della sezione del Pci in via Togliatti e fondatore del circolo Arci che oggi è a lui dedicato. Per diversi anni è stato animatore e vicedirettore del mensile *Unità a sinistra*. È morto l'11 febbraio 2008.

Ruscelli, Enrica – Nata a Paderno Dugnano (Mi) il 18 luglio 1957, entra in Consiglio comunale, nelle file del Pci, nel maggio 1977 al posto del dimissionario Mario Antonio Mulas e ci resterà sino al 1981. Da diversi anni è presidente dell'Arci di Nova.

Sala, Elio – *Vedi elezioni 1971.* Eletto consigliere comunale per il Pci e nominato vicesindaco.

Spreafico, Mario – *Vedi elezioni del 1960, 1964, 1970, 1971.* Eletto consigliere comunale per il Psi.

Todaro, Adriano – *Vedi elezioni del 1970, 1971.* Eletto consigliere comunale per il Pci. Sarà nominato assessore.

Urbano, Domenico – *Vedi elezioni 1971.* Eletto consigliere comunale per il Psi e nominato assessore.

Varisco, Alberto – *Vedi elezioni del 1964, 1960, 1971.* Eletto, per la Dc, consigliere comunale.

Volpes, Benito – Nato a Palermo il 27 maggio 1938, viene eletto consigliere comunale per la Dc. Poco dopo la sua nomina darà le dimissioni sostituito da Pietro Ponti. È morto a Desio il 4 luglio 2016.

Elezioni amministrative (21 giugno) 1981– 1985

sindaco: **Giorgio Fedeli** (Psi-Pci)

Altieri, Saverio – *Vedi elezioni 1976.* Eletto consigliere comunale per il Pci.

Barzaghi, Laura – *Vedi elezioni 1976.* Eletta consigliere comunale per la Dc.

Bellotto, Luigi – *Vedi elezioni del 1976.* È stato eletto consigliere comunale nelle file della Dc.

Boselli, Silvio – *Vedi elezioni del 1970, 1971, 1976.* Eletto consigliere comunale, per la Dc nel maggio 1983 al posto del dimissionario Luigi Comelli.

Brenna, Sergio – *Vedi elezioni del 1976.* Eletto consigliere comunale per il Pci.

Colombo, Antonio – Nato a Monza il 28 ottobre 1943, è stato eletto consigliere comunale per il Psi. Nel 1985, diverrà sindaco di una Giunta Dc-Psi-Psdi-Pri e viene confermato, come consigliere comunale nel 1990. Candidato sindaco nel 1995 non riesce nell'intento e resta in Consiglio comunale come consigliere per il Pdd (socialisti). Nel 1983 aveva tentato il salto in Parlamento, ma senza risultato. È stato segretario del Psi novese nel 1980 e, nel 1994, per pochi mesi, segretario provinciale. Ha ricoperto anche la carica di coordinatore di zona del Sdi (socialisti). Nel 2003 è candidato sindaco nella lista N2000 ma fallirà nell'impresa. La stessa cosa nel 2013 nella lista di Centro, Pdl, Lega. Nel 2018, con la lista civica D+, appoggia l'elezione a sindaco di Eugenio Pizzigallo ma non sarà eletto.

Comelli, Luigi – Nato a Milano il 20 aprile 1938, viene eletto consigliere comunale per la Dc. Si dimetterà nel maggio 1983. Al suo posto, Silvio Boselli.

Corbisiero, Andrea – Nato a Balvano (Pz) il 12 agosto del 1941, è stato eletto consigliere comunale per il Psi, e assessore. Sarà riconfermato, in entrambe le cariche, nel 1985.

De Padova, Giuseppe – Nato a Monte S. Angelo (Fg) il 9 dicembre 1944, entra in Consiglio comunale, nel gennaio 1982, al posto del dimissionario Adriano Todaro e sarà riconfermato nel 1985. È stato segretario dell'Anpi di Nova.

Don, Giancarlo – *Vedi elezioni 1976.* Eletto consigliere comunale per il Pci e nominato assessore.

Fantuzzo, Luisella – Vedi *elezioni 1976.* Eletta consigliere comunale per Dp.

Fedeli, Giorgio – *Vedi elezioni 1971 e 1976.* Eletto consigliere comunale per il Psi e nominato sindaco.

Ferretti, Giovanni – Nato a S. Posidonio (Mo) il 4 maggio 1943, è eletto consigliere comunale per la Dc.

Fiorino, Fiorello – Nato a Paderno Dugnano il 12 ottobre 1958, viene eletto consigliere comunale per il Psdi.

Franceschini, Pietro – *Vedi elezioni del 1970, 1971.* Eletto consigliere comunale per il Psi e nominato assessore. Si dimetterà nel 1983 e, al suo posto, entrerà Luigi Maria Manzoni.

Inzaghi, Giuseppe – *Vedi elezioni del 1960, 1964, 1970, 1971, 1976.* Eletto consigliere comunale per il Pci e nominato assessore.

Lizzi, Tito – Nato a Troia (Fg) il 5 giugno 1939, è stato eletto consigliere comunale per la Dc. È morto a Segrate il 20 marzo 1995.

Lo Monaco, Francesco – Nato a Belmonte Mezzagno (Pa) il 20 febbraio 1938, è eletto consigliere comunale per il Psi. È morto a Luino l'1 agosto 1985.

Longoni, Armando – *Vedi elezioni del 1956, 1960, 1964, 1970, 1971, 1976.* Eletto consigliere comunale nelle file della Dc.

Manzoni, Luigi Maria – Nato a Milano l'1 giugno 1952, viene eletto consigliere comunale per il Psi. Il 14 gennaio 1983 entra in Giunta al posto del dimissionario Pietro Franceschini. Sarà riconfermato nel 1985 (come capogruppo Psi) e nel 1990. Nel 1994 abbandonerà il Psi e, assieme ad altri, fonderà Alleanza a Nova Milanese che non sarà mai politicamente attiva. Nel 2003 è candidato sindaco per la lista Tim ma senza risultato. Nel 2008 è consigliere comunale per il PdL. Nel 2018 è capolista di Fi e sarà eletto in Consiglio comunale. Per questo partito è il responsabile novese.

Nava, Carlo – *Vedi elezioni 1964, 1970, 1971, 1976*. Eletto consigliere comunale nelle file della Dc.

Parma, Renato – *Vedi elezioni del 1964, 1970, 1971, 1976*. Eletto consigliere comunale per il Pci e nominato vicesindaco e assessore.

Ricci, Giancarlo – Nato a Montereale (Aq) il 10 agosto 1949, viene eletto consigliere comunale per il Psdi. Nel 1978 è stato segretario socialdemocratico. Nel 1983 tenterà di entrare in Parlamento, ma senza risultato. Ha fatto parte, nel 1987, del comitato di gestione della Ussl 63. Nelle amministrative del 1995 si è presentato nella lista Psi, ma non è stato eletto.

Rodella, Virginio – Nato ad Asola (Mn) il 23 maggio 1939, è stato eletto consigliere comunale per la Dc.

Rossi, Enrico – *Vedi elezioni 1976*. Eletto consigliere comunale per il Pci.

Sala, Elio – *Vedi elezioni 1971, 1976*. Eletto consigliere comunale nelle file del Pci.

Spreafico, Mario – *Vedi elezioni 1960, 1964, 1970, 1971, 1976*. Eletto consigliere comunale per il Psi e nominato assessore.

Todaro, Adriano – *Vedi elezioni 1970, 1971, 1976*. Eletto consigliere comunale per il Pci. Nel gennaio 1982 darà le dimissioni. Al suo posto, Giuseppe De Padova.

Varisco, Alberto – *Vedi elezioni 1964, 1970, 1971, 1976*. Eletto consigliere comunale nelle file della Dc.

Villareale, Salvatore – Nato a Piazza Armerina (En) il 4 aprile 1947, dopo essere stato candidato per il Msi, senza mai venire eletto, cambia e si presenta capolista nel Pli. Per questo partito viene eletto consigliere comunale. Nel 1983 tenterà, per il Pli, il balzo in Parlamento, ma fallirà. Nel 1995, cambia per l'ennesima volta e si presenta in An senza però riuscire ad essere eletto.

Zanaga, Vittorino – Nato a Polverara (Pd) il 20 aprile del 1949, è stato eletto consigliere comunale per il Pci e nominato assessore. Sarà riconfermato nel 1990. Ha fatto parte dall'ottobre 1986, della Ussl 63. Nel dicembre 1990 è stato nominato presidente della Commissione bilancio e programmazione e nel direttivo del Consorzio per lo smaltimento dei rifiuti solidi urbani.

Zavattoni, Magda – Nata a Desio il 25 febbraio 1946, è stata eletta consigliere comunale per la Dc.

Elezioni amministrative (12 maggio) 1985 – 1990

sindaco: **Antonio Colombo** (Psi-Dc-Psdi-Pri)

Barzaghi, Laura – *Vedi elezioni del 1976 e 1981*. Eletta consigliere comunale per la Dc e nominata assessore.

Bellotto, Luigi – *Vedi elezioni 1976 e 1981*. Eletto consigliere comunale per la Dc.

Boselli, Silvio – *Vedi elezioni 1970, 1971, 1976*. Eletto consigliere comunale per la Dc.

Brenna, Sergio – *Vedi elezioni 1976, 1981*. Eletto consigliere comunale per il Pci.

Colombo, Antonio – *Vedi elezioni 1981*. Eletto consigliere comunale per il Psi e nominato sindaco della Giunta Dc-Psi.

Confalonieri, Susanna – Nata a Milano il 25 agosto 1960, viene eletta consigliere comunale per il Pci.

Corbisiero, Andrea – *Vedi elezioni 1981*. Eletto consigliere comunale per il Psi e nominato assessore.

De Lorentis, Vito – *Vedi elezioni 1964, 1970, 1971, 1976*. Eletto consigliere comunale per il Psi e nominato assessore.

De Padova, Giuseppe – *Vedi elezioni 1981*. Eletto consigliere comunale per il Pci.

Don, Giancarlo – *Vedi elezioni 1976 e 1981*. Eletto consigliere comunale per il Pci

Donati, Angelo – Nato a Milano il 31 ottobre 1931, viene eletto consigliere comunale per la Dc e nominato assessore. Si dimetterà dalla Giunta nell'ottobre 1989. Al suo posto, Mario Lonati.

Donatiello, Vito – Nato a S. Angelo dei Lombardi (Av) il 14

maggio 1954, è stato eletto consigliere comunale per il Pri. Questo partito per la prima volta è presente in Consiglio comunale. Nell'aprile 1987 darà le dimissioni e sarà sostituito da Angelo Ripamonti. Per qualche tempo è stato anche responsabile a Nova per il Pri. Nel febbraio 1987, il Pri uscirà dalla Giunta.

Fantuzzo, Luisella – *Vedi elezioni 1976 e 1981.* Eletta consigliere comunale nelle file di Dp. Alla fine del 1989 si dimetterà e al suo posto entrerà Luigi Seregni.

Lo Monaco, Filippo – Nato a Nova Milanese il 6 novembre 1962, è stato eletto consigliere comunale per il Psi. Sarà riconfermato anche nel 1990.

Lonati, Mario – Nato a Lurago Marinone (Co) il 21 febbraio 1946, è eletto consigliere comunale per la Dc e nominato assessore, nell'ottobre 1989, al posto del dimissionario Angelo Donati. Sarà riconfermato nel 1990 anche come assessore. Nel 1993,

darà le dimissioni e al suo posto entrerà in Giunta Arnalda Bernaschini del Pds. È stato uno dei fondatori della Cooperativa Acli Il Gabbiano e sindaco della Cooperativa Edilizia Enrico Mattei. Nel 1986 è stato segretario locale della Dc.

Longoni, Armando – *Vedi elezioni del 1956, 1960, 1964, 1970, 1971, 1976, 1981.* Eletto consigliere comunale per la Dc e nominato assessore e vicesindaco.

Manzoni, Luigi Maria – *Vedi elezioni del 1981.* Eletto consigliere comunale per il Psi.

Natale, Antonio – Nato ad Acquaviva delle Fonti (Ba) il 17 agosto 1945, viene eletto consigliere comunale per il Psi. Nel 1994 uscirà da questo partito e, assieme al fratello Giuseppe, ad Andrea Romano e Luigi Manzoni, formerà Alleanza per Nova Milanese, che però non sarà mai attiva. Dall'ottobre 1986 ha fatto parte della Ussl 63 e dal gennaio 1990, nominato presidente della Commissione edilizia. È stato presidente della Unione sportiva novese calcio.

Nava, Carlo – *Vedi elezioni 1964, 1970, 1971, 1976, 1981*. Eletto consigliere comunale per la Dc.

Panella, Mario – Nato a S. Angelo a Cupolo (Bn) il 2 agosto 1947, entra in Consiglio comunale, nelle file della Dc, al posto del dimissionario Gabriele Tagliabue, nel dicembre 1987. Sarà riconfermato nel 1990 diventando assessore della Giunta Pci-Dc. Si ripresenterà nuovamente nel 1995, nella lista del Ppi, e sarà nuovamente rieletto.

Parma, Renato – *Vedi elezioni 1964, 1970, 1971, 1976, 1981*. Eletto consigliere comunale nelle file del Pci

Pellegrini, Maurizio – Nato a Milano il 15 marzo 1950, viene eletto consigliere comunale, come indipendente, nella lista del Pci.

Proserpio, Valter – Nato a Nova Milanese il 4 maggio 1955, è stato eletto consigliere comunale per la Dc.

Rinaudo, Giovanni – Nato a Piana degli Albanesi (Pa) il 18 agosto 1946, è stato eletto consigliere comunale per il Psdi. La Giunta Dc-Psi-Pri-Psdi, lo nomina presidente della Commissione edilizia. Nel dicembre 1988, si dichiara indipendente. È stato uno dei fondatori della Cooperativa Edificatrice L'Umanità Seconda, legata al Psdi e, in seguito, fallita.

Ripamonti, Angelo – Nato a Paderno Dugnano (Mi) l'11 luglio 1947 entra in Consiglio comunale, per il Pri, al posto del dimissionario Vito Donatiello, nell'aprile 1987. Nel febbraio 1987, il Pri uscirà dalla Giunta.

Rossi, Enrico – *Vedi elezioni 1976 e 1981*. Eletto consigliere comunale per il Pci.

Sala, Angelo – Nato a Nova Milanese l'8 ottobre 1948, è stato eletto consigliere comunale nelle file del Pci. Sarà riconfermato nel 1990, nel 1995 e nel 2003 come assessore nella lista Pds. È stato uno dei fondatori e dirigente della Polisportiva e fondatore della Cooperativa Il Canale.

Sala, Elio – *Vedi elezioni 1971, 1976, 1981.* Eletto consigliere comunale per il Pci.

Seregni, Luigi – Nato a Desio il 27 gennaio 1955, entra in Consiglio comunale alla fine del 1989, come consigliere di Dp al posto della dimissionaria Luisella Fantuzzo. Nel 1990 si presenterà con i Verdi e verrà rieletto. Nel giugno 1993, darà le dimissioni dal Consiglio comunale e verrà sostituito da Bartolomeo Mansi. È stato presidente della Commissione della biblioteca e responsabile novese di Arcigola.

Spreafico, Mario – *Vedi elezioni 1960, 1964,1970, 1971, 1976, 1981.* Eletto consigliere comunale per il Psi.

Tagliabue, Gabriele – Nato a Nova Milanese il 26 gennaio 1952, è stato eletto consigliere comunale per la Dc. Darà le dimissioni dal Consiglio comunale nel febbraio 1987. Al suo posto Mario Panella.

Varisco, Alberto – *Vedi elezioni 1964, 1970, 1971, 1976, 1981.* Eletto consigliere comunale per la Dc e nominato assessore.

Zanaga, Vittorino – *Vedi elezioni 1981.* Eletto consigliere comunale per la lista del Pci.

Elezioni amministrative (6 maggio) 1990 – 1995

sindaco: **Renato Parma** (Pci-Dc)
dal giugno 1993 **Laura Barzaghi** (Dc-Pci)

Altieri, Saverio – *Vedi elezioni 1976 e 1981*. Eletto consigliere comunale per il Pci.

Barbato, Andrea – Nato a Montesarchio (Bn) il 2 novembre 1937, è stato eletto consigliere comunale per il Psi. Ha diretto, come segretario politico, la sezione del Psi di Nova. È stato uno dei fondatori della Cooperativa Edificatrice Pietro Nenni e della Cooperativa Il Canale. Dal 12 giugno del 1973 al novembre 2007, presidente della più grossa cooperativa di Nova, la Cooperativa Edificatrice Popolare.

Barzaghi, Laura – *Vedi elezioni 1976, 1981, 1985*. Eletta consigliere comunale nelle file della Dc e assessore. Nel giugno del 1993 è nominata sindaco al posto di Renato Parma. È il primo sindaco democristiano di Nova e la prima donna che lo diventa.

Bellotto, Luigi – *Vedi elezioni 1976, 1981, 1985*. Eletto consigliere comunale per la Dc.

Bernaschina, Arnalda – Nata a Milano il 23 dicembre 1954, è eletta consigliere comunale per il Pci. Sarà nominata assessore al posto del dimissionario Mario Lonati, nel 1993. È stata candidata per il Pds al Consiglio provinciale, senza però venire eletta. Ha contribuito a fondare la Cooperativa Il Canale.

Bettini, Virginio – *Vedi elezioni 1964, 1971*. Eletto consigliere comunale per i Va, abbandonerà quasi subito il Consiglio comunale. Al suo posto, Lino Terranova.

Colombo, Antonio – *Vedi elezioni 1981 e 1985.* Eletto consigliere comunale per il Psi.

Culatti, Angelo – Nato ad Arquà Polesine (Ro) il 18 marzo del 1953, è stato eletto consigliere comunale per il Pci. Per questo partito è stato anche segretario locale nel marzo 1989. Impegnato nelle cooperative edilizie, è stato presidente della Cooperativa Iniziativa Operaia e fondatore della Cooperativa Il Canale.

Don, Giancarlo – *Vedi elezioni 1976, 1981, 1985.* Eletto consigliere comunale per il Pci.

Furlan, Daniele – Nato a Milano il 12 maggio 1959, è stato eletto consigliere comunale per la Dc e riconfermato nel 1995 nella lista Ppi. Per questo partito è stato anche capogruppo.

Lo Monaco, Filippo – *Vedi elezioni 1985.* Eletto consigliere comunale per il Psi.

Lonati, Mario – *Vedi elezioni 1985.* Eletto consigliere comunale per la Dc e assessore.

Longoni, Armando – *Vedi elezioni 1956, 1960, 1964, 1970, 1971, 1976, 1981, 1985.* Eletto consigliere comunale nelle file della Dc.

Magro, Francesco – *Vedi elezioni 1964, 1970 1971, 1976.* Eletto consigliere comunale per il Psi.

Mansi, Bartolomeo – Nato a Manfredonia (Fg) il 23 gennaio 1955, è entrato in Consiglio comunale al posto del dimissionario Luigi Seregni, nel giugno 1993. È stato eletto nella lista Va. Ha fatto parte della Cooperativa Edilizia Solidarietà e dell'Arcigola.

Manzoni, Luigi Maria – *Vedi elezioni 1981 e 1985.* Eletto consigliere comunale per il Psi.

Masulli, Rosa – Nata a Monte S. Angelo (Fg) il 28 dicembre 1947, viene eletta consigliere comunale per il Psdi.

Natale, Giuseppe – Nato ad Acquaviva delle Fonti (Ba) l'11 novembre del 1954, viene eletto consigliere comunale per il Psi. Nel 1994 abbandonerà questo partito (vedi Antonio Natale). Nelle elezioni amministrative del 1995, si presenterà nella lista del Ppi e sarà eletto.

Nava, Carlo – *Vedi elezioni 1964, 1970, 1971, 1976, 1981, 1985.* Eletto consigliere comunale per la Dc.

Panella, Mario – *Vedi elezioni 1985.* Eletto consigliere comunale per la Dc e nominato assessore.

Parma, Renato – *Vedi elezioni 1964, 1970, 1971, 1976, 1981, 1985.* Eletto consigliere comunale per il Pci. Sarà sindaco comunista sino al 1993 quando sarà sostituito da Laura Barzaghi. È stato il primo e unico sindaco comunista di Nova.

Pellegrini, Giuseppe – Nato a San Giovanni Rotondo (Fg) il 10 febbraio 1956, è eletto consigliere comunale per la Dc.

Romano, Andrea – Nato a Monza il 25 marzo 1960, viene eletto consigliere comunale per il Psi. Nel 1994, cambia partito (vedi Antonio Natale). Nel 1995 approda nel Ppi, ma non viene eletto. Ritorna in Consiglio comunale nel 1999, per Fi, anche come assessore, nel 2003 sempre per Fi, nel 2008 e nel 2013 per il Pdl, nel 2018 per la lista civica Ncar dopo la rottura con Fi.

Rossi, Enrico – *Vedi elezioni del 1976, 1981, 1985.* Eletto consigliere comunale per il Pci e nominato assessore.

Sala, Angelo – *Vedi elezioni 1985.* Eletto consigliere comunale per il Pci

Sala, Elio – *Vedi elezioni del 1971, 1976, 1981, 1985.* Eletto consigliere comunale per il Pci e nominato assessore.

Segreto, Michele – Nato a Milano il 2 luglio 1957, entra in Consiglio comunale, nel giugno 1993, al posto del dimissionario Lino Terranova per i Va. Nelle elezioni del 1995, sarà candidato sindaco per il Sr ma non sarà rieletto. È stato responsabile del Wwf novese.

Seregni, Luigi – *Vedi elezioni 1985*. Eletto consigliere comunale per i Va. Poco dopo darà le dimissioni e al suo posto entrerà Bartolomeo Mansi.

Simonetta, Vincenzo – Nato a Cittanova (Rc) il 5 gennaio 1950, è stato eletto consigliere comunale per il Psi.

Spreafico, Mario – *Vedi elezioni del 1960, 1964, 1970, 1971, 1976, 1981, 1985*. Eletto consigliere comunale per il Psi.

Terranova, Lino – Nato a Mazzarino (Cl) il 22 maggio 1957, è eletto consigliere comunale, per i Va, nel maggio 1990 al posto del dimissionario Virginio Bettini. Nel giugno 1993 darà le dimissioni. Verrà sostituito da Michele Segreto.

Varisco, Alberto – *Vedi elezioni 1964, 1970, 1971, 1976, 1981, 1985*. Eletto consigliere comunale per la Dc e nominato assessore.

Sulla definizione dei partiti, c'è da sottolineare che per rendere più chiara la lettura degli eletti 1990-1995, essi sono stati accostati al nome del loro partito di provenienza. Così è stato fatto per i consiglieri del Pci. In realtà avrei dovuto, invece che Pci, scrivere Pds. Infatti il Partito democratico di sinistra è stato fondato il 3 febbraio 1991. L'11 febbraio 1994, la Dc cambia nome e tornerà a chiamarsi Ppi mentre il 13 novembre, dalle ceneri del Psi, nascerà Si (Socialisti italiani).

Elezioni amministrative (23 aprile) 1995 – 1999

sindaco: **Laura Barzaghi** (Ppi-Pds)

Sono le prime consultazioni amministrative con il metodo maggioritario. I partiti debbono indicare, prima della consultazione, il loro candidato sindaco. Questi i nomi proposti e i risultati del primo turno:

Candidati	Partito	Voti	Percentuale
Barzaghi Laura	Pds-Ppi	6.584	47,58
Fantuzzo Luisella	Rc	1.502	10,85
Segreto Michele	Sole che ride	589	4,26
Colombo Antonio	Democratici	994	7,18
Pessi Enrico	Fi	3.412	24,66
Villareale Floriana	An	757	5,47

Il 7 maggio si svolge il ballottaggio. Questi i risultati:

Candidati	Partito	Voti	Percentuale
Barzaghi Laura	Pds-Ppi	8.065	68,80
Pessi Enrico	Fi	3.658	31,20

Questi i consiglieri comunali eletti nel 1995:

Addamiano, Giosuè – Nato a Cerignola (Fg) il 19 dicembre 1956, è stato eletto consigliere comunale per Fi. Nel giugno 1998, è diventato capogruppo del suo partito al posto di Ermanno Brioschi.

Angelicchio, Felice – Nato a Muro Lucano (Pz) il 31 marzo 1956, entra in Consiglio comunale, per An, nel gennaio 1997, al posto di Floriana Villareale dichiarata decaduta.

Barzaghi, Laura – *Vedi elezioni 1976, 1981, 1985, 1990.* Eletta sindaco per la coalizione Ppi-Pds.

Begato, Graziella – Nata a S. Angelo di Piove di Sacco (Pd) il 3 settembre 1946, è stata eletta consigliere comunale per il Ppi.

Bellotto, Luigi – *Vedi elezioni 1976, 1981, 1985, 1990.* Eletto consigliere comunale nelle file del Ppi.

Bertolini, Fabio – Nato il 4 ottobre 1963 a Monza, viene eletto consigliere comunale per Rc. Si dimetterà da consigliere comunale nel marzo 1998. Al suo posto, Loretta Castagnino.

Brioschi, Ermanno – Nato a Nova Milanese il 28 dicembre

1953, è stato eletto consigliere comunale di Fi. È stato capogruppo sino al giugno 1998.

Castagnino, Loretta – Nata a Desio il 12 maggio 1974 viene eletta consigliere comunale per Rc, nel marzo 1998, al posto del dimissionario Fabio Bertolini

Colombo, Antonio – *Vedi elezioni 1981, 1985, 1990*. Eletto consigliere comunale per il Pdd.

Fantuzzo, Luisella – *Vedi elezioni del 1976, 1981, 1985, 1990*. Eletta consigliere comunale per Rc.

Furlan, Daniele – *Vedi elezioni 1990*. Eletto consigliere comunale nella lista Ppi. È stato capogruppo.

Ghioni, Elio – Nato a Desio il 17 luglio 1947, è entrato in Consiglio comunale, come assessore esterno. Si era presentato nella lista Pds come indipendente. È stato eletto consigliere per la provincia di Monza e Brianza nel 2009. Dal 1999 al 2003 è stato capogruppo Ds in Consiglio comunale e dal 2003 al 2008 assessore sempre nel Comune di Nova Milanese.

Lina, Ugo – Nato a Torre Annunziata (Na) il 19 aprile del 1949 è stato eletto consigliere comunale per il Pds con il maggior numero dei voti. È stato uno dei fondatori della cooperativa Il Canale.

Magro, Massimo – Nato a Nova Milanese il 9 maggio del 1964, è stato eletto consigliere comunale per Fi. In queste elezioni è consigliere "anziano" nel senso che è stato il candidato che ha ricevuto più voti personali e di lista.

Natale, Giuseppe – *Vedi elezioni 1990*. Eletto consigliere comunale per il Ppi.

Palena, Lucia – Nata a Monte S. Angelo (Fg) il 20 giugno 1967, è stata eletta consigliere comunale per il Ppi.

Panella, Mario – *Vedi elezioni 1985, 1990*. Eletto consigliere comunale nella lista del Ppi.

Panzeri, Adelio – Nato a Nova Milanese il 7 giugno 1959, è stato eletto consigliere comunale, indipendente, nella lista del Pds. Ha fatto parte del Comitato di gestione del Forno d'incenerimento.

Parma, Renato – *Vedi elezioni del 1964, 1970, 1971, 1976, 1981, 1985, 1990.* Nominato assessore esterno per il Pds e vicesindaco.

Pessi, Enrico – Nato a Desio il 14 febbraio 1995, candidato sindaco per Fi ha perso il ballottaggio con Laura Barzaghi. Consigliere comunale per Fi.

Quarello, Achille – Nato a Milano il 27 febbraio 1955, diventa assessore esterno, come indipendente Pds. Ha fatto parte delle Acli ed è stato presidente del Cai novese.

Ratti, Francesco – Nato a Nova Milanese il 31 maggio del 1948, è entrato in Consiglio comunale come assessore esterno Ppi. Ha fatto parte del collegio sindacale della Cooperativa Edilizia Enri-

co Mattei. È stato segretario Dc nel 1989.

Rossi, Enrico – *Vedi elezioni del 1976, 1981, 1985, 1990.* Nominato assessore esterno per il Pds.

Sala, Angelo – *Vedi elezioni del 1985 e 1990.* Eletto consigliere comunale per il Pds.

Sala, Elio – *Vedi elezioni del 1971, 1976, 1981, 1985, 1990.* Nominato assessore esterno per il Pds.

Scuratti, Ivano – Nato a Nova Milanese il 20 gennaio 1955, è stato eletto consigliere comunale per il Pds. A questa carica, assomma quella di Presidente del Consiglio comunale.

Varisco, Alberto – *Vedi elezioni del 1964, 1970, 1971, 1976, 1981, 1985, 1990.* Nominato assessore esterno per il Ppi.

Villareale, Floriana – Nata a Desio il 13 luglio 1971, si presenta come candidata sindaco per An ma non sarà eletta. Entrerà in Consiglio comunale come consigliere. Dopo cinque assenze dai lavori del Consiglio, viene dichiarata decaduta il 18 dicembre 1996. Al suo posto, Felice Angelicchio.

Zurzolo, Giovanni – Nato a Cittanova (Rc) il 18 ottobre 1955, è stato eletto consigliere comunale per il Pds. Ha fatto parte della Commissione servizi sociali.

Da queste elezioni, ci sarà, in Consiglio comunale, una nuova figura: il **Presidente**.

Il Presidente (in queste consultazioni sarà nominato Ivano Scuratti), eletto fra i Consiglieri comunali durante la prima seduta, rappresenta il Consiglio, lo convoca e lo presiede, coordina la discussione durante le sedute, concede la facoltà di parlare e proclama il risultato delle votazioni.

Elezioni amministrative (13 giugno) 1999 – 2003

sindaco: **Ermanno Brioschi** (Fi– N2000-An)

Il 10 dicembre 2002, Fi si spacca e tre consiglieri di quel partito si dichiarano indipendenti e formano il nuovo gruppo "Insieme per Nova". A seguito di questo avvenimento, ci sarà una mozione di sfiducia nei confronti del sindaco Ermanno Brioschi, firmata da 11 consiglieri su 20 che determinerà lo scioglimento del Consiglio comunale e l'invio, a Nova, del Commissario straordinario Francesca Iacontini.

Questi i consiglieri firmatari della mozione di sfiducia, sia di maggioranza che di minoranza: Loris Dante (Ln), Ugo Masullo (Fi), Giuseppe Scuratti (Fi), Tonino Sterlino (Fi), Loretta Castagnino (Rc), Laura Barzaghi (Ppi), Ugo Lina (Ds), Elio Ghioni (Ds), Roberto Scuratti (Ds), Mario Panella (Ppi), Luigi Bellotto (Ppi).

Questi, comunque, gli eletti:

Addamiano, Giosuè – *Vedi elezioni 1995*. Eletto consigliere comunale per Fi.

Barbiero, Giuseppe - Nato a Grotteria (Rc) il 31 ottobre 1948, entra in Consiglio comunale, per Fi, nel dicembre 2000 in sostituzione di Francesca Salvalai.

Barzaghi, Laura – *Vedi elezioni 1976, 1981, 1985, 1990, 1995*. Eletta consigliere comunale per il Ppi.

Bellotto, Luigi – *Vedi elezioni 1976, 1981, 1985, 1990, 1995*. Eletto consigliere comunale per il Ppi.

Brioschi, Ermanno – *Vedi elezioni 1995*. Eletto consigliere comunale per Fi. Sarà nominato sindaco.

Casagrande, Giuseppina – Nata a Bordighera (Im) il 7 gennaio 1937. Eletta consigliere comunale per Fi.

Castagnino, Loretta – Nata a Desio il 12 maggio 1974. È stata eletta consigliere comunale per Rc.

Colombo, Antonio – *Vedi elezioni 1981, 1985, 1990, 1995*. Eletto consigliere comunale per la lista N2000 e nominato assessore.

Danielli, Davide – Nato a Giussano (Mb) il 4 ottobre 1951. Entra in Consiglio comunale per Fi.

Dante, Loris – Nato a Paderno Dugnano (Mb) il 17 giugno 1957, è stato eletto consigliere comunale per la Ln.

Ghioni, Elio – *Vedi elezioni 1995.* Eletto consigliere comunale per i Ds.

Italiano, Antonio – Nato a Scido (Rc) il 6 maggio 1941. Eletto consigliere comunale per la lista civica N2000.

Lina, Ugo – *Vedi elezioni 1995.* Eletto consigliere comunale per i Ds.

Magro, Massimo – Vedi *elezioni 1995.* Eletto consigliere comunale per Fi.

Manzoni, Luigi Maria – *Vedi elezioni 1981, 1985, 1990.* Eletto consigliere comunale per Fi e nominato assessore.

Masullo, Ugo – Nato a Napoli il 28 maggio 1953. Eletto consigliere comunale per Fi.

Natale, Giuseppe – *Vedi elezioni 1990 e 1995.* Eletto consigliere comunale per Fi e nominato assessore.

Panella, Mario – *Vedi elezioni 1985, 1990, 1995.* Eletto consigliere comunale per il Ppi.

Pessi, Enrico – *Vedi elezioni 1995.* Nominato assessore.

Rapisarda, Giuseppe – Nato a Catania l'11 novembre 1951. Nominato assessore.

Riva, Alberto – Nato a Paderno Dugnano (Mb) il 14 agosto 1964, viene eletto consigliere comunale per Fi.

Romano, Andrea – *Vedi elezioni 1990.* Nominato assessore.

Salvalai, Francesca – Nata a Monza l'1 aprile 1978, è stata eletta consigliere comunale per Fi. Nel dicembre 2000 dà le dimissioni e, al suo posto, entra Giuseppe Barbiero.

Scuratti, Giuseppe – Nato a Nova il 10 marzo 1945, è stato eletto consigliere comunale per Fi.

Scuratti, Roberto – Nato a Sesto San Giovanni il 23 agosto 1973, è stato eletto consigliere comunale per i Ds.

Sterlino, Tonino – Nato a Muro Lucano (Pz) l'11 novembre 1937. Eletto consigliere comunale per Fi.

Terramagra, Sandro – Nato a Monza l'1 novembre 1968, eletto consigliere comunale per An.

Vergani, Massimo – Nato a Cesano Maderno (Mb) il 21 gennaio 1952. Entrato in Consiglio comunale come assessore.

Elezioni amministrative (25 maggio) 2003 – 2008

sindaco: Laura Barzaghi

(Margherita-Ds-Rc-Di Pietro-Sdi-Verdi-Ci)

Barzaghi, Laura – *Vedi elezioni del 1976, 1981, 1985, 1990, 1995, 1999.* Eletta per Dlm e nominata sindaco.

Bertolini, Fabio – *Vedi elezioni 1995.* Eletto nella lista di Rc.

Brioschi, Ermanno – *Vedi elezioni 1995.* Eletto consigliere comunale per la lista Fi. Candidato sindaco per Fi e An.

Calandra, Gaetano – Nato a Monza l'1 agosto 1971. Eletto nella lista Dlm.

Colombo, Antonio – *Vedi elezioni 1981, 1985, 1990, 1995, 1999.* Eletto consigliere comunale per la lista N2000.

Dante, Loris Antonio – *Vedi elezioni 1999.* Eletto nella lista Ln.

Don, Giancarlo – *Vedi elezioni del 1976, 1981, 1985, 1990.* Eletto nella lista Ds.

Fantuzzo, Luisella – *Vedi elezioni del 1976, 1981, 1985, 1990, 1995.* Nominata assessore.

Ghioni, Elio – *Vedi elezioni 1995, 1999.* Nominato assessore.

La Torre, Pietro – Nato a Monte S. Angelo il 18 luglio 1950. Eletto nella lista Ds.

Lina, Ugo – *Vedi elezioni del 1995.* Eletto consigliere comunale per i Ds e nominato Presidente del Consiglio comunale.

Longoni, Rosaria – Nata a Monza il 12 aprile 1956. Impegnata nel volontariato, anche all'estero, diventa consigliere comunale e capogruppo per la lista Dlm.

Magro, Massimo Domenico – *Vedi elezioni 1995*. Eletto consigliere comunale per la lista Fi.

Manzoni, Luigi Maria – *Vedi elezioni del 1981, 1985, 1990*. Eletto consigliere comunale nella lista civica Tim.

Morelli, Federico – Nato a Colletorto (Cb) il 30 maggio 1951. Eletto come consigliere comunale per la lista Iv

Natale, Giuseppe – *Vedi elezioni del 1990, 1995, 1999*. Eletto consigliere comunale per Fi.

Pagani, Fabrizio – Nato a Milano il 5 aprile 1962, è eletto nella lista Dlm.

Paletta, Leonardo Vitaliano – Nato a Scala Coeli (CS) l'8 settembre 1957, è eletto consigliere comunale per Rc.

Panella, Mario – *Vedi elezioni 1985, 1990, 1995*. Nominato assessore.

Panzeri, Adelio – *Vedi elezioni 1995*. Nominato assessore.

Paris, Angelo – Nato a Desio il 7 maggio 1940, è eletto consigliere comunale nella lista Dlm. È stato sempre molto impegnato nel volontariato cattolico.

Penolazzi, Adriano – Nato a Villanova Marchesana (Ro) il 6 maggio 1936, eletto consigliere comunale nella lista Ds.

Prestifilippo, Rosario – Nato a Piazza Armerina (En) il 18 luglio 1957. Eletto nella lista An.

Quarello, Achille – *Vedi elezioni 1995*. Eletto consigliere comunale nella lista Ds e nominato assessore.

Ratti, Francesco – *Vedi elezioni 1995*. Nominato assessore.

Romano, Andrea – *Vedi elezioni del 1990 e 1999*. Eletto nella lista Fi.

Sala, Angelo – *Vedi elezioni 1985, 1990, 1995*. Nominato assessore.

Elezioni amministrative (25 maggio) 2008 – 2013

sindaco: **Laura Barzaghi**

(Pd-Sinistra Arcobaleno-Per Nova con Barzaghi)

Barzaghi, Laura – *Vedi elezioni 1976, 1981, 1985, 1990, 1995, 1999, 2003, 2008.* Eletta sindaco.

Bellotto, Luigi – *Vedi elezioni 1976, 1981, 1985, 1990, 1995, 1999.* Eletto consigliere comunale Pd.

Boneschi, Annalisa – Nata a Milano il 4 settembre 1963, eletta consigliere comunale per Sinistra l'Arcobaleno.

Calì, Antonio – Nato a Oppido Mamertina (Rc) l'11 gennaio 1969, eletto consigliere comunale per il PdL.

Capizzi, Antonio – Nato a Desio (Mb) il 24 dicembre 1974, eletto consigliere comunale nella lista Pnb.

Dante, Loris Antonio – *Vedi elezioni 1999 e 2003.* Eletto consigliere comunale per Ln.

Don, Giancarlo – *Vedi elezioni 1976, 1981, 1985, 1990, 2003.* Eletto consigliere comunale per il Pd e capogruppo.

Fantuzzo, Luisella – *Vedi elezioni 1976, 1981, 1985, 1990, 1995, 2003.* Eletta consigliere comunale e nominata assessore.

Frontino, Savina – Nata a Monza il 12 gennaio 1972, è eletta consigliere comunale per il Pd e nominata assessore.

La Torre, Pietro – *Vedi elezioni 2003.* Eletto consigliere comunale per il Pd.

Lanzani, Gabriele – Nato a Desio il 23 agosto 1956, è eletto consigliere comunale per Ln.

Lissoni, Giuseppe – Nato a Desio il 17 febbraio 1967, è eletto consigliere comunale nella lista Pnb.

Lodigiani, Marco – Nato a Milano il 31 gennaio 1964, è eletto consigliere comunale per Ln.

Longoni, Rosaria – *Vedi elezioni 2003*. Eletta consigliere comunale per il Pd e nominata assessore.

Magro, Massimo – *Vedi elezioni 1995 e 2003*. Eletto consigliere comunale per il Pdl.

Manzoni, Luigi Maria – *Vedi elezioni del 1981, 1985, 1990, 1999, 2003*. Eletto consigliere comunale nella lista Pdl.

Natale, Giuseppe – *Vedi elezioni 1990, 1995, 1999, 2003*. Eletto consigliere comunale per il Pdl.

Pagani, Fabrizio – *Vedi elezioni 2003*. Eletto consigliere comunale per la lista del Pd.

Paletta, Leonardo Vitaliano – *Vedi elezioni 2003*. Eletto consigliere comunale nella lista Pnb e nominato assessore.

Panella, Mario – *Vedi elezioni 1985, 1990, 1995, 2003*. Eletto consigliere comunale per il Pd e nominato assessore.

Panzeri, Adelio – *Vedi elezioni 1995 e 2003*. Eletto consigliere comunale per il Pd e nominato assessore.

Paris, Angelo – *Vedi elezioni 2003*. È stato eletto consigliere comunale per il Pd.

Parma, Donato – Nato a Milano il 16 febbraio 1979, è stato eletto consigliere comunale per il Pd.

Penolazzi, Luca – Nato a Desio il 13 luglio 1978, eletto consigliere comunale nella lista Pd.

Ratti, Francesco – *Vedi elezioni 1995 e 2003*. Eletto consigliere comunale per il Pd e nominato assessore.

Romano, Andrea – *Vedi elezioni 1990, 1999, 2003.* Eletto consigliere comunale per il Pdl.

Tosi, Davide – Nato a Milano il 9 giugno 1978 eletto consigliere comunale nella lista Pnb.

Elezioni amministrative (25 maggio) 2013 – 2018

sindaco: **Rosaria Longoni** (Pd e Liste civiche)

Ambiveri, Arabella – Nata a Milano il 3 gennaio 1964, è stata eletta consigliere comunale per la civica Ilpn.

Apostolo, Andrea – Nato a Nova Milanese il 23 maggio 1985, è stato eletto consigliere e assessore per il Pd.

Barone, Alessandra – Nata a Milano il 4 maggio 1981, è stata eletta consigliere comunale per Ilpn. il 30 novembre 2015 in sostituzione di Valter Proserpio.

Bettini, Sara – Nata a Carate Brianza (Mb) il 3 giugno 1986, è stata eletta consigliere comunale per la lista M5s. Sostituisce il 10 giugno 2016, William Santoro che ha dato le dimissioni. Si dimetterà il 9 maggio 2017. Al suo posto Floriana Rocco.

Brambilla, Matteo – Nato a Carate Brianza (Mb) il 14 dicembre 1987, è stato eletto consigliere comunale per la Lega Nord di cui è stato anche segretario. Nel dicembre 2017 ha lasciato la Lega per confluire nella nuova formazione politica Grande Nord.

Cattaneo, Massimo – Nato a Milano il 9 febbraio 1961, è stato eletto consigliere comunale per la civica, Pnc.

Colombo, Antonio – *Vedi elezioni del 1981, 1985, 1990, 1995, 1999, 2003.* Eletto consigliere comunale per Unione di Centro, Pdl, Lega. Candidato sindaco ha ricevuto il 30,66 % dei voti.

Dal Molin, Chiara – Nata a Carate Brianza (Mb) il 30 maggio 1985. È eletta consigliere comunale per il Pd.

Fasola, Valeria – Nata a Monza il 19 luglio 1966, eletta consigliere comunale per il Pd. Nel gennaio 2017 è stata eletta, come vuole il nuovo protocollo governativo da parte di sindaci e consiglieri comunali, alla Provincia di Monza e Brianza. Ha avuto la delega al Bilancio.

Frattaruolo, Orazio – Nato a Monte S. Angelo il 23 ottobre 1955, è eletto consigliere comunale per il Pd.

Frontino, Savina – *Vedi elezioni 2008.* È stata eletta e nominata assessore per il Pd.

Furci, Franca – Nata a Nova Milanese il 17 giugno 1967, è stata eletta consigliere comunale nelle file del Pdl.

Lina, Ugo – *Vedi elezioni 1995, 1999, 2003.* Eletto consigliere comunale e Presidente del Consiglio per il Pd.

Longoni, Rosaria – *Vedi elezioni 2003 e 2008.* Eletta e nominata sindaco per il Pd e Liste civiche. È eletta al primo turno con il 55,94% dei voti.

Magro, Massimo Domenico – *Vedi elezioni 1995, 1999, 2003.* Eletto consigliere comunale per il Pdl.

Pagani, Fabrizio – *Vedi elezioni 2003 e 2008.* Eletto e nominato assessore per il Pd.

Paletta, Leonardo Vitaliano – *Vedi elezioni 2003 e 2008.* È eletto e nominato assessore per Ilpn.

Panella, Mario – *Vedi elezioni 1985, 1990, 1995, 1999, 2003.* Eletto consigliere comunale nelle file del Pd.

Paris, Angelo – *Vedi elezioni del 2003 e 2008.* È eletto consigliere comunale per il Pd.

Proserpio, Valter – Nato a Nova Milanese il 4 marzo 1955, è stato eletto consigliere comunale per Ilpn. Si è dimesso il 23 novembre 2015 e al suo posto è entrata, il 30 novembre 2015, Alessandra Barone.

Ratti, Francesco – *Vedi elezioni 1995, 1999, 2003.* Nominato assessore e vicesindaco per il Pd.

Rocco, Floriana – Nata a Altamura (Ba) il 9 gennaio 1979, eletta in Consiglio comunale per la lista M5s in data 12 maggio 2017 al posto di Sara Bettini.

Romano, Andrea – *Vedi elezioni del 1990, 1999, 2003, 2008.* Eletto consigliere comunale per il Pdl.

Santoro William – Nato a Milano il 20 agosto 1986, è stato eletto consigliere comunale per il M5S. Candidato sindaco, aveva ricevuto il 9,21% dei voti. Si è dimesso il 31 maggio 2016. Al suo posto Sara Bettini. Nel 2018 si è presentato nella civica Pnc in appoggio del candidato sindaco Massimo Cattaneo.

Zappalà, Irene – Nata a Desio (MI) il 17 settembre 1990, è eletta consigliere comunale e capogruppo per il Pd.

Elezioni amministrative (10 giugno) 2018 – 2023

sindaco: **Fabrizio Pagani** (Pd e Liste Civiche)

Apostolo, Andrea – *Vedi elezioni 2013*. Eletto consigliere comunale Pd e nominato vicesindaco nonché assessore all'Urbanistica, Viabilità, Ecologia, Trasporti, Edilizia privata.

Brambilla, Francesca Maria – Nata a Carate Brianza (Mb) il 27 settembre 1992, è stata eletta consigliere comunale per la Ln e nominata vicepresidente del Consiglio comunale.

Cattaneo, Massimo – *Vedi elezioni 2013*. Eletto consigliere comunale per la lista civica Pnc di cui era candidato sindaco.

Dal Molin, Chiara – *Vedi elezioni 2013*. Eletta consigliere comunale per il Pd.

Fasola, Valeria – *Vedi elezioni 2013*. Eletta consigliere comunale per il Pd e nominata assessore al Bilancio, Programmazione, Partecipate e Catasto.

Frattaruolo, Orazio – *Vedi elezioni 2013*. Eletto consigliere comunale per il Pd.

Frontino, Savina – *Vedi elezioni 2008 e 2013*. Eletta consigliere comunale per il Pd e nominata assessore ai Servizi sociali, Pubblica istruzione e Politiche giovanili.

Lanzani, Gabriele – *Vedi elezioni 2008*. Eletto consigliere comunale per Ln.

Lina, Ugo – *Vedi elezioni 1995, 1999, 2003 e 2013*. Eletto consigliere comunale per il Pd e nominato, per la quarta volta, Presidente del Consiglio comunale.

Manzoni, Luigi Maria – *Vedi elezioni 1981, 1985, 1990, 1999, 2003*. Eletto consigliere comunale per Fi. Ha sostenuto il candidato Eugenio Pizzigallo.

Miliziano, Stefano – Nato a Ribera (Ag) il 18 gennaio 1954 è entrato in Consiglio comunale per la lista Ni il 20 luglio 2018, sostituendo il consigliere dimissionario Eugenio Pizzigallo.

Nigro, Rosa – Nata a Taranto il 3 gennaio 1970, è stata eletta consigliere comunale nella lista Vn e nominata assessore alle Attività produttive, Commercio, Artigianato e Suap (Sportello Unico per le Attività Produttive).

Pagani, Fabrizio – *Vedi elezioni 2003, 2008 e 2013.* Eletto sindaco. In queste consultazioni ha tenuto per sè le deleghe a Lavori pubblici, Sport, Personale, Servizi demografici e Polizia locale. È stato eletto con il 51,68% dei voti (3.987 voti).

Paletta, Leonardo Vitaliano – *Vedi elezioni 2003, 2008 e 2013.* Eletto consigliere comunale per la civica Ilpn che ha appoggiato la candidatura di Fabrizio Pagani.

Panella, Mario – *Vedi elezioni 1985, 1990, 1995, 1999, 2003, 2013.* Eletto consigliere comunale per il Pd.

Panzeri, Giacomo – Nato a Carate Brianza (Mb) il 25 maggio 1994, eletto consigliere comunale per il Pd.

Paris, Angelo – *Vedi elezioni 2003, 2008 e 2013.* Eletto consigliere comunale per il Pd.

Pizzigallo, Eugenio – Nato a Martina Franca (Ta) il 30 dicembre 1960, è stato eletto consigliere comunale per la lista civica Ni. È stato candidato sindaco del raggruppamento che comprendeva, oltre alla sua lista civica, anche Lega e D+ (Antonio Colombo). Nel ballottaggio è stato sconfitto da Fabrizio Pagani. Pizzigallo ha ricevuto il 48,32% dei voti (3.728 voti). Si è dimesso da consigliere comunale il 20 luglio 2018 e sostituito da Stefano Miliziano.

Romano, Andrea – *Vedi elezioni 1990, 1999, 2003, 2008, 2013*. Eletto consigliere comunale per la lista civica Ncar di cui era candidato sindaco dopo la rottura con Forza Italia.

Schiavon, Claudio – Nato a Nova Milanese il 6 aprile 1952, è stato eletto consigliere comunale per il Pd. È l'attuale segretario di questo partito.

Tagliabue, Aurelio – Nato a Nova Milanese il 11 aprile 1962, eletto consigliere comunale per la lista civica Vn che ha appoggiato la candidatura di Fabrizio Pagani.

Zabatta, Antonio – Nato a Milano il 26 settembre 1961, eletto consigliere comunale per la civica Vn che ha appoggiato la candidatura di Fabrizio Pagani.

Zappalà, Irene – *Vedi elezioni 2013*. Eletta consigliere comunale per il Pd e assessore ai Servizi culturali, Partecipazione, Biblioteca.

Capitolo secondo: Il Comune

**Comune
territorio, le indennità
dei politici, le elezioni,
i partiti, le liste civiche,
la Polizia locale
ed altro ancora**

abitanti – Vedi cap. 8.

abusi edilizi – Nel 2017, a Nova, c'è stata solo una violazione alle norme edilizie. L'area è stata posta sotto sequestro.

Acli – Vedi cap. 6.

acqua potabile – Il servizio di gestione dell'acqua potabile di Nova, sino al 30 giugno 1972, era in appalto ad un privato. In quell'anno, all'unanimità, il Consiglio comunale scelse la gestione pubblica. Nel 1951, le abitazioni novesi fornite di acqua potabile esterna, erano 651 su un totale di 1.582 abitazioni e 24 usavano il pozzo. Dieci anni dopo, nel 1961 solo 217 case avevano l'acqua esterna l'abitazione e 3 il pozzo. Nel 1971, le case sprovviste di acqua interna erano 46; nel 1981, 29; nel 1991, 53. Oggi non risultano case sprovviste di acqua interna.

acqua, casa dell' – La casetta che distribuisce l'acqua è in via Locatelli (parcheggio vicino alla farmacia) e, dalla fine di giugno 2018, anche in via Brodolini. Costa 5 centesimi al litro e l'approvvigionamento è consentito 24 ore su 24, 7 giorni su **7**. Secondo i dati del 30 marzo 2018, i litri totali prodotti sono stati 196.766, risparmiando così 131.177 bottiglie di plastica da 1,5 litri con un risparmio per le famiglie di 33.450 euro. In questo modo si è risparmiato anche sul greggio (31.876 kg.), sul CO_2 gas serra (19.677 kg.) e sullo smaltimento per 15.741 euro.

acqua, qualità – Un litro di minerale in bottiglia, costa in media, 0,33 centesimi di euro. Quella di Brianza Acque 0,00112 euro. Per quanto riguarda la qualità novese dell'acqua, da un'analisi effettuata l'1 febbraio 2018, i parametri sono tutti nella norma. Se prendiamo il punto di prelievo di via Garibaldi, abbiamo, ad esempio, una durezza di 32,8 F (valore consigliato da 15-50); nitrati 38,7 (valore

Dm Salute del 14 giugno 2017: 50); sodio 8,2 (valore Dm Salute del 14 giugno 2017: 200); residuo secco 413 (valore consigliato max 1500); nitrito meno di 0,04 (valore Dm Salute del 14 giugno 2017: 0,5); cromo meno di 1 (valore Dm Salute del 14 giugno 2017: 50): piombo meno di 1 (valore Dm Salute del 14 giugno 2017: 10); arsenico meno di 1 (valore Dm Salute del 14 giugno 2017: 10).

acquedotto – Oggi non esiste più ma sino al 1998 era collocato in via Roma dove ora c'è un condominio, fra i numeri civici 26 e 30. (Vedi anche cap. 3).

agricoltori – Vedi cap. 4.

alberghi – Vedi bed&breakfast, cap. 8.

Aler, Azienda lombarda edilizia residenziale – Prima c'era l'Istituto autonomo case popolari (Iacp), oggi l'Aler che a Nova ha costruito case in via Verdi, Biondi, via Rimembranze, via Pellico-Prealpi.

Alleanza a Nova Milanese – Si chiamava così un nuovo movimento politico formatosi nel luglio 1994, per iniziativa di Luigi ►Manzoni, Antonio e Giuseppe ►Natale (cap. 1).

An, Alleanza nazionale – Nata dalle ceneri fasciste del Msi, nel gennaio 1995, ha espresso un consigliere comunale nel 1995. An, in campo nazionale, ha chiuso nel marzo 2009.

aria, qualità – A Nova, secondo i rilevamenti dell'Arpa (Agenzia regionale per la protezione dell'ambiente) effettuati il 15 marzo 2018, la qualità dell'aria è, complessivamente, *"accettabile"*. Per quanto riguarda il Pm10 (le famose polveri sottili che non riguardano solo gli scarichi delle auto ma anche le sigarette), siamo ad una media giornaliera di 34 µg/m³ su un totale di 50. Per il biossido di azoto siamo a 63 µg/m³ mentre il limite è 200. L'ozono è a 59 µg/m³ con un limite di 180 µg/m³.

asilo nido – Vedi cap. 5.

astensione dal voto – Nelle amministrative del 1990, a Nova, non hanno votato 1.417 elettori (8,87%); nel 1995, ben 2.837 cittadini, pari al 16,49 per cento, non si sono recati a votare o hanno votato scheda bianca. Per il referendum costituzionale del 4 dicembre 2017, gli iscritti alle liste elettorali erano 17.578, i votanti 13.231. Nelle elezioni comunali del 2003, gli iscritti erano 18.075, i votanti, 13.346. Schede non valide o bianche, 602. Nelle comunali 2013, gli iscritti alle liste elettorali erano 17.771, i votanti 10.501. Le schede non valide comprese le bianche, 280. Nel 2018, al secondo turno, gli iscritti al voto erano 18.058 elettori. Sono andati a votare 7.863 persone. Quindi hanno disertato le urne 10.195 persone. Hanno votato 3.940 donne e 3.923 maschi. (Vedi percentuale ►votanti).

aula consiliare – I Consigli comunali si sono sempre tenuti al piano terreno del vecchio ►Municipio in via Madonnina. Dal 1963 al maggio 1967, nell'atrio delle elementari di via Novati. Negli anni Settanta del secolo scorso, nella palestra della media di via Biondi; e poi, nelle elementari di via Mazzini; nel 1980 nella media di via Venezia. Dall'1 marzo 1986, nel complesso delle medie di via Biondi dove oggi ci sono esposizioni, mostre, convegni (sala ►Gio.I.A.). Dal 2003 funziona la nuova e definitiva aula consiliare situata con entrata in via Zara. È costata 294.007,05 euro.

autocorriera per Monza – Il servizio di autocorriera Monza-Saronno con fermata a Nova, comincia a funzionare il 15 giugno 1919. Da Nova, per raggiungere Monza, si impiegavano venti minuti. Oggi Nova fa parte del consorzio ►Autoguidovie Monza-Brianza.

autocorriera per Sesto – Per favorire i lavoratori che da Nova si spostavano per lavorare nelle fabbriche di Sesto San Giovanni e Cinisello, la Giunta comunale aveva istituito, il 3 dicembre 1951, un servizio di autocorriera fra Nova, Cinisello e Sesto. Vedi ►Autoguidovie.

Autoguidovie – Società fondata a Piacenza nel 1908 da Alberto Laviosa, inventore della famosa Littorina. Tra il 2005 e il 2008 si aggiudica la gara per il trasposto pubblico di Monza e Brianza e oggi gestisce il trasporto pubblico che tocca Nova. La sede è a Desio, via Guido Rossa, 17. Tratte, orari e prezzi si possono trovare su www.monzabrianza.autoguidovie.it

Azienda comunale dei servizi – È in via Madonnina, 9 ed è un ente pubblico controllato dal Comune di Nova con un capitale sociale di euro 10.329. Opera nella gestione delle farmacie comunali, distribuzione dei farmaci, informazione ed educazione sanitaria, aggiornamento del personale farmaceutico, pasti a domicilio a disabili e anziani, gestione di tutti i servizi comunali che abbiano consistente rilevanza economica e imprenditoriale. Il Consiglio di amministrazione è composto dal presidente Alberto Perfetti e dai consiglieri Salvatore Di Sarno Giusto e Mirko Buttarelli i quali non percepiscono compenso. Per informazioni, tel. 0362 40.832.

ballo – Non c'era solo il ►Pino una volta. Dopo la guerra, si ballava per tutta l'estate, al giovedì e alla domenica, in piazzetta De Amicis, nel cortile della sede del Pci o in quello dei socialisti, in via Garibaldi. In realtà, dopo la guerra, si ballava un po' dappertutto, dalle case private alle aie.

ballottaggio 1995, 1999, 2003, 2013 – La legge del 25 maggio 1993, sull'elezione diretta del sindaco, prevede il ballottaggio dopo il primo turno dove si sono presentati più candidati. Al secondo turno, il ballottaggio avviene tra i due candidati che hanno ricevuto il maggior numero dei voti. A Nova, con questo sistema, si è votato il 23 aprile 1995. Il ballottaggio è stato vinto da Laura ►Barzaghi che si opponeva al candidato del Polo delle Libertà, Enrico ►Pessi. La stessa cosa è avvenuta nel 1999 ma a prevalere è stato Ermanno ►Brioschi (Fi) con il 50,33% contro il 49,67% di Laura Barzaghi. Nel 2003 prevale ancora Laura Barzaghi al primo turno. La sindaca Rosaria ►Longoni è stata eletta, nel 2013, anch'essa, al primo turno, con il 55,94% dei voti. (Per i consiglieri vedere cap. 1).

ballottaggio 2018 – Il 10 giugno 2018, si è votato per il rinnovo del Consiglio comunale di Nova. Nessuno dei quattro candidati a sindaco ha ottenuto la maggioranza dei voti. Al primo turno, Fabrizio ►Pagani (►Pd, ►Io lavoro per Nova, ►Vivere Nova, ►Unità a sinistra per Nova) ha ottenuto il 37,77% pari 3.389 voti; Eugenio ►Pizzigallo (►Nova Ideale, ►Lega, ►Di più

per Nova), ha ottenuto il 40,10% pari a 3.598 voti; Andrea ►Romano (►Noi con Andrea Romano), il 10,97% pari a 984 voti; Massimo ►Cattaneo (►Per Nova con...cretamente, ►Nova che cambia) ha ottenuto l'11,17% pari a 1.002 voti). Il 24 giugno è avvenuto, quindi, il ballottaggio fra Fabrizio Pagani e Eugenio Pizzigallo. È risultato sindaco di Nova Fabrizio Pagani che ha ottenuto il 51,68% con 3.987 voti. Eugenio Pizzigallo, invece, ha riportato il 48,32% con 3.728 voti. (Per i consiglieri vedere cap. 1).

benemerenze – Vedi cap. 5, Civiche ►benemerenze.

Brianza – Nova è uno dei comuni che fa parte della Brianza, la zona così indicata che sta a nord di Milano e a sud del lago di Como. Esattamente, Nova è inserita nella Bassa Brianza Centrale Sud. In tutto sono 55 i comuni che appartengono ad una delle zone molto cantate da poeti e letterati di fine Ottocento. Oggi, una delle zone più popolate (1.372 abitanti per km/q.) dove la speculazione edilizia ha distrutto veri gioielli. In Brianza ci stanno le province di Lecco, Como, Monza e una parte della città metropolitana di Milano per un totale di circa 1 milione e 300 mila abitanti. Nel giugno 2009 comincia a funzionare la provincia di Monza e Brianza cui Nova appartiene. Nel 2015 i residenti nella provincia di Monza e della Brianza sono aumentati dello 0,2% rispetto al 2014, passando a 864.557 unità. I residenti stranieri sono 74.212, l'8,6% della popolazione. Il sistema imprenditoriale (secondo dati del 2015 del Sistema statistico nazionale), è costituito da oltre 90mila sedi e unità locali di impresa, in crescita tendenziale (+0,8%) più di quanto accada a livello regionale (+0,6%). Il principale settore di impiego è quello terziario, che conta 40.970 unità attive, pari al 64,7% del totale. Si tratta soprattutto delle attività dei servizi di alloggio e ristorazione (+3,7%), delle attività di noleggio, agenzie di viaggio, servizi di supporto alle imprese (+6,5%), dei servizi di informazione e comunicazione (+2,5%), delle attività finanziarie e assicurative (+5,3%). Le imprese femminili sono 11.010, pari al 17,4% di quelle attive nel territorio. Le imprese giovani attive, invece, sono in tutto 6.134, in calo rispetto all'anno precedente (-2%). Le imprese condotte da stranieri, infine, ammontano a 5.889, pari al 9,3% del totale. Il tasso di attività – che misura la partecipazione della popolazione al mercato del lavoro, ossia il rapporto tra le persone appartenenti alle forze di lavoro e la popolazione compresa tra i 15 e i 64 anni – è del 72,3%, superiore al dato regionale (70,8%) e a quello nazionale (64%).

caffè, tassa su macchine – Vedi cap. 3.

campane – Vedi cap. 6.

canale Villoresi – È stato progettato dall'ingegnere Eugenio Villoresi, nel 1881, e terminato dieci anni dopo. Il canale, lungo ben 86 chilometri, utilizza l'acqua del Ticino per irrigare i campi e, alla fine, si "tuffa" nell'Adda, nel comune di Cassano d'Adda. Per tutti gli anni Cinquanta del secolo scorso, il Villoresi fu la vasca da bagno degli abitanti della zona, ma anche dove passare interi pomeriggi estivi. Dopo la guerra, si sono svolte anche gare di ►nuoto. (Vedi anche ►Villoresi, pista ciclopedonale).

candidati 2018, numero – Per le amministrative del giugno 2018, si sono presentati 172 candidati divisi su 11 liste.

carabinieri – Si sono insediati nell'ex ►Casa del fascio (vedi cap. 3) di piazza Libertà, il 22 agosto 1989. La caserma, inaugurata ufficialmente nell'aprile 1990, è diretta, attualmente, dal maresciallo Gianluca Lotti, il quale coordina 15 militari di cui

due donne. I lavori di riadattamento sono costati 1 miliardo e 200 milioni di lire. Nel 2017, i carabinieri novesi, sono intervenuti a 1.385 chiamate. In Italia ci sono 4.589 stazioni dei carabinieri (più le tenenze, i comandi di legione, i comandi provinciali, i comandi di gruppo ecc.), per un totale di poco più di 117 mila carabinieri di cui 4.832 donne. Tel. 0362.36.6677. Email: stmi121238@carabinieri.it

carta d'identità elettronica – È possibile richiedere, all'ufficio Anagrafe del Comune, la carta d'identità elettronica che andrà a sostituire, gradualmente, quella cartacea. Il costo della nuova carta d'identità è di 22,21 euro.

Casa del fascio – Vedi cap. 3.

cascina – In dialetto *cassina*. Una delle più vecchie nel tempo è quella delle Vallette nel 1721. In realtà le Vallette sono due. Una viene chiamata anche Cascina Monguzzo posta dove oggi, più o meno, c'è via Verdi. Vedi anche ►cortili.

cascina Meda – Vedi ►San Bernardo.

cava Eges – Di proprietà della famiglia Toschi, comincia ad operare attorno al 1960. (Vedi ►Villa Toschi). Il Consiglio comunale di Nova, nell'ottobre 1982, comincia ad interessarsi di questa cava con l'intento di trasformare i 307 mila metri quadri in parco pubblico. Il 18 marzo 2015 è stato firmato un Protocollo d'intesa con la Provincia di Monza e Brianza che prevede, nell'arco di 20 anni (2015-2035), la completa attuazione del progetto, Nel breve periodo, una riqualificazione di circa 272.000 m² di proprietà pubblica dedicata al verde negli spazi aperti; la realizzazione di opere, pubbliche e private, che comportano nuovo consumo di suolo per altri 83.300 m² così da completare la dotazione di aree di proprietà pubblica. Già ora si possono percorrere 2 km. di sentieri ciclopedonali.

CdL, **Camera del Lavoro** – Vedi cap. 4.

Centri estivi – Vedi cap. 5.

centro anziani – Vedi cascina ►Triestina, cap. 5.

Centro di aggregazione giovanile – La sede era presso la scuola ►elementare di via Grandi (cap. 5). Il centro, avrebbe dovuto favorire l'aggregazione giovanile. Formatosi negli anni Ottanta del secolo scorso, non ha mai funzionato. Oggi è possibile rivolgersi alla cooperativa Lo ►Spazio (vedi cap. 6).

Centro giovanile – La costituzione di un Centro giovanile di informazione e documentazione, viene deciso dalla Giunta comunale nel gennaio 1985. L'obiettivo avrebbe dovuto essere quello di offrire ai giovani novesi l'orientamento lavorativo, scolastico, del tempo libero. La sede era in via Madonnina, nel vecchio ►Municipio. Non ha mai funzionato.

Centro parrocchiale – Vedi cap. 6.

Centro sociale Togliatti – È stato inaugurato il 14 novembre 1981 ed è costato, escluso gli impianti tecnici, 181 milioni di lire con il metodo dell'autofinanziamento fra i comunisti novesi. Oggi è di proprietà della Fondazione Elio Quercioli (partigiano, deputato Pci, giornalista e direttore dell'*Unità* dal 1960 al 1970, morto nel 2001) che gestisce il centro attraverso l'immobiliare Risorgimento Srl. Hanno sede numerose associazioni come l'Arci, la ►CdL, lo ►Spi e il ►Pd. (Vedi anche cap. 5 ►Arci).

Cgil – Vedi ►CdL, Camera del lavoro, cap. 4.

Ci, Comunisti italiani – O, meglio, Partito comunista italiano perché riprendono il vecchio nome del Pci. Il segretario nazionale è Mauro Alboresi. A Nova, Terenzio (Cabler) Ferrari. Nel 2018 hanno appoggiato la lista del ►Pd con candidato Fabrizio ►Pagani (cap. 1). In realtà, dopo la "chiusura" del Pci, sono ben 16 le formazioni, a livello nazionale, che si richiamano al comunismo.

ciclismo – Attorno agli anni Cinquanta del secolo scorso, a Nova, si disputano gare ciclistiche con un circuito che parte da Nova, passa per Muggiò, Desio e poi arrivare, nuovamente, a Nova. Negli anni a seguire anche attorno alla piazza Marconi.

cimitero – Fra la fine del 1500 e il 1600, il cimitero di Nova è situato nell'attuale via Madonnina, a fianco della chiesa. Sembra che nel 1567, ne esista un altro nella chiesetta di Grugnotorto. Alla fine del 1700 è situato in viale Rimembranze e dalla fine del 1952, in via Zara, dove è attualmente. (Vedi anche ►Famedio).

cinema – A Nova non esiste una sala dedicata esclusivamente

113

alle proiezioni cinematografiche. Film vengono però proiettati al ►Centro parrocchiale (cap. 6) e all'►Auditorium comunale (cap. 5). Nel passato, invece, a Nova c'erano due locali cinematografici: il (o la) Primula sulla via Veneto dove ora c'è la banca Intesa San Paolo, aperto negli anni Cinquanta con il film "Scarpette rosse" e il cinema dell'oratorio dove sono passate intere generazioni e dove si sono tenuti vari cicli di cineforum. Sopra lo schermo c'era una bella scritta di Alessandro Dumas: *"Vano delle scene è il diletto, ove non miri a preparare l'avvenire"*. Per un certo periodo, il cinema Primula proiettò film anche all'aperto, all'angolo fra via Roma e via Poldelmengo (dove oggi ci sono le case della ►Coop Edificatrice Popolare e dove, in periodo fascista, c'era la ►colonia elioterapica (vedi cap. 3) e in via Gramsci. D'estate, il Comune, dal 1996, fa proiettare film all'aperto alla villa

Vertua. Oggi questo servizio non esiste più.

Cip, Comitato d'Intervento popolare – Nato nei primi mesi del 1973, è formato soprattutto da giovani che si richiamano ai gruppi extraparlamentari di sinistra. Hanno organizzato diverse manifestazioni locali e diretto l'occupazione dei 18 appartamenti dello ►Iacp di via Verdi, nel 1975. È stato attivo solo alcuni anni.

Circolo cooperativo Concordia – La cooperativa è stata fondata il 9 maggio 1949 con sede presso l'oratorio e il circolo in piazza Marconi. Il primo presidente è stato Adolfo ►Longoni (cap. 1). Per lunghi anni la responsabilità è stata di Adriano ►Sironi (cap. 1).

Circolo Martiri della Libertà – Quando viene fondato, il 28 febbraio 1949, il primo presidente è Giacomo Panzeri. La sede è in piazzetta De Amicis, alle spalle delle scuole di via Roma. Il circolo è stato anche sede di una famosa sala da ballo estiva. Chiuderà nel 1960.

Circolo Socialista Matteotti – Viene fondato il 14 settembre 1947 in via Garibaldi dove c'era la sede del Psi all'angolo con via XX Settembre. Il primo presidente del circolo è stato Carlo ►Fedeli (cap. 1). Cesserà l'attività nel 1970.

Circolo Turati – La sede era in via Madonnina, 24. Legato alla Cooperativa Garofano rosso, oggi non è più attivo.

Circolo Uomini Cattolici – Viene fondato alla fine del 1930, da don Luigi ►Vantellini (vedi cap. 3), un sacerdote molto attivo durante la Resistenza. La sede, con il bar, era nei locali dell'oratorio maschile di via Giussani.

Cismunt, cascina – La cosiddetta cascina Cismunt, edificio sito in via Garibaldi 134, è acquistato dal Comune di Nova, per 66 milioni di lire, nell'ottobre 1983. Nel fabbricato – 473 metri quadri di area – oggi trovano posto 14 mini alloggi per anziani. La ristrutturazione, a suo tempo, è costata al Comune 496 milioni di lire con un contributo regionale, però, di 416 milioni di lire. Quindi la spesa per il Comune è stata poco più di 80 milioni di lire.

città, titolo di – Il 9 gennaio 2008, con decreto del presidente della Repubblica, a Nova è stato concesso il titolo di città.

commissario prefettizio – Vedi cap. 1.

commissioni comunali – Sono quattro le commissioni consultive comunali a cui partecipano i delegati dei vari partiti presenti in Consiglio comunale. Esse sono: Commissione consultiva permanente Affari Generali ed Istituzionali; Commissione consultiva permanente Bilancio programmazione e Sviluppo economico; Commissione consultiva permanente del Territorio; Commissione consultiva permanente Servizi sociali, Sport e Tempo Libero. Vedi

►membri commissioni e ►gettone di presenza.

Comune – Vedi ►Municipio.

consorzi con partecipazione azionaria – Vedi cap. 4.

Consorzio dei trasporti Nord Milano – Vedi ►Autoguidovie.

Consorzio Nord Milano per lo smaltimento dei rifiuti solidi urbani – Vedi cap. 4.

Consulta sulla questione giovanile – Nata nel dicembre 1994, era un organismo di coordinamento cui aderivano 11 società culturali, ricreative e sportive di Nova Milanese. Presidente della Consulta è stato Antonio ►Zabatta (cap. 1). Oggi non esiste più.

consumo del suolo – In Italia si costruisce alla velocità folle di due metri quadri al secondo. Lo dice l'ultimo rapporto 2018 sul consumo del suolo promosso dall'Ispra (Istituto superiore per la protezione e la ricerca ambientale). E Nova come sta? Male. In provincia di Monza e Brianza, abbiamo la maglia nera assieme ai comuni di Lissone, Desio e Muggiò. A Nova la superfice consumata a beneficio di cemento e asfalto è del 59,8% (Lissone ben il 71,3%).

Controllo del vicinato – È praticamente dal 16 gennaio 2017 che è partito, anche a Nova, questo servizio, approvato da una delibera dell'8 marzo 2017. Il primo gruppo di controllo è nato nella zona dei Poeti. Poi nel quartiere Grandi-Grugnotorto, la zona del centro, San Giuseppe e via Fiume e, infine, San Bernardo. Questo servizio prevede l'auto-organizzazione tra vicini per controllare l'area intorno alla propria abitazione. L'attività è segnalata tramite la collocazione di appositi cartelli. Il loro scopo è quello di segnalare a chiunque passi nell'area interessata al controllo, che la sua presenza non passerà inosservata. Le situazioni critiche dovranno essere segnalate alla Polizia locale o carabinieri, astenendosi in ogni caso dall'assumere comportamenti incauti o imprudenti, che potrebbero determinare situazioni di pericolo o sostituirsi alle forze dell'ordine.

Cooperativa Acli Il Gabbiano – Questa edificatrice viene fondata il 13 luglio 1971 con sede in via Madonnina, 2 e ha come primo presidente Pietro Castoldi. Ha costruito 107 appartamenti. Il 2 luglio 1990, si è unificata con le cooperative Concordia e San Grato.

Cooperativa agricola e di consumo S. Antonio Nova – Fondata il 28 settembre 1920, aveva sede nell'attuale via Paolo Mariani. Il primo presidente è stato Andrea Mapelli (di Lodovico). È stata chiusa nella primavera del 1928.

Cooperativa Autotrasporti – Fondata il 30 giugno 1945 dagli appartenenti al ►Cln (vedi cap. 3), ha avuto come primo presidente il sindaco Carlo ►Fedeli (cap. 1). L'autista era Attilio Lo-

nati. Ha chiuso l'attività nel 1955.

Cooperativa Concordia Case – Viene fondata il 12 gennaio 1952. La sede è in piazza Marconi e il primo presidente è Pietro ►Sironi (cap. 1). È stata posta in liquidazione poco dopo la consegna dei 70 appartamenti posti nelle vie Garibaldi, Doria, Bottego, nel 1958.

Cooperativa di Consumo dell'Energia Elettrica di Nova – Fondata nel 1906, diventa Società anonima il 20 maggio 1908, con presidente Giuseppe Meana. La sede era nell'attuale via Roma,

Cooperativa di Consumo ed Agricola San Grato – I cattolici la fondano il 14 novembre del 1927 con primo presidente Battista Caimi. Il 2 luglio 1990 si è unificata con le cooperative Acli Il Gabbiano e il Circolo Concordia. Assieme, il 5 giugno 1998, hanno aperto un negozio, di circa 250 metri quadri, in piazza Costa.

Cooperativa di Consumo Popolare Nova – Viene fondata il 28 ottobre 1906 con sede all'angolo fra vicolo Rabosio e via Cetti (oggi Poldelmengo). Il primo presidente è stato Luigi ►Rossetti (cap. 1). Il 28 dicembre 1926, questa cooperativa, presidente in quel momento Canzio Crippa, decide di affittare un locale che era stato richiesto dal podestà da adibire *"per lezioni didattiche"*. Ha chiuso l'attività di vendita il 24 aprile 1940.

Cooperativa Edificatrice Avanti di Nova Milanese – Viene fondata dai socialisti il 5 maggio 1921 con sede presso la cooperativa di via Cetti (ora via Roma). Il primo presidente è stato Ennio Scuratti.

Cooperativa Edificatrice di Muggiò – Nel 2007 ha incorporato quattro cooperative edificatrici di Nova (Iniziativa operaia, Nenni, Popolare e Proletaria) e ha costruito 17 appartamenti in via Bice Bugatti, consegnati nel 2013. Inoltre, 15 appartamenti in via Montale più altri 14 consegnati rispettivamente nel 2017 e nel 2019. In tutte queste costruzioni, c'è un alloggio dato in affitto a persone con reddito fra le 1.000 e 1.500 euro. Il canone d'affitto è pari al 25% del reddito.

Cooperativa Edificatrice don Minzoni – Fondata il 29 novembre 1973 aveva sede in via Donizetti 7 e come primo presidente Giuseppe ►Fasola (cap. 1) e dopo Antonio Vanzati. Ha costruito a Nova 24 appartamenti.

Cooperativa Edificatrice Enrico Mattei – Nasce il 29 novembre 1973 con sede prima in via Garibaldi, 88 ed ora in via Donizetti. Primo presidente è stato Gian Battista Volpi. Ha costruito 96 appartamenti in via Donizetti e piazza Fedeli.

Cooperativa Edificatrice Garofano Rosso – Fondata il 25 gennaio 1984, aveva sede in via Madonnina, 24. Il primo presidente è stato Vincenzo Emma. Poi,

Lina Costanzi. Ha costruito a Nova 60 appartamenti.

Cooperativa Edificatrice Iniziativa Operaia – Nata il 26 febbraio 1975 con primo presidente Augusto Lottaroli e sede in via Veneto, è stata diretta da Angelo ►Culatti (cap. 1) sino al 2001. A Nova, ha costruito 69 appartamenti nelle vie Foscolo, Pessi e Scuratti. Dopo il 2001 c'è un'unificazione fra questa cooperativa, l'Edificatrice Popolare, l'Edificatrice la Proletaria e la Nenni. Il nome scelto sarà Cooperative unificate di Nova Milanese. Nel 2007 saranno incorporate nella ►Cooperativa Edificatrice di Muggiò.

Cooperativa Edificatrice La Proletaria – Fondata l'11 giugno 1950, ha avuto, come primo presidente, Giuseppe ►Polentes (cap. 1). La sede era in piazza De Amicis. Poi è stata in via Togliatti, 6. Oggi non esiste più. Ha costruito 14 appartamenti in via Mario Vanzati. Il presidente è stato Eugenio Vantadori.

(Vedi ►Cooperativa Edificatrice di Muggiò).

Cooperativa Edificatrice La Speranza – Cooperativa fondata il 13 maggio 1982 con sede in via Trento, 6. Ha costruito 24 appartamenti.

Cooperativa Edificatrice Pietro Nenni – È stata fondata dai socialisti il 27 gennaio 1980 con presidente Mario ►Spreafico (cap. 1). Ha costruito 24 appartamenti in via Nenni. Oggi non esiste più. (Vedi ►Cooperativa Edificatrice di Muggiò).

Cooperativa Edificatrice Popolare – È la più grande edificatrice del nostro paese con 269 appartamenti costruiti. Fondata il 9 maggio 1952, ha avuto come primo presidente Carlo ►Fedeli (cap. 1) e sede in via Roma. Presidente è stato Andrea ►Barbato (cap. 1). (Vedi ►Cooperativa Edificatrice di Muggiò).

Cooperativa Edificatrice Solidarietà – Viene fondata il 4 ottobre 1983 con sede in via Giussani, 3. Presidente è stato Piergiorgio Tagliabue. Ha costruito 42 appartamenti in via Donizetti e Vanzati.

Cooperativa Edificatrice Umanità Seconda – È stata fondata il 27 maggio 1977. Di orientamento socialdemocratico, ha avuto come primo presidente Michele Lucchese. Ha costruito 27 appartamenti in via Pellico. Oggi non esiste più essendo stata liquidata nel 1982.

Cooperativa fra contadini di Nova, Muggiò, Desio – Fondata il 17 giugno 1913, ha avuto sede in Cortaccia. Il primo presidente è stato Emanuele Scuratti (Vedi ►Cassa rurale, cap. 4).

Cooperativa Il Canale – Fondata il 2 giugno 1997 su idea di Ermanno Sala, era una cooperativa di servizi con sede in via Rossini, 17. Il presidente, Mario Bestetti. La cooperativa era stata formata dallo sforzo congiunto delle quattro coop novesi che aderivano alla Lega delle Cooperative, dall'Unipol, dall'►Arci

(cap. 5) e da alcuni ex ►partigiani (cap. 3). Non esiste più.

Cooperativa Il Giglio – Fondata nel 1986, era una cooperativa sociale che operava, soprattutto, nei confronti dei minori svantaggiati. Presidente della coop era Giuseppina Castoldi. La sede presso il Centro parrocchiale, via Giussani, 3. Oggi non c'è più.

Cooperativa Popolare di Consumo – La cooperativa viene fondata l'11 novembre 1945, con sede in via Roma dove aprirà anche un negozio (un altro sarà in via Garibaldi). Il primo presidente è stato Gerardo Caimi. Alla fine del 1976, ha chiuso l'attività di vendita. Nel 1971 si è unificata con la Coop di Muggiò. Nel dicembre 1996, assieme, hanno aperto un supermercato a Muggiò di 3.200 metri quadri.

coree – Con l'immigrazione, a partire dagli anni Cinquanta del secolo scorso, Nova deve affrontare il problema della casa. Le abitazioni mancano e gli immigrati formano piccoli nuclei urbani chiamate *coree*. In questi agglomerati manca quasi tutto e le abitazioni, spesso costruite nei momenti liberi, risentono della mancanza di una regolamentazione urbanistica. Nei primi tempi, gli immigrati tendono a raggrupparsi in modo etnicamente omogeneo. A Nova, importanti le *coree* insediate nella zona di via Mazzini, alla Cava e nell'odierno quartiere San Giuseppe.

cortili – Un tempo hanno rappresentato il centro della vita comunitaria del nostro paese così come la stalla, dove ci si riuniva, al caldo delle bestie, per passare le serate invernali con gli adulti che raccontavano storie ai ragazzi e le donne che pregavano o facevano i *scalfitt*, i lavori a maglia. A Nova sono stati conteggiati, dall'associazione Il ►Cortile (cap. 5), ben 55 cortili. Famosi quelli di Grugnotorto, San Bernardo, la Cortaccia, Garlati, Cortelunga. Con

l'immigrazione degli anni Sessanta sono stati sostituiti, spesso, da anonimi palazzoni.

cuccagna – Era d'obbligo la cuccagna nelle feste popolari di una volta. Nella piazza di Nova veniva eretto un lungo palo impregnato di grasso e volenterosi giovanotti, sporchi di cenere per non scivolare, tentavano di arrivare in cima dove c'erano i premi: salami e galline. È durata sino agli anni Cinquanta del secolo scorso.

custode comunale, palazzina del – La bella palazzina del custode comunale viene abbattuta nel dicembre 1996, così da sistemare la parte esterna del nuovo ►Municipio. Originariamente, in quei locali, c'era la casa del proprietario della Briantea e, in seguito, quella del custode dell'azienda. Purtroppo abbattuto, durante i lavori, il bellissimo albero all'entrata.

Dc, Democrazia cristiana – Il partito nasce in piena guerra, nel luglio 1943, dalle ceneri del

Partito popolare, per opera di Alcide De Gasperi, Piero Malvestiti, Achille Grandi. Per 50 anni è stata, pur con altri partiti, alla guida del Paese. A Nova smette di esistere l'11 febbraio 1994. L'ultimo segretario della Dc novese è stato Mario Rinaldi che poi diventerà anche segretario del ►Ppi.

densità abitativa – Vedi cap. 8.

Di più per Nova – Lista civica nata per le amministrative del 2018 il cui referente è Antonio ►Colombo (cap. 1). Ha riportato 363 voti, pari al 4,08% e non ha espresso nessun consigliere comunale.

diossina – Vedi cap. 7.

dipendenti comunali, numero – A Nova i lavoratori comunali, in ruolo, sono 87 mentre 1 è a tempo determinato. In pratica, c'è un dipendente comunale ogni 268 abitanti.

disabili, corsi per – Vedi ►Centro socio-educativo, cap. 7.

discarica – O, meglio, Centro ammasso rifiuti e piattaforma ecologica. È in via degli Orti e funziona dal maggio 1990. Per informazioni, tel. 0362 36.6651. Vedi anche ►Consorzio Nord Milano per lo smaltimento dei rifiuti solidi urbani e raccolta differenziata.

docce pubbliche – Oggi non esistono più, ma a Nova, il 24 marzo 1954, cominciano a funzionare nelle scuole di via Roma e nel 1964 nell'ammezzato della palazzina del medico condotto, alle 4 strade.

domeniche pedonali – Nel novembre 1973 il governo di Mariano Rumor per fronteggiare la crisi petrolifera, s'inventa le domeniche pedonali. A Nova, come in tutte le città, si usano mezzi alternativi ai motori per spostarsi: dalle biciclette, ai pattini, ai cavalli, ognuno secondo la propria fantasia. Accanite partite di pallone si sono giocate sulla provinciale, alla fermata del ►tram. Vedi anche ►isola pedonale.

Dp, **Democrazia proletaria** – Oggi non esiste più ma a Nova si è formata nel marzo 1976 con un'assemblea fondativa tenuta presso l'allora sala consiliare di via Mazzini. Dp sarà presente in Consiglio comunale con due consiglieri, prima Gaudenzio Bosco e poi Luisella Fantuzzo, Dp era un assemblamento di alcune forze extraparlamentari (Avanguardia operaia, Partito di Unità proletaria, Movimento dei lavoratori per il socialismo).

Ds, **Democratici di sinistra** – Nati a Firenze nel febbraio 1998, erano l'insieme di alcune forze politiche (Pds, Laburisti-socialisti, Cristiani sociali, Comunisti unitari, repubblicani di sinistra) che avevano come simbolo la quercia del Pds senza più la falce e martello ma con la rosa del socialismo europeo. A Nova, la maggioranza dei militanti della nuova formazione proveniva dal ►Pds. Oggi non esiste più. Vedi ►Pd.

Dugnani, palazzo – È, praticamente, il cortile dei Garlati, in via Madonnina. Viene acquistato, alla fine del 1700, dai nobili milanesi Dugnani (un familiare, il cardinale Antonio Dugnani, muore nel 1818). Abbandonato all'incuria del tempo, oggi di prezioso ha le cinque colonne doriche in granito. A metà dell'Ottocento passò alla famiglia di Giuseppe ►Marzorati (cap. 1), ingegnere e primo sindaco di Nova nel 1860.

Eca, **Ente comunale di assistenza** – Oggi non esiste più, ma per tutti gli anni Cinquanta e Sessanta (sino oltre la metà degli anni Settanta del secolo scorso), ha svolto un ruolo importante in campo assistenziale. A Nova è istituito il 28 luglio 1956, con presidente, per lunghi anni, Giuseppe ►Polentes. Della prima commissione hanno fatto parte Giuseppe ►Inzaghi, Giovacchina Bianchi in Trombini,

Lanfranco ►Rossi, Giuseppe ►Seregni, Mario ►Corti, Giuseppina Bugatti. Per assistere i poveri, l'Eca, nel 1958, spendeva 250 mila lire; nel 1959, 400 mila lire. Nel 1961 si assisteranno 112 persone; nel 1971, 152 persone bisognose. (Per i consiglieri vedere cap. 1).

educazione stradale – Nel passato, si sono tenuti vari corsi di educazione stradale da parte dei vigili urbani di Nova e diretti ai ragazzi delle scuole novesi. Le prime cominciano nella primavera del 1977 e sono tenute dall'allora brigadiere Andrea Canzoneri e dai vigili urbani Sergio Regosini e Giuseppe Palena. Oggi i corsi continuano ad essere effettuati e riguardano le scuole per l'infanzia e le scuole primarie che espressamente li richiedono alla ►Polizia locale.

fabbricone – Quello chiamato il "fabbricone" è il primo edificio "grande" di Nova Milanese. Situato in via Vittorio Veneto, numeri 19 e 21, sviluppa due piani più il rialzato ed è stato costruito nel 1934. Per vedere altri condomini a Nova, bisognerà attendere l'ottobre 1958 con le case costruite dalla ►Cooperativa Concordia.

falò – Una tradizione, quella del 17 gennaio, che viene da lontano e dedicata a S. Antonino Abate protettore degli animali. Attorno al grande falò non solo per scongiurare le epidemie, ma anche come presagio di primavera. A Nova si è sempre fatto in diverse zone del paese, in particolare in piazza Marconi, sino all'inizio degli anni Settanta. Poi il vuoto. Dal 1994, per iniziativa degli alpini (su terreno messo a disposizione dalla famiglia Lorenzon), la tradizione si è rinnovata in via Assunta. Oggi, sempre per iniziativa degli ►alpini (vedi cap. 5), si tiene in via Venezia, alla chiesa di San Bernardo.

Famedio – Tempio funerario dedicato alla memoria di personaggi di rilievo, di solito all'interno di un cimitero. A Nova, oltre ai sindaci e vicesindaci, ci sono, attualmente, sei personaggi che si sono distinti nella vita civile e sociale di Nova. Sono Enrico Arosio, Giuseppe Boselli, Franco Daleffe, madre Angela ►Modesti (cap. 6), Luigi Tagliabue e Vittorio ►Viviani (cap. 5) nonché diversi sacerdoti, fra i quali don Giovanni ►Rota, don Rainaldo ►Grassi, don Carlo ►Mezzera (cap. 6) e don Angelo Mutti. Inoltre, militari novesi caduti nei campi di battaglia e martiri della ►Resistenza (cap. 3).

Fanfani, case – Sono le case costruite in via Favaron nel 1952. Si chiamavano così a seguito di una legge che prevedeva un finanziamento speciale e attuate dal ministro democristiano Amintore Fanfani (diventerà presidente del Consiglio nel 1954).

Fare per Nova – Lista civica che si è presentata nelle consultazioni del 2013 e che aveva come candidato sindaco Luca Vatalaro. La lista ha ricevuto il 3,83% dei voti e non ha espresso nessun consigliere comunale.

festa da Nôa – Vedi cap. 5.

feste popolari – Vedi cap. 5.

Fi, Forza Italia – A Nova si è presentata, per la prima volta, nelle elezioni del 1995 con candidato sindaco Enrico ►Pessi che ha perso il ballottaggio nei confronti di Laura ►Barzaghi. Ha ricevuto 3.658 voti. In Consiglio comunale Fi aveva portato quattro consiglieri. Va meglio nel 1999 quando viene eletto, sindaco, Ermanno ►Brioschi a capo di una lista con ►An e N2000. Nel 2002 il Comune viene sciolto per una mozione di sfiducia nei confronti del sindaco Brioschi e si torna a votare. Avrà la meglio, ancora, Laura Barzaghi. Nel 2013, Fi fa parte del ►Pdl che esprime in Consiglio comunale quattro consiglieri. Nelle amministrative 2018, Fi, ►Lega, ►Di più per Nova (Antonio ►Colombo) e

►Nova ideale si presentano assieme con candidato sindaco Eugenio ►Pizzigallo. Fi ha ricevuto 853 voti pari al 9,60% e un consigliere comunale (Manzoni). Il coordinatore novese di Fi è Luigi ►Manzoni. (Per i consiglieri citati vedere cap. 1).

fiera, Nova – Vedi cap. 5.

filande – Vedi cap. 4.

firùn – Vedi ►giostre.

fontana – Una fontana al centro della piazza Marconi, viene posta il 20 marzo 1952 (un'altra era prevista alla fermata del ►tram in via Garibaldi ma non si fece mai) assieme a quattro panchine e ad un ►vespasiano.

forno incenerimento – Vedi ►Consorzio Nord Milano per lo smaltimento dei rifiuti solidi urbani (cap. 4).

forno, dati inquinamento – Vedi cap. 7.

gelsi – Nova, come del resto in tutta la zona circostante, era piena di gelsi. Li aveva imposti Ludovico il Moro (da qui il nome *muruni*, in dialetto, ma forse è una leggenda. Più sicuro il nome scientifico: *Morus*). Nel 1732, ne vengono censiti a Nova, 996. Assieme alla vite, è la coltivazione predominante sino al 1854 quando si verificherà l'epidemia della epizoozia. La coltivazione del baco da seta entrerà definitivamente in crisi attorno al 1940, quando si diffonderanno le fibre sintetiche.

Gelsia point – Per allacciamenti e contratti riguardante metano e elettricità, ci si può rivolgere a Gelsia point in via Cortelunga, 8, dal lunedì al giovedì dalle 14,30 alle 17. Per informazioni, tel. 800 478.538. Email: info@gelsia.it

gemellaggio – Nell'aprile 2018 il Consiglio comunale, all'unanimità, ha deciso di gemellarsi con la città di Monte S. Angelo, in provincia di Foggia. C'è sempre stato un legame molto forte fra Nova Milanese e Monte S. Angelo non fosse altro per le migliaia di "montanari" che si sono insediati a Nova.

gettone di presenza – I consiglieri comunali di Nova percepiscono un gettone di presenza di 20 euro per seduta del Consiglio comunale. La stessa quota vale per i componenti delle commissioni consiliari. (Dati agosto 2018).

giostre – In dialetto *baracuni*. Arrivavano per l'ufficio dei morti, in febbraio, ed occupavano piazza Marconi e vie adiacenti (inizio di via Roma e via Madonnina). Contemporaneamente, in chiesa, si costruiva sull'altare una grande e alta tomba, la *tumba*, e sopra i sacerdoti officianti. Durante le giornate delle giostre, apparivano anche i *firunàt*, quelli cioè che vendevano il *firùn* che altro non era che una fila di castagne seccate e affumicate e poi infilate con ago da calzolaio e spago e intrecciati a file di 4 o 5, a mo' di collana che i *firunàt* portavano al collo e sulle spalle. Il *firùn* era venduto da

fascinosi e misteriosi uomini che provenivano dal cuneese e dalla bergamasca, spesso coperti da un tabarro e con cappelli dalle larghe tese. Le giostre sono restate in piazza Marconi sino ai primi anni Settanta del secolo scorso. Oggi sono in via Brodolini.

gonfalone – Stemma e gonfalone sono stati concessi con un decreto del 6 marzo 1950. Nello stemma è raffigurato un leone rampante e la scritta "Ad Novam"; il gonfalone – tutto rosso e bianco – reca la scritta "Comune di Nova Milanese".

grandine – Nova è stata interessata varie volte, nel corso degli anni, a grandinate notevoli. Il 18 agosto 1996, ad esempio, a causa della grandine sono stati rovinati i tetti di alcune aziende in via Galvani; il 29 luglio 1997, i chicchi avevano la dimensione di un pugno. Così come la grandinata dell'8 agosto 1960. La più grossa, comunque, sembra sia stata quella avvenuta il 9 luglio

1855 e quella del maggio 1873, fenomeni avvenuti dopo una grande siccità.

Grugnotorto – Di questa frazione se ne comincia a parlare, in alcuni documenti, attorno al 1200. Le terre erano tutte di proprietà della facoltosa famiglia De Barzi (un membro della famiglia, Gerolamo ►De Barzi, fu anche sindaco di Nova, cap. 1) che arriva a Nova a metà del 1400. Alla fine del 1700, acquistano la villa dove risiederanno (quella che in seguito sarà la casa della famiglia Manfredini), a ridosso della piazza Marconi.

Grugnotorto-Villoresi, parco del – Se ne comincia a parlare nell'ottobre del 1986 per merito di Legambiente che propone la creazione di un parco fra i comuni di Varedo, Muggiò, Paderno Dugnano e Nova e che riprende un vecchio progetto del Piano territoriale comprensoriale del 1984 e del progetto Parco Nord Villoresi del 1981. Nova vi aderisce sin dal 1982 e ai comuni citati si aggiungono anche Cinisello, Cusano, Bovisio Masciago, Desio, Lissone, Monza. Il nome è mutuato dalla nostra frazione Grugnotorto, in dialetto *"Grant ort"*. Bagnato dal Canale Villoresi, ha una superficie di 1.850,00 ettari. Tenendo conto degli investimenti effettuati dal 2002 al 2013, a Nova il parco costa 1,78 euro per mq. Recentemente è stato nominato direttore del Parco, il dott. Giorgio Brioschi coordinatore della Gestione del Territorio del Comune di Nova. Importante la pista ciclabile (vedi ►Villoresi, pista ciclopedonale) lunga 70 Km.

Iacp, Istituto autonomo case popolari – Vedi ►Aler.

illuminazione – Le prime sette lampade di illuminazione, a Nova, arrivano nel 1905. Sono utilizzate da settembre ad aprile, solo quando la luna era coperta dalle nuvole e venivano accese da apposito personale.

Nel 1906, Nova poteva disporre di 10 lampade di illuminazione.

indipendenti – Nella storia politica di Nova, una sola volta si è presentata una lista formata da indipendenti. È stato nel 1964 e avevano come emblema "Torre e Bilancia e scritta Indipendenti". Il capolista era Augusto Cattaneo. Non sono riusciti ad esprimere nessun consigliere. Numerosi, invece, gli indipendenti, nel corso degli anni, nelle varie liste. In epoca moderna, tantissime Liste civiche in appoggio dei vari candidati.

inquinamento – **inquinamento acustico** – **inquinamento magnetico** – Vedi cap. 7.

interventi, durata degli – L'articolo 60 del regolamento del Consiglio comunale prevede che un consigliere non possa parlare, nei suoi interventi, più di 10 minuti. Non sempre tale norma viene rispettata.

Io lavoro per Nova – Questa lista civica, nel 2013, aveva appoggiato la coalizione di centro-sinistra che aveva portato alla vittoria Rosaria ►Longoni. In Consiglio comunale era rappresentata da due consiglieri comunali (Arabella ►Ambiveri e Alessandra ►Barone). Nelle amministrative del 2018, c'è una frattura in questa lista civica e le due consigliere (Arabella Ambiveri e Alessandra Barone) decidono di appoggiare, candidato sindaco, Massimo ►Cattaneo e formano la lista ►Nova che cambia. La lista Io lavoro per Nova continua, invece, ad appoggiare la candidatura di Fabrizio ►Pagani del ►Pd. Nelle amministrative 2018, ha ricevuto 496 voti, pari al 5,58% ed ha eletto un consigliere comunale, Leonardo Vitaliano ►Paletta. (Per i consiglieri citati vedere cap. 1).

isola pedonale – È istituita il 17 luglio 1977 dalla Giunta Pci-Psi. Riguardava tutte le domeniche dalle ore 9 alle 20, ed erano interessate piazza Marconi, via Mariani, S. Sebastiano, il tratto da via Roma a piazzetta De Amicis. Tutte le sere dalle 20 alle 23, era proibito passare in auto o con le moto per piazza Marconi e via Mariani. Durava sino al 30 settembre. L'isola pedonale venne abolita qualche tempo dopo, ma si ripresentò nel giugno 1989. Durò poco anch'essa. Vedi anche ►domeniche pedonali.

Italia dei Valori – Il movimento che faceva riferimento ad Antonio Di Pietro si è presentato alle amministrative del 2013 esprimendo un consigliere comunale (Federico ►Morelli).

lascito di via Zara – Il Comune, dal 1880, era proprietario di un edificio in via Zara grazie ad un lascito (da parte di Marianna Beffa) che assegnava la proprietà al Comune e l'uso al coadiutore del parroco. Nel novembre 1983, il Comune decideva la ristrutturazione e ricavava due alloggi da destinare a famiglie bisognose. Il costo della ristrutturazione è stato di 80 milioni di lire.

lavatoio – Un vero peccato che non esista più. Venne costruito nel 1890 ed era a fianco del Villoresi, in quello che era una volta un sentiero e che è oggi una via ciclopedonale che collega via Villoresi con via Garibaldi. È stato utilizzato sino al 1950.

Lega cattolica – Vedi cap. 6.

Lega dei contadini – Cooperativa socialista che ha avuto sede presso la cooperativa di via Cetti (oggi via Roma) e fondata il 10 aprile 1919. Ma già nel 1901, c'erano 45 contadini novesi iscritti alla ►Sezione sindacale socialista (vedi ►Psi).

Lega Nord – Nasce a Milano il 12 aprile 1984 mentre a Nova nel 1989 con sede in via Paolo Mariani prima ed ora in piazza Marconi. I primi aderenti alla Lega novese sono, fra gli altri, Peppino Galli e Gabriele ►Lanzani. A seguito di una spaccatura nel partito, nel marzo 1994, la sede è stata chiusa e molti degli 80 militanti sono passati a Forza Italia. In Consiglio comunale erano rappresentati da un consigliere, Matteo ►Brambilla (cap. 1) che però nel dicembre 2017 ha lasciato la Lega per confluire nella nuova formazione politica Grande Nord. Nelle amministrative 2018 si sono presentati assieme a ►Fi e ►D+. Il candidato sindaco era Eugenio ►Pizzigallo (cap. 1). La Lega ha ricevuto 1.675 voti pari al 18,86% e due consiglieri comunali (Francesca Maria ►Brambilla e Gabriele ►Lanzani, vedi cap. 1).

legale, sportello – Uno Sportello di consulenza legale gratuita, è stato istituito dal Comune di Nova per i cittadini residenti. Il servizio è operativo, dall'11 novembre 2016, presso la sede municipale nella giornata di mercoledì dalle 15 alle 16. Per informazioni, Segreteria generale, tel. 0362 374.255.

Legambiente – A Nova nasce il 25 febbraio 1987 con un'assemblea in sala consiliare. Ne fanno parte Giorgio ►Fedeli (cap. 1) e Marco Pozzi che è il primo responsabile. In Italia, invece, viene fondata nel 1980 e, oggi, conta oltre 115 mila soci e sostenitori. Lavorano molto con le scuole con programmi di educazione ambientale e gestiscono oltre 60 aree naturalistiche. A Nova ha smesso di operare nel 1995. Per un certo periodo il responsabile è stato Alessandro Cherubin, in quel momento responsabile dell'►Arci (cap. 5).

LeU, Liberi e Uguali – È un'aggregazione formata da Art. 1 (Bersani, Speranza), Si (Nicola Fratoianni) e Possibile (Pippo Civati) che nelle politiche del 2018 aveva come candidato Pietro Grasso. A Nova, nelle ultime amministrative del 2018, hanno fatto parte – a titolo personale – dell'assemblamento ►Usn, che ha appoggiato la candidatura a sindaco di Fabrizio ►Pagani (cap. 1) del ►Pd. Il portavoce novese di LeU è Donato ►Parma (cap. 1).

lista elettorale – Nel 1861, Nova ha poco più di 2 mila abitanti e sono iscritti a votare 128 persone. Sono i "*benestanti*", gli unici che avevano diritto a votare. Nel 1882, possono votare solo coloro che sanno leggere e scrivere. Da qui l'impegno delle leghe socialiste e cattoliche nell'organizzare corsi di alfabetismo. (Vedi ►scuola serale elettorale, cap. 5). I Consigli comunali si riunivano alle "*8 antimeridiane*" e terminavano nel primo pomeriggio. Oggi, a Nova, ci sono 23.334 abitanti e gli iscritti alle liste elettorali sono 17.578.

M5S – Il Movimento 5 Stelle, a Nova, si è presentato nelle elezioni amministrative del 2013 e ha espresso un consigliere comunale (William Santoro, sostituito da Sara Bettini e, a sua volta, sostituita da Floriana Rocco). Nel 2018 il M5S non si è presentato.

Margherita, La – O, meglio, Democrazia e Libertà - La Margherita. Nasce nel 2002 unificando il Ppi (erede della ►Dc), i Democratici (Prodi), Rinnovamento italiano (Lamberto Dini). A Nova La Margherita è presente nelle amministrative del 2003.

Mariani, Paolo – Nato nel 1816, è forse il personaggio storico più illustre di Nova. Partecipò alla spedizione dei fratelli Bandiera contro gli austriaci e contro i Borboni, nello sbarco calabrese di Cosenza. Spedizioni finite male che lo condussero in carcere. Fervente mazziniano, morì nel 1890. Il sindaco Carlo ►Pessi (cap. 1) fece dedicare a lui la via che dall'attuale piazza Marconi porta verso via San Sebastiano e il ►tram. Il patriota abitava in quella via.

membri commissioni – Nell'Amministrazione 2013-2018 (sindaco Rosaria Longoni), hanno fatto parte della Commissione permanente **Affari Generali e Istituzionali** i seguenti consiglieri: Orazio Frattaruolo (Pd), Alessandra Barone (Ilpn), Massimo Cattaneo (Pnc), Antonio Colombo (D+), Andrea Romano (Fi), Matteo Brambilla (Ln), Floriana Maria Rocco (M5s) – Commissione **Bilancio, programmazione, sviluppo economico:** Valeria Fasola (Pd), Arabella Ambiveri (Ilpn), Massimo Cattaneo (Pnc), Andrea Romano (Fi), Franca Furci (D+), Matteo Brambilla (Ln), Floriana Maria Rocco (M5s) – Commissione **Territorio:** Chiara Dal Molin (Pd), Alessandra Barone (Ilpn), Massimo Cattaneo (Pnc), Domenico Massimo Magro (D+), Andrea Romano (Fi), Matteo Brambilla (Ln), Floriana Maria Rocco (M5s) – Commissione **Servizi sociali, sport e tempo libero:** Angelo Paris (Pd), Arabella Ambiveri (Ilpn), Massimo Cattaneo (Pnc), Andrea Romano (Fi), Franca Furci (D+), Matteo Brambilla (Ln), Floriana Maria Rocco (M5s). Vedi cap. 1 per i consiglieri, ►commissioni comunali e ►gettone di presenza.

membri commissioni 2018 – Con la consultazione amministrativa del 10 giugno 2018 e il ballottaggio del 24 giugno, sono cambiati i membri delle Commissioni permanenti. Per gli **Affari Generali e Istituzionali** sono stati nominati i consiglieri Orazio Frattaruolo (Pd). Aurelio Tagliabue (Vn), Leonardo Vitaliano Paletta (Ilpn), Stefano Miliziano (Ni), Gabriele Lanzani (Ln), Luigi Maria Manzoni (Fi), Andrea Romano (Ncar), Massimo Cattaneo (Pnc) – Commissione **Bilancio, programmazione, sviluppo economico:** Giacomo Panzeri (Pd), Antonio Zabatta (Vn), Leonardo Vitaliano Paletta (Ilpn), Stefano Miliziano (Ni), Francesca Maria Brambilla (Ln), Luigi Maria Manzoni (Fi), Andrea Romano (Ncar), Massimo Cattaneo (Pnc) – Commissione **Territorio:** Mario Panella (Pd), Aurelio Tagliabue (Vn), Leonardo Vitaliano Paletta (Ilpn), Stefano Miliziano (Ni), Gabriele Lanzani (Ln), Luigi Maria Manzoni (Fi), Andrea Romano (Ncar), Massimo Cattaneo (Pnc) – Commissione **Servizi sociali, sport e tempo libero**: Angelo Paris (Pd), Antonio Zabatta (Vn), Leonardo Vitaliano Paletta (Ilpn), Stefano Miliziano (Ni), Francesca Maria Brambilla (Ln), Luigi Maria Manzoni (Fi), Andrea Romano (Ncar), Massimo Cattaneo (Pnc). Vedi cap. 1 per i consiglieri, ►commissioni comunali e ►gettone di presenza.

mercato – Dal 4 luglio 1949 sino al 27 novembre 1973, il tradizionale mercato del mercoledì si svolgeva in piazza Marconi. Nel 1973 viene spostato nelle vie Cadorna, Vigorelli, Matteotti, Lario. Dall'ottobre 1983, anche in piazza Costa. Un nuovo spostamento avverrà mercoledì 2 novembre 1994 nell'area, appositamente attrezzata, di via per Incirano dove è tuttora. Il sabato il mercato si tiene, invece, in via Rossini e comincia a funzionare il 5 aprile 1980. Attualmente, il mercato del sabato si tiene in via Fiume dove sono presenti 36 bancarelle. In via per Incirano, 148 bancarelle.

mercato del bestiame – La fiera di merci e bestiame comincia a funzionare nel 1949. Si tiene nella via Roma, inizio di via Mariani e in piazza Marconi, il lunedì successivo la prima domenica di agosto e seguiva la vera festa di Nova. In attesa di essere venduti, gli animali venivano legati a bellissimi anelli di ferro fissati nel muro, oggi, purtroppo, scomparsi. In quell'anno, 1949, Nova ha 5.269 abitanti.

metano – Nova è stato uno dei primi paesi della zona ad essere allacciato alla rete del metano. L'allacciamento alla rete era stato richiesto sin dal 1953, dall'allora sindaco Carlo ►Fedeli (cap. 1). La prima utenza allacciata, nel 1965, è stata la scuola media di via Biondi. Al 31 dicembre 2017, risultavano allacciati alla rete gas, 9.932 utenti.

metrotranvia – Esiste un progetto di metropolitana leggera sottoscritto, nel 2010, da Regione Lombardia, Provincia di Milano, Provincia di Monza e della Brianza, Comune di Milano, Comune di Bresso, Comune di Cormano, Comune di Cusano Milanino, Comune di Paderno Dugnano, Comune di Nova Milanese, Comune di Desio, Comune di Seregno, per la riqualificazione della tranvia esistente da Milano a Desio e per la sua prosecuzione a Seregno, in corrispondenza della stazione ferroviaria, nodo del servizio suburbano regionale. La nuova linea, che dovrebbe passare al centro della strada provinciale, partirà da piazzale Maciachini attraverso i comuni di Bresso, Cusano, Paderno, Nova, Desio, Seregno. La lunghezza del progetto è 14,2 chilometri e le fermate saranno 25. Da Milano a Calderara ci sarà il doppio binario, da Calderara a Seregno binario singolo con raddoppio negli incroci. I costi del progetto, al momento della presentazione, nel 2008, erano di 214,2 milioni di euro, oggi cifra completamente superata. A metà 2017 sono cominciati i lavori sulle fognature, acquedotto, gas. I lavori dureranno 192 giorni. Dopo tale data ci dovrebbe essere l'apertura del cantiere per la creazione della nuova linea su ferro. Si attende ora una nuova delibera del Cipe (Comitato interministeriale per la programmazione economica) nonché la Conferenza dei Servizi fra comuni interessati, Regione ecc. Quindi, fino a Natale 2018 i lavori saranno eseguiti ancora a "macchia di leopardo". A quel punto ci vorranno almeno 28 mesi di lavoro per completare la metrotranvia.

minori stranieri, cittadinanza onoraria – Vedi cap. 5.

monumenti – Nel 1925 viene eretto il monumento di viale Rimembranze in ricordo dei 51 caduti nella prima guerra mondiale e i soldati novesi, morti e dispersi, nel periodo compreso tra il 1940 e il 1945. Il 20 novembre 1988, nell'area delle scuole di via Biondi – ora piazza ►Gio.I.A. – viene eretto un monumento dedicato alla pace e alla Resistenza. Alla base del manufatto, alcune lapidi con i nomi dei caduti della prima guerra mondiale e il periodo 1940-1945 nonché una lapide con i nominativi dei ►partigiani novesi (cap. 3) e dei civili morti in azioni partigiane nel corso dei giorni della Liberazione. Inoltre si può vedere il "roseto di Ravensbruck" e una targa dedicata a tutti i deportati nei lager nazisti, inaugurato il 25 aprile 1996. Per il ventennale dell'►Avis (cap. 7), nel 1988, un monumento è dedicato a Vittorio Formentano, fondatore nazionale Avis. Lo si erige nel parchetto di viale Rimembranze, oggi dedicato a Vittorio Tripodi, uno dei fondatori dell'Avis novese, con targa che ricorda la Giornata mondiale del donatore (14 giugno 2018). Gli ►alpini (cap. 5), invece, hanno una stele eretta nel parchetto di via Zara il 20 novembre 2011. Importante anche la lapide (con le fotografie) dedicata ai partigiani novesi caduti in azione o nei campi di sterminio e civili novesi morti durante i giorni della Liberazione. Prima posta sul muro del vecchio ►Municipio di via Madonnina ed ora sulla facciata del nuovo Municipio di via Villoresi.

Msi, Movimento sociale italiano – Fondato nel dicembre del 1946 da rappresentanti fascisti e della Repubblica di Salò, a Nova è stato presente soprattutto negli anni che vanno dalla fine del 1960 ai primi anni Settanta del secolo scorso, ma non è mai riuscito ad esprimere un rappresentante in Consiglio comunale. Il responsabile novese, a suo tempo, è stato Antonio Pisano. Nel 1919 l'accoppiata Giolitti-Mussolini aveva ricevuto, a Nova, 39 voti; nel 1921, 48. Nelle elezioni del 1924, a Nova, prendono 65 voti.

Municipio – Gli uffici comunali, nel 1863, sono ospitati nella villa Vertua (affitto di 110 lire annue pagate alla "nobile" Angiolina Vertua Prinetti). Inoltre il Comune spende 400 lire per sistemare il locale. Il 18 dicembre 1912, l'allora sindaco Lorenzo ►Vertua (cap. 1) acquista 11 locali in via Madonnina, 18 che già sono in affitto adibiti a uffici comunali e scuole. Il proprietario di questi locali è Piero Deponti, residente a Corbetta (Mi). Gli uffici comunali rimarranno in via Madonnina sino al 1975 quando verranno trasferiti alla ►Briantea (cap. 4). I lavori del nuovo Municipio, a ponte sul Villoresi, iniziano nel 1991 e avranno un costo totale di 7 milioni e 150 mila euro. Il nuovo Municipio è stato inaugurato il 21 giugno 1998 dal sindaco Laura ►Barzaghi (cap. 1).

neve – Gennaio 1985, tanto freddo e neve. Nova, come del resto in tutto il Nord, è paralizzata. Il Comune impiega sette ruspe, 27 spalatori, cinque camion. Le squadre cominciano a lavorare il 14 gennaio notte. La nevicata è costata al Comune 40 milioni di lire. Ancora neve il 18 gennaio 1995 e nel gennaio 1997: ne cadono, in due riprese, 50 centimetri.

Noi con Andrea Romano – Lista civica di Andrea ►Romano (vedi cap. 1), formata dopo la rottura dell'esponente novese con ►Fi che ha preferito, alla sua persona, quella di Eugenio ►Pizzigallo (cap. 1) come candidato sindaco nel 2018. La lista, nelle amministrative 2018, ha riportato 984 voti pari al 10,97% ed eletto, appunto, Andrea Romano.

nonni vigili – Esperimento nato nel maggio 1979 che vedeva gli anziani davanti alle scuole novesi. A Nova erano stati "assunti" 4 nonni vigili. Si richiedeva un massimo di 65 anni d'età e si prevedeva un compenso forfettario, lordo, di 2 mila lire per il servizio svolto solo all'ingresso dei ragazzi a scuola; 4 mila lire per quello che prevedeva la vigilanza anche all'uscita dalle scuole. L'esperimento è durato solo alcuni anni. Altri anziani, nel 1982, sono stati utilizzati per la vigilanza del parco Vertua. Oggi questo servizio non esiste più.

Nova (Milanese) – A Nova viene aggiunto il suffisso Milanese, con decreto del 28 giugno 1928, per distinguerla da Nova Levante e Nova Ponente (in Trentino).

Nova 2000 per Colombo – Lista civica che si è presentata nel 1999 e nel 2013 esprimendo due consiglieri comunali nel 1999 (►Colombo e ►Italiano) e uno nel 2003 (Colombo). Vedi cap. 1.

Nova che cambia – Lista civica che si è presentata nelle amministrative del 10 giugno 2018 e che ha appoggiato, come sindaco, Massimo ►Cattaneo. È, in pratica, una scissione della lista civica ►Io lavoro per Nova con le consigliere Arabella ►Ambiveri e Alessandra ►Barone che

sono fuoriuscite. (Vedi ►Per Nova… concretamente e ►Io lavoro per Nova). La lista ha ricevuto 535 voti pari al 6,02%. (Per i consiglieri vedi cap. 1).

Nova Ideale - È la lista civica che nel 2018 candida sindaco Eugenio ►Pizzigallo (cap. 1) e che ha l'appoggio della ►Ln, ►Di + e ►Fi. Nel 2018, questa lista ha riportato 745 voti pari all'8,39%.

nuoto – Fra il 1946 e il 1947 si organizzano, a Nova, gare di nuoto fra il ponte del *valet*, in via Giussani e la passerella (oggi non più esistente) di via Biondi. Giudice unico e assoluto il sindaco Carlo Fedeli. Partecipano anche nuotatori dei paesi vicini al nostro. Bisogna dire, però, che vincono quasi sempre i novesi.

orti per anziani – È stato un servizio del Comune che dava la possibilità agli anziani, appassionati della cura dell'orto, di coltivarlo. L'esperimento è nato il 28 maggio 1990 in via Prealpi.

Gli anziani avevano a disposizione 4.400 metri quadri divisi in 54 appezzamenti di terreno. Pagavano 500 lire al metro quadro di affitto annuo. Oggi hanno a disposizione 7.829 mq. E pagano dai 23 ai 28 euro. Per informazioni, Ufficio case del Comune, tel. 0362 37.4304.

Paes, Piano d'azione per l'energia sostenibile – La finalità di questo piano è il patto che hanno sottoscritto alcune Amministrazioni comunali come Nova. Il patto prevede di ridurre le emissioni dei gas serra responsabili del riscaldamento globale entro il 2020 e promuovere le azioni innovative per l'uso di energie rinnovabili nonché l'aumento dell'efficienza energetica per indirizzare la società civile verso la sostenibilità energetica. Il Comune di Nova Milanese ha aderito al Patto dei sindaci con delibera del Consiglio comunale approvata nel settembre 2009.

pannocchie – A settembre, sino agli anni Sessanta del secolo scorso, si ripeteva un rito molto corale che impegnava gran parte degli abitanti novesi. Le pannocchie, ormai mature, venivano raccolte e spannocchiate nei cortili e nelle aie. Il lavoro era compiuto da grandi e piccini e accompagnato da canti. In dialetto era *sluasà*. Nei primi anni del Novecento, comincia ad apparire una sgranatrice meccanica, chiamata dai contadini la *giorgia*. Il raccolto veniva poi messo ad asciugare e i *margasc* (fusto del granoturco secco) conservati per l'inverno. Pronti per essere bruciati.

Parco del Grugnotorto-Villoresi – Oggi il parco, che si è costituito in Consorzio, occupa una superficie di circa 825 ettari interessando anche i territori comunali di Cinisello Balsamo, Varedo e Bovisio Masciago. Il Parco si pone come struttura strategica per la connessione ecologica indispensabile tra i parchi regionali Nord Milano,

Groane e Valle del Lambro. Vedi anche ►canale Villoresi.

Parlamentino – Formato dai ragazzi della scuola secondaria di 1° grado (medie), ha lo scopo di proporre azioni concrete all'Amministrazione comunale così da capire quello che, secondo i ragazzi, manca. Si tiene il 20 novembre nella Giornata internazionale per i diritti dei minori. (Vedi ►piazza Gio.I.A.).

passerelle sul Villoresi – Nella seduta del Consiglio comunale del 27 novembre 1973, si decide la costruzione di due passerelle pedonali sul Villoresi, fra via Filzi e Battisti e fra via Vico e vicolo San Grato. Sono costate 9 milioni di lire. Il ponte, invece, che collega via Biondi a via per Cinisello, sarà costruito nel 1974. Un'altra passerella viene costruita, nel 1985, fra le vie Dalmazia e Parini.

pattinaggio – Subito dopo la guerra, attorno al 1947, si organizzano, a Nova, gare di pattinaggio con partenza dalle 4 strade e arrivo davanti all'allora bar Corona, in via Garibaldi.

Pci, Partito comunista italiano – Fondato a Livorno il 21 gennaio del 1921, da Antonio Gramsci e Amedeo Bordiga con il nome di Pcd'I (Partito comunista d'Italia). I primi comunisti novesi, fanno riferimento a Desio nella figura di Enrico Novati che sarà il sindaco di Desio della Liberazione. Nell'anno della fondazione, a Nova, votano per il Pcd'I, 59 persone; nel 1924 sono diventati 106. Nel gennaio 1991, anche quello di Nova ha cambiato nome trasformandosi in ►Pds. Una sola volta Nova ha avuto un sindaco comunista, Renato ►Parma (vedi cap. 1), dal 1990 al 1993.

Pd – Il Partito democratico viene fondato il 14 ottobre 2007 e confluiscono nella nuova formazione esponenti e militanti dei ►Ds e della ►Margherita. A Nova, il segretario è Claudio ►Schiavon (cap. 1). Nelle amministrative 2018 ha candidato sindaco Fabrizio ►Pagani (cap. 1) e ha ricevuto 2.069 voti pari al 23,30% esprimendo undici consiglieri comunali.

Pdd, Partito dei democratici – Quando il Psi si dissolve, dopo Tangentopoli nel 1992, nascono vari raggruppamenti socialisti. Questo è uno di quello, durato pochissimo. Nel 1995 si presenta a Nova con candidato sindaco Antonio ►Colombo (cap. 1) che non riuscirà nell'intento ma sarà consigliere comunale.

Pds, Partito democratico della sinistra – Il 12 novembre 1989, il segretario del Pci, Achille Occhetto, parlando nel quartiere bolognese della Bolognina, annuncia che gli avvenimenti mondiali rendono necessario il cambio del nome e del simbolo del partito che diventa una quercia. A Nova si decide il cambiamento nel gennaio 1991. Gli ultimi segretari locali del Pds sono stati Roberto Imberti e Giancarlo ►Don (cap. 1). Nel 1998 nuovo cambio: nascono i

►Ds. Il passaggio da ►Pci a ►Pds provoca una scissione e nasce ►Rc, Rifondazione comunista.

pedegronda – La nuova autostrada a pagamento automatico (detta anche pedemontana), passerà a pochi chilometri da Nova, da Desio e Cesano Maderno. È un'opera faraonica da 5 miliardi di euro (57,8 milioni di euro al chilometro) che, una volta ultimata, dovrebbe collegare la provincia di Varese con quella di Bergamo. Inoltre si prevede il collegamento fra gli aeroporti di Milano-Malpensa e l'aeroporto di Bergamo-Orio al Serio. In totale, 157 km. Una prima tratta di raccordo tra Cassano Magnago (A8) e Lomazzo (A9) è stata aperta al traffico dal 26 gennaio 2015, mentre una seconda tratta tra Lomazzo e Lentate sul Seveso è stata aperta il 5 novembre 2015. Molti i contrari all'opera, che spaccherà a metà interi paesi e, per utilizzarla, si dovrà pagare un salato pedaggio. In particolar modo le voci contrarie si concentrano sul fatto che nella sua zona centrale, nello specifico nel comune di Meda, si distruggerà buona parte della superstrada Milano-Meda e questo, inevitabilmente, provocherà un aumento del traffico nella zona. Inoltre, i residenti della stessa zona chiedono rassicurazioni in merito a possibili rischi generati da scavi in zone dove ora sono "seppelliti" residui di diossina legati al disastro di Seveso del 1976. Infine, nel comune di Seveso, il progetto di sbancamento di un tratto dell'ex SS 35, condurrebbe alla distruzione di una consistente parte dell'odierno Bosco delle Querce. Un ulteriore punto controverso riguarda il consumo di suolo che avrà questa nuova infrastruttura, giudicato dai critici ampiamente eccessivo e non sempre necessario. Intanto i lavori sono fermi (sono stati compiuti solo il 30% dell'intera opera) e incombe una richiesta di fallimento della società.

pedonalizzazione – Vedi ►Villoresi, pista ciclopedonale e ►canale Villoresi.

pendolarismo – Vedi cap. 4 ►pendolari.

Per Nova con Barzaghi – È stata la prima lista civica a presentarsi, nel 2008, alle consultazioni novesi. In quell'anno aveva espresso quattro consiglieri comunali.

Per Nova con... cretamente – Lista civica che si era presentata nelle amministrative del 26 maggio 2013 sostenendo la coalizione di centrosinistra che aveva espresso Rosaria ►Longoni, sindaco e eleggendo in Consiglio comunale un consigliere (Massimo ►Cattaneo). Nelle amministrative del 2018 aveva "rotto" con il centrosinistra e si è presentata autonomamente, assieme all'altra lista civica ►Nova che cambia, con candidato sindaco Massimo

Cattaneo. (Per i consiglieri citati vedere cap. 1). Ha ricevuto 383 voti pari al 4,31%.

Pgt, Piano di governo del territorio – È stato approvato con delibera di Consiglio comunale n. 43 del 24 settembre 2010. Il Piano di governo del territorio (Pgt) è uno strumento urbanistico introdotto nella Regione della Lombardia dalla legge regionale lombarda n. 12 dell'11 marzo 2005. Il Pgt ha sostituito il Piano regolatore generale come strumento di pianificazione urbanistica a livello comunale e ha lo scopo di definire l'assetto dell'intero territorio comunale.

piana del Novale – Vedi ►cava Eges.

piano regolatore, il primo – Risale all'1 febbraio 1954 la prima commissione per lo studio del piano regolatore di Nova, lo strumento per "governare" il territorio. Ne fanno parte il sindaco Carlo ►Fedeli, Edgardo ►Zavattoni, Giulio Boselli, Zito Tagliabue, Achille ►Colombo, Angelo ►Seregni, Riccardo ►Rossetti. Il 28 novembre 1962, nuova approvazione del piano redatto dagli architetti Demetrio Costantino e Giulio Redaelli. Alla fine del settembre 1994 arriva in discussione, in Consiglio comunale, la revisione del Piano regolatore generale. Questo progetto è redatto dall'architetto Mario Morpurgo. Vedi ►Pgt. (Per i consiglieri vedi cap. 1).

piazza – L'attuale piazza Marconi si chiamò piazza Grande sino al 1900 quando, a seguito dell'uccisione del re Umberto I (29 luglio), il Consiglio comunale di Nova del 4 agosto (sindaco Giuseppe ►Cetti, cap. 1), decise di cambiare nome alla piazza sostituendolo con Umberto I "*barbaramente ucciso da sacrilega mano*". Il re era stato ucciso, a Monza, dall'anarchico Gaetano Bresci perché il sovrano aveva premiato il generale Bava Beccaris che aveva fatto sparare cannonate sulla folla milanese che chiedeva pane causando, ufficialmente, 80 morti. Alla fine del 1997, è stato presentato il progetto di trasformazione della piazza così com'è ora. Per ristrutturare la piazza sono stati abbattuti i 16 tigli esistenti.

piazza Gio.I.A. – Semplicemente, è definita come piazza Gioia ma questo è acronimo di Giornata internazionale dell'Infanzia e dell'Adolescenza, decisa dall'Onu nel 1989 e che fissa il 20 novembre la celebrazione (in Italia è stata ratificata nel 1991). (Vedi anche ►Auditorium comunale e ►teatro, cap. 5).

Pino – Mitica sala da ballo che comincia a funzionare subito dopo la Liberazione. Famosa perché al centro della sala da ballo, c'è un grosso pino che, purtroppo, brucerà. All'inizio degli anni Sessanta del secolo scorso, il lunedì sera è dedicato al "bughi-bughi". Poco dopo l'incendio, nel settembre 1985, la ristrutturazione della vecchia sala

da ballo. Posto ad angolo fra la via Macciantelli e via Veneto, nella zona chiamata la Baia del Re, il Pino funziona ancora oggi con il nome di Big Apple Dance, via Vittorio Veneto, 52, tel. 392 920 4534. Sempre a quell'indirizzo, c'è anche una scuola di danza, la Swinguys Academy. Vedi ►ballo.

piste ciclabili – A Nova i km. di piste ciclabili sono 15,359. (Vedi ►Villoresi, piste ciclopedonali).

Pli, Partito liberale italiano – Partito di lunga tradizione che ha annoverato nelle sue file conservatori e trasformisti come Giovanni Giolitti e avveduti democratici come i liberal-socialisti Carlo e Nello Rosselli. In Italia il socialismo liberale si espresse comunque nel movimento clandestino ►Giustizia e Libertà (cap. 3). A Nova, il Pli si è presentato per la prima volta nelle amministrative del giugno 1981, ottenendo un seggio (vedi cap. 1 Salvatore ►Villareale che proveniva, alla faccia dei fratelli Rosselli, dal ►Msi).

Polizia locale – Attualmente ci sono, a Nova, 12 agenti di Polizia locale (nel 2017, erano 13) più un ufficiale e un comandante. Il loro responsabile, dal novembre 2002, è il comandante Cosimo Giorgio Tomasso. Nel passato, il primo responsabile dei vigili urbani di Nova è stato Andrea Canzoneri. Il comando della Polizia locale è stato situato, nel corso degli anni, in varie zone di Nova, ad esempio in piazza Libertà. Oggi è in via Villoresi, 34. Nel 2017, hanno riscontrato 2.538 violazioni al Codice della strada per un totale di 201.500 euro. Per informazioni, tel. 0362 37.4411. (Vedi anche cap. 8, ►multe).

Polo della libertà, Pdl – In campo nazionale nasce nel 1994 fra Forza Italia e Lega Nord e nelle elezioni si presenta unicamente nei collegi uninominali centro-settentrionali; in quelli centro-meridionali, invece, era presen-te la coalizione rappresentata dal Polo del Buon Governo, che si componeva di Forza Italia e Alleanza Nazionale. Entrambe le coalizioni sostenevano la leadership di Silvio Berlusconi, leader di Forza Italia. Nel 1996 nasce il Polo delle libertà e nel 2009 il Popolo della libertà (Fi, An, vari raggruppamenti di destra, Nuovo Psi, Democrazia cristiana per le Autonomie, Riformatori liberali, Popolari liberali, Azione sociale). A Nova sono stati presenti in Consiglio comunale nel 2008 e 2013.

posta – Vedi ►Ufficio postale.

Ppi, Partito popolare italiano – Fondato, tra gli altri, da Achille Grandi il 18 gennaio 1919, confluirono nel nuovo partito personalità del vecchio partito clericale e, fra questi, don Luigi Sturzo. Nel 1919, il Ppi a Nova, ha ricevuto 304 voti; nel 1921, 307. Nel 1924, ultime elezioni "libere", 249 voti. Nel luglio 1943, si trasformerà in Democrazia cristiana per riprendere il nome originale il 18 gennaio 1994. A Nova, il passaggio avviene l'11 febbraio 1994 con segretario Mario Rinaldi. La sede era in via XX Settembre, 26. Oggi non esiste più e i militanti sono passati nel ►Pd.

Pri, Partito repubblicano italiano – Nato nell'aprile del 1946 da una scissione del Partito d'Azione, a Nova i repubblicani hanno avuto due rappresentanti in Consiglio comunale nelle elezioni del 1946 (Francesco ►De Ponti e Aldo ►Seregni). Poi si sono presentati, ma senza ottenere seggi, nel giugno 1971. Andrà meglio nel 1985, quando conquisteranno un seggio (Vito ►Donatiello). In quel periodo hanno la sede in via Favaron inaugurata dall'allora ministro della Difesa Giovanni Spadolini il 10 febbraio 1985. In quell'anno entreranno nella maggioranza con Dc-Psi-Psdi, ma ne usciranno, per contrasti, nel febbraio 1987. (Per i consiglieri vedere cap. 1),

Progetto interprete – Vedi cap. 5.

protezione civile – Vedi ►Cri cap. 7.

Psdi, Partito socialista democratico italiano – Nel gennaio 1947, il gruppo che fa capo a Giuseppe Saragat, abbandona il Psiup e forma il Partito socialista dei lavoratori italiani (Psdli) che diverrà, nel 1951, Psdi. Il Psiup tornerà a chiamarsi Psi. Il Psdi novese è stato presente in Consiglio comunale sino al 1990. Oggi non esiste più.

Psi, Partito socialista italiano – Nasce a Genova nell'agosto del 1891 per iniziativa di Filippo Turati con il nome di Partito dei lavoratori italiani. L'anno successivo, a Reggio Emilia, assumerà il nome di Partito socialista italiano e nasce dalle ceneri del Poi, il Partito operaio italiano. A Nova, nel 1914, alla ►Sezione sindacale socialista ci sono iscritti anche 17 muratori e 45 contadini. Il 25 aprile 1920, in piazza Umberto I (ora piazza

Marconi), convergono 4.000 persone per l'inaugurazione della bandiera socialista. Nel 1919 ricevono, a Nova, 394 voti; nel 1921, 401. Nel 1924, ultime elezioni "libere", i socialisti unitari (Matteotti) prendono, a Nova, 135 voti, i massimalisti, 174. Dalla Liberazione in poi, i socialisti sono sempre stati presenti in Consiglio comunale sino al 1990, esprimendo quasi sempre il sindaco. Nel 1966, il 30 ottobre, il partito si unificherà con il Psdi e si chiamerà Psu. Oggi non esiste più.

Psiup, Partito socialista di unità proletaria – Prende il nome dal vecchio partito socialista fondato il 23 settembre 1943 da Pietro Nenni. A Nova è stato presente in Consiglio comunale dal 1964 al 1976 quando i militanti Psiup confluiranno nel ►Pci.

pugilato – Fra il 1946 e il 1947, a Nova, si svolgono tornei di pugilato. Avvengono nel cortile del tabaccaio di via Mariani e a San Bernardo, nel cortile grande.

pullman – Vedi ►autocorriera.

Put, Piano urbano del traffico – Era stato presentato al Consiglio comunale, il 22 gennaio 1997. Il piano prevedeva un ridisegnamento viario, percorsi riservati ai mezzi pubblici, percorsi pedonali e ciclabili, collegamenti tra viabilità locale e intercomunale, mobilità interna dei quartieri e isole pedonali. In quel periodo, ogni giorno, nelle vie che gravitano su piazza Marconi, passavano 10.824 mezzi. Oggi in piazza Marconi giungono solo auto che provengono dalla via Roma. Nel marzo 2017, il Comune ha fatto un rilevamento in un giorno infrasettimanale durante gli orari che utilizzano coloro che vanno e vengono dal lavoro: in piazza Marconi sono affluite 863 automobili. (Vedi ►automobili in piazza Marconi, cap. 8).

raccolta differenziata – A Nova comincia ad operare nel 1992. In quell'anno, la raccolta differenziata, a Nova, è pari a 737 chilogrammi per abitante all'anno. Le prime campane per la raccolta differenziata, inizialmente solo il vetro, si vedono nel maggio 1983. Nel marzo 1992 iniziano a vedersi per le strade i raccoglitori per pile esauste, farmaci scaduti, lattine di alluminio, carta. Nel 2007, in tutto, sono state raccolte 9.718 tonnellate di spazzatura. Oggi, la raccolta differenziata, a Nova, è pari a 264 kg. per abitante l'anno. Vedi anche ►discarica e ►Consorzio Nord Milano per lo smaltimento dei rifiuti solidi urbani.

Rc, Rifondazione comunista – Il nome esatto è Partito della Rifondazione comunista e nasce, ufficialmente, il 10 febbraio 1990 quando il segretario del Pci, Achille Occhetto, decide di cambiare nome e simbolo al Pci. A Nova si costituiscono nel 1991 ed eleggono, come segretario, Giuseppe Caserta (che lo è tuttora). Nelle amministrative del 1995 eleggono due consiglieri comunali (Fabio ►Bertolini sostituito poi da Loretta ►Castagnino) e Luisella ►Fantuzzo. Dal 2003 al 2013, hanno fatto parte della coalizione che appoggia l'elezione a sindaco di Laura ►Barzaghi esprimendo due consiglieri comunali (Fabio Bertolini e Leonardo ►Paletta) e Luisella Fantuzzo come assessore. Nelle elezioni 2018 hanno appoggiato la candidatura a sindaco di Fabrizio ►Pagani del ►Pd. Hanno fatto una lista comune con ►LeU e ►Ci, chiamata ►Unità a sinistra per Nova. La sede di Rc è in via Roma. (Per i consiglieri, vedi cap. 1).

recinzione via Roma – Nel febbraio 2017 sono cominciati i lavori per l'eliminazione della recinzione dell'ex scuola elementare di via Roma, oggi sede della ►Casa delle Arti e dei Mestieri (cap. 5). Il progetto prevede anche un passaggio per accedere, pedonalmente, al parcheggio vicino al parco. Proteste e raccolte firme contro l'abbattimento della recinzione. Il costo dell'opera è quantificata in 126.582,02 euro. L'inferriata, risalente al periodo fascista (in realtà era stata già tolta nel 1935, vedi ►elementari di via Roma, cap. 5), in parte è già stata utilizzata in via Roma e in parte depositata in magazzino. Una volta completati i lavori, ci sarà una zona pedonale molto ampia e utilizzabile.

refezione scolastica – Vedi cap. 5.

regolamento edilizio – Il nuovo regolamento edilizio è stato approvato dal Consiglio comunale il 7 ottobre 2015. Consta di 193 articoli. Si tratta di uno strumento che indica le modalità di costruzione e le normative tecniche, estetiche, igieniche, di sicurezza e vivibilità degli immobili. Non è uno strumento urbanistico.

Rete, La – Nata il 21 marzo 1991, oggi non esiste più. Era stata fondata dal sindaco di Palermo Leoluca Orlando, assieme ad altri personaggi come Diego Novelli e Nando Dalla Chiesa. A Nova, il responsabile era Paolo Moresco. (Vedi ►borse di studio, cap. 5).

rifiuti, costo dei – Per i locali di abitazione, il costo che il cittadino novese deve pagare, va da 0,87 euro il mq. per una persona a 1,41 euro se gli abitanti dell'appartamento sono sei o più. A questo è necessario aggiungere una quota variabile che va da 34,93 euro (una persona) a 118,75 euro (sei o più persone).

ripetitori telefonici e Tv – Vedi ►inquinamento magnetico, cap. 7.

San Bernardo – In alcuni documenti del 1500 si parla di questa frazione con il nome di Cascina Meda. Nel 1600 sembra ci vivessero 600 abitanti ma solo 370 erano *"anime da comunione"*. In pratica, erano definite con questo termine coloro che avevano ricevuto il sacramento eucaristico in occasione della Pasqua. Nei registri più antichi, di solito, sono esclusi dalla lista dei parrocchiani i bambini ancora troppo piccoli per ricevere la comunione. Una regola prescriveva di contraddistinguere le persone ammesse al sacramento dell'Eucaristia aggiungendo accanto al proprio nome la lettera C, mentre i cresimati andavano distinti con il segno Chr. All'inizio del Novecento del secolo scorso, le terre sono tutte di proprietà della famiglia Lissoni di Vedano lasciate, nel 1940, in eredità al Pime (Pontificio missioni estere). Un membro di questa facoltosa famiglia, Andrea ►Lissoni (cap. 1), fu consigliere comunale di Nova e senatore del Regno.

Sdi, Socialisti democratici italiani – Si formano in partito nel maggio 1998 e fanno riferimento a Claudio Martelli, Enrico Boselli e Ugo Intini nonché ai socialdemocratici di Dante Schietroma. A Nova, confluiscono nella nuova formazione coloro che facevano riferimento al Sì. Segretario è stato Domenico Ciuffrida mentre Antonio ►Colombo (cap. 1) era il coordinatore di zona.

segretario comunale, retribuzione – Nel 2018, il segretario comunale di Nova Milanese, Antonio D'Arrigo, ha percepito una retribuzione annua lorda complessiva di euro 43.375,01. A questa cifra si deve aggiungere una cifra variabile secondo gli obiettivi di risultato.

Sezione sindacale socialista – Nel 1914, a Nova, sono 17 i muratori che s'iscrivono alla Sezione. Nel 1911 erano 31; nel 1912, 23; nel 1913, 16 muratori. Alla fine del gennaio 1919, viene costituita la sezione falegnami di Nova, aderente alla ►CdL (cap. 4).

Si, Socialisti italiani – Nati il 13 novembre 1994, dopo il dissolvimento del ►Psi a seguito di Tangentopoli, i Socialisti italiani fanno riferimento, in campo nazionale, a Enrico Boselli. A

Nova si formano ufficialmente il 13 novembre 1994. Poi diventeranno ►Sdi.

sindaco, elezioni – È dal 1993 (legge del 25 marzo n. 81) che votiamo per l'elezione diretta del sindaco. Nei comuni sopra i 15 mila abitanti, come Nova, ogni candidato sindaco si collega a una o più liste presentate. È proclamato sindaco il candidato che ottiene la maggioranza assoluta (50 per cento + 1). Se si va al ►ballottaggio, sarà eletto colui che avrà ottenuto il maggior numero dei voti. Sarà il sindaco, poi, a nominare gli assessori.

Sinistra unita per Nova – Lista che si è presentata nelle consultazioni del 2013 e che appoggiava la candidatura a sindaco di Rosaria ►Longoni (cap. 1). Ha ricevuto il 3,83% dei voti e non ha espresso nessun consigliere comunale. Nel 2008, invece, c'è Sinistra Arcobaleno con un consigliere comunale, Annalisa ►Boneschi (vedi cap. 1).

soccorso invernale – Ente in attività presso i comuni dall'immediato dopoguerra (1954). Aveva funzioni assistenziali durante la stagione invernale, quando le necessità delle famiglie indigenti erano più pressanti. I fondi venivano reperiti dall'applicazione del sovrapprezzo su determinati servizi o attività come trasporti, biglietti di autostrade, manifestazioni sportive e spettacoli, contributi derivanti dagli stipendi dei dipendenti statali. Il 5 maggio 1955, il presidente novese, Francesco ►De Ponti (cap. 1), sollecita gli esercenti a versare il contributo. Vengono versati 3.300 lire. Nel 1959, i dipendenti comunali versano 5.600 lire. È restato funzionante sino al 10 febbraio 1963.

soggiorni climatici – Vedi cap. 7.

spazzatura – Vedi ►rifiuti cap. 8 e ►Consorzio Nord Milano per lo smaltimento dei rifiuti solidi urbani al cap. 4.

statuto comunale – È un po' la Costituzione del Comune di Nova. Esso si compone di 94 articoli sviluppati in 38 pagine in cui si determinano il comportamento e le funzioni dei vari uffici, del Consiglio comunale, del ruolo del presidente, i rapporti con i consorzi in cui il Comune di Nova fa parte. È stato approvato il 28 giugno 2017. Era stata formata una commissione per redigere lo Statuto composta dal presidente Floriana Maria Rocco e dai consiglieri comunali Orazio Frattaruolo, Alessandra Barone, Massimo Cattaneo della maggioranza e Antonio Colombo, Andrea Romano, Matteo Brambilla della minoranza. Il primo statuto comunale di Nova era stato presentato il 31 maggio 1991 al Consiglio comunale a seguito della legge 142 dell'8 giugno 1990 (in vigore dal 29 settembre 1993). Questo statuto era stato redatto da una commissione che aveva come presidente Carlo Nava (per i consiglieri, vedi cap. 1).

stemma-gonfalone – Vedi ►gonfalone.

stipendio assessori – Gli assessori di comuni come il nostro, percepiscono un compenso di 922,10 euro mensili lordi.

stipendio consiglieri comunali – Vedi ►gettone di presenza.

stipendio presidente del Consiglio comunale – L'indennità per il presidente del Consiglio comunale, per una città come Nova, è di 922,10 euro mensili lordi.

stipendio sindaco – Il sindaco Carlo Fedeli percepiva, nel 1956, 20 mila lire mensili; nel 1962, Mario Spreafico 50 mila lire mensili e il suo vice, Giuseppe Polentes, 30 mila lire. Nel 1969 sempre il sindaco Spreafico, 110 mila lire al mese, il vice, Giuseppe Inzaghi, 82.500. Nel 1982, il sindaco Giorgio Fedeli è retribuito mensilmente con 315 mila lire, il vice, Renato Parma, 236; assessori e consiglieri, per ogni seduta, 8.740 lire. (Per sindaci e vice, vedere cap. 1).

stipendio sindaco, oggi – Lo stipendio del sindaco è in base al numero di abitanti. Se però il sindaco è un lavoratore dipendente o un pensionato, l'importo deve essere dimezzato, a meno che non richieda l'aspettativa per tutta la durata del mandato. I liberi professionisti al contrario percepiscono l'indennità piena, perché ritenuti più penalizzati per effetto degli oneri fiscali e previdenziali impliciti nel reddito d'impresa. Rosaria Longoni percepiva 1.024,91 euro mensili lordi. Il sindaco Fabrizio Pagani, 2.049,82. (Per i sindaci vedi cap. 1).

stipendio vicesindaco – L'indennità per i vicesindaci per un comune delle dimensioni del nostro, è di 1.127,40 euro mensili lordi.

Tari – Vedi cap. 4.

teleriscaldamento – Il servizio di teleriscaldamento, con energia prodotta dai rifiuti bruciati nel Forno di Desio, è già in funzione a Nova in 26 immobili comunali (scuole ecc.) nonché nella parrocchia centrale.

terremotati – A seguito del terremoto che ha colpito le province di Potenza, Avellino e Napoli, il 23 novembre 1980, sono arrivati a Nova 200 persone senza casa di cui 60 bambini. La maggior parte di loro arrivava da Muro Lucano (Potenza): 56 famiglie per un totale di 136 persone.

tram – Nel 1881, la Tranways & General Works Company costruisce la prima tratta che va da Milano a Desio. Ci vogliono 55 minuti per raggiungere, dal capoluogo, Nova. La tratta verrà elettrificata nel 1926. Oggi, purtroppo, non esiste più e il trasporto delle persone è effettuato su gomma che significa maggior inquinamento e tempi maggiori di percorrenza. Vedi ►metrotranvia.

Tutti insieme per Nova con Manzoni – Lista civica che si è presentata nelle consultazioni del 2003 e ha espresso un consigliere comunale (Manzoni). Lo stesso Manzoni era candidato sindaco.

Ufficio postale – A Nova, nel 1927 viene aperto l'ufficio telegrafico in via Madonnina (a fianco del numero civico 2). Negli anni Sessanta del secolo scorso, in piazza Marconi dove oggi c'è un'agenzia immobiliare e dal 1977 in via Fiume dove è tuttora.

Unione fra Contadini, L' – Vedi cap. 6.

Unità a sinistra per Nova – È un'aggregazione formata da tre partiti della sinistra novese. Nelle elezioni 2018 hanno appoggiato il candidato ►Pd, Fabrizio ►Pagani (cap. 1). L'aggregazione è formata da ►Rc, ►Ci e ►LeU. Ha ricevuto 236 voti pari al 2,65%. Non ha espresso nessun consigliere comunale.

verde pubblico – Ogni novese può disporre di 18,31 mq. di verde pubblico. Nel 1975 c'erano 5,50 mq. per novese; nel 1978, 13,51 mq. per abitante.

Verdi Alternativi, partito dei – Questo partito è stato presente in Consiglio comunale, dal 1990 al 1995. Prima con il consigliere Virginio ►Bettini, sostituito, poi, da Lino ►Terranova. (Vedi cap. 1).

vespasiano – Il termine deriva dall'imperatore Tito Flavio Vespasiano che li sottopose a tassazione. A Nova ne esisteva uno, all'interno della piazza Marconi, a destra guardando la facciata della chiesa. (Vedi ►fontana). Funzionante dal 20 marzo 1952, è stato eliminato alla fine degli anni Sessanta del secolo scorso. Era costruito in lamiera verniciata verde.

vigili del fuoco – Presenti in Italia sin dagli anni Trenta del secolo scorso, i vigili del fuoco oggi sono 30 mila. A Nova non sono presenti. La sede più vicina è a Desio, piazza Targetti, 1 (via Matilde Serao, 1). Tel. 0362 632191. Email: dist.mi01.desio@vigilfuoco.it

vigili urbani – Vedi ►Polizia locale.

Villa Brivio – A Nova è stata sempre chiamata villa Crosti-Colombo o Vertua Prinetti proprietari della villa dal 1840. Situata in piazzetta Vertua Prinetti (via San Sebastiano), è la più antica villa novese. Infatti, sin dal 1492, i documenti fanno risalire l'interesse della famiglia Brivio – nella persona di Luigi Brivio nato attorno al 1460 – per la villa di Nova Milanese. A quei tempi la villa veniva considerata *Hostaria*, con camere in affitto, una stalla con colonnato ed un pozzo. Il parco ha un'estensione di 9.463 mq. di superficie e 8.610 mq. destinato a verde pubblico. Sembra che per i giardini, ci abbia lavorato il famoso architetto Leopold Pollack. Di acquisire la villa, in Consiglio comunale se ne parla sin dal 1979. L'acquisto sarà perfezionato nel 1990 e ci sono voluti 640 giorni di lavoro e una spesa di 6 milioni di euro (vedi cap.8, ►restauri Villa Brivio). In un'ala della villa, ci sono 12 alloggi destinati alla popolazione anziana e bisognosa. Ha sede la ►Biblioteca civica (cap. 5).

Villa Toschi – È quella palazzina di via Brodolini, 2 appartenente ai proprietari della cava Eges. Il Comune l'acquista il 10 giugno 1999 e oggi è sede di numerosissime società sportive e culturali e della sala prove musicali (vedi ►band, cap. 5).

Villa Vertua-Masolo – La villa con entrata in via Garibaldi 1 (quasi alle 4 strade), è acquisita dal Comune nel 1995. All'interno del parco c'è un edificio stile liberty impreziosito da balconcini in ferro battuto. Sviluppa una superficie di 9.634 mq. di cui 292 mq. sono occupati da edifici e il resto è verde pubblico. La villa viene utilizzata per mostre e altre attività culturali. È sede della Collezione permanente delle arti del fuoco donata dal pittore Vittorio ►Viviani (cap. 5). Un percorso pedonale la collega a ►Villa Brivio.

Villoresi, pista ciclopedonale – Oggi una pista ciclabile e pedonale, lunga 70 chilometri, costeggia il Canale. Il progetto di rendere ciclopedonale le sponde del Villoresi, viene adottata dalla Giunta di Nova nel luglio 1995 per una previsione di spesa di 123 milioni di lire e altri 152 milioni di lire per l'illuminazione.

vita, condizioni di – Nel ventennio 1858-1878, il commissario parlamentare Agostino Bertani, compie una grande inchiesta nella nostra zona che viene presentata il 19 febbraio 1879. Veniamo così a sapere che i contadini si cibavano, soprattutto, di polenta mentre il pane di frumento era riservato *"pei malati e pei vecchi"*; misto a brodo o latte costituiva la prima *"pappa"* del bambino. C'è coabitazione con gli animali e la *"camicia si muta la domenica, la biancheria da letto men di frequente"*, pulizia personale trascurata. Nel 1913 la situazione è cambiata pochissimo. Si continua a mangiare polenta, vero pasto principale, e ci si inventa lavori per sopravvivere come il venditore di stracci (*strascèe*), spazzacamini, affilatore di coltelli (*mulèta*), quello che ripara le sedie (*cadreghê*) e, perfino, il venditore di gamberi pescati nel Lambro. In queste condizioni, il colera e il vaiolo si erano ancora una volta, manifestati. (Vedi cap. 7, ►malattie).

Vivere Nova-Pagani sindaco – È una lista civica nata nel 2018 in appoggio della candidatura a sindaco di Fabrizio ►Pagani (cap. 1) del ►Pd. Ha ricevuto 567 voti pari al 6,38%. Ha eletto due consiglieri comunali, Aurelio ►Tagliabue e Antonio ►Zabatta (cap. 1).

Viviani, Vittorio – Vedi cap. 5.

votanti, percentuale – Il 10 giugno 2018 si sono recati alle urne il 52,90% dei novesi. Al secondo turno, il 24 giugno, il 43,55% dei novesi. (Vedi ►astensione dal voto).

votati, i più – Dopo la Liberazione, i candidati più votati sono stati, per lunghi anni, Carlo ►Fedeli, Armando ►Longoni (618 preferenze nel 1964, nel 1970 e nel 1971 con 1.059 preferenze), Renato ►Parma (971 preferenze nel 1976), ancora Armando Longoni nel 1981 (1.073), Antonio ►Colombo nel 1985 e nel 1990 (1.034 e 1.005 preferenze). Nell'aprile 1995 si è votato con il sistema di elezione diretta del sindaco: Laura ►Barzaghi, ha ricevuto 6.584 voti. Nel 1999, il sindaco Ermanno ►Brioschi ha ricevuto, al primo turno 5.215 voti mentre Laura Barzaghi 5.673. Al secondo turno, Brioschi 5.002 mentre Barzaghi, 4.936. Nel 2003 vince Laura Barzaghi al primo turno con 6.977 voti. Nel 2013, Rosaria ►Longoni vince al primo turno con 5.718 voti di preferenza. Nel 2018 i più votati risultano essere, al primo turno, Eugenio ►Pizzigallo (3.598 voti) e Fabrizio ►Pagani (3.389 voti). Al secondo turno, Fabrizio Pagani (3.987 voti); Eugenio Pizzigallo (3.728 voti). (Per i consiglieri vedi cap. 1).

Wi-Fi, punti d'accesso – A Nova non ci sono punti di accesso internet pubblici. L'unico presente è quello esistente nei locali della ►Biblioteca civica (cap. 5).

Capitolo terzo: La Resistenza

Resistenza
deportazione
pace
guerra

4 strade – La notte fra il 25 e 26 aprile 1945, un gruppo di partigiani novesi, attorno alle tre, bloccano, sparando, una colonna tedesca che da Monza si sta recando a Varedo, a villa Bagatti Valsecchi, per rilevare un gruppo di militari tedeschi, ritornare a Monza e poi, fuggire verso Como. I tedeschi riescono comunque a superare il blocco, lasciando un'autoblinda distrutta dai partigiani, sui binari del tram. Una raffica tedesca colpisce un calzolaio di 64 anni, Fernando Gianotti, che era uscito dalla propria abitazione di via Garibaldi per rendersi conto di quanto stava accadendo. Morirà all'ospedale di Desio, il 19 maggio 1945. L'indomani mattina, i tedeschi ritornano da Varedo attorno alle 10,30, diretti a Monza. Sanno che ci sono i partigiani e sono sul chi vive. Avanzano molto lentamente, con circospezione. Due squadre di tedeschi scendono dai camion e proseguono a piedi, ai lati della provinciale. Una squadra si inoltra per San Bernardo, l'altra si sposta sulla destra, verso via Cadorna. Sparano da tutte le parti e una raffica colpisce in pieno Bruno Crippa, un ragazzo di 15 anni affacciato ad una finestra della "Curt di Busot", in piazza Marconi. Ne ha solo 17, un altro ragazzo, Giuseppe Pagani, ucciso in fondo a via Veneto mentre si sporge, per guardare, dal suo cortile. Quel giorno, anche un partigiano novese viene colpito a morte. Si tratta di Enrico ►Poldelmengo. Vedi anche ►partigiani e ►acquedotto.

acquedotto – L'acquedotto di Nova Milanese era situato in via Roma, quasi di fronte alle scuole, fra gli attuali numeri civici 26 e 30. Abbattuto alla fine degli anni '90, è stato al centro di una spericolata vicenda, compiuta dai partigiani novesi. Nella notte che precede il 1° maggio 1944, un gruppo di partigiani novesi (Dino Levati, Francesco Villa, i fratelli Emilio e Mario ►Vanzati, Maurizio ►Macciantelli, Giacomo Panzeri, Enrico ►Riboldi, Giorgio ►Biondi, Felice ►Beretta (cap. 1) – morto a soli 27 anni nel 1951 – Emilio ►Crippa (cap. 1), Attilio Seregni, Enrico ►Poldelmengo), pongono una bandiera rossa alla sommità dell'acquedotto. Poi, mentre discendono, smontano le scale che nascondono nei campi verso la Baia. Fascisti e tedeschi (questi ultimi accasermati nelle scuole di via Roma), per un giorno intero non riescono a salire e togliere questo "affronto".

Aldo dice 26 x 1 – È l'ordine che i comandanti delle unità partigiane avevano diramato per l'attacco finale ai nazi-fascisti. In pratica significava: *"All'attacco, il 26, all'una"*.

Anpi, Associazione nazionale partigiani d'Italia – Nata subito dopo la Liberazione, è l'associazione che comprende i partigiani e gli antifascisti in genere. Inizialmente è unitaria fra tutti coloro che hanno combattuto per la libertà. Ma il 28 febbraio del 1948, c'è una scissione per opera dei cattolici guidati da Enrico Mattei che danno vita alla Federazione volontari della libertà. Oggi, la presidente nazionale dell'Anpi è Carla Nespolo. A Nova, per lunghi anni segretari e animatori dell'attività dell'Anpi sono stati i partigiani Bacio Emilio ►Capuzzo (morto nel 2017) ed Enrico ►Riboldi (morto il 24 febbraio 1978). Oggi, il presidente è Fabrizio Cracolici. L'associazione dichiara a Nova 76 iscritti che pagano una tessera di 16 euro all'anno. La sede è in via Togliatti, 6. Per informazioni tel. 0362 45.0173 - 41.533.

approvvigionamenti alimentari – Appena insediata, la Giunta della Liberazione deve risolvere il problema degli approvvigionamenti alimentari. Il 10 maggio 1945 si distribuisce alla popolazione novese un chilo di riso, zucchero, 100 grammi di formaggio molle, 100 di salumi e altri generi alimentari sequestrati. Il 31 ottobre di quell'anno, il sindaco informa la Giunta che ci sono problemi per il latte perché i produttori locali di latte non vogliono fornire nessun quantitativo da distribuire alla popolazione. Si decide di istituire una commissione per fare un giro nelle stalle e convincere i produttori ad *"adempiere a questo dovere di umana solidarietà, fermo restando i prezzi precedentemente stabiliti"*.

armi, dotazione – Un documento del marzo 1945, a firma del comandante dei partigiani della zona, Alfredo Cortiana, ci fa sapere che a Nova i partigiani hanno a disposizione 2 mitraglie pesanti però senza munizioni, 14 moschetti con 20 caricatori e 7 pistole.

Balconi, Giacomo – È nato a Burago Molgora il 9 luglio del 1912 ed abita a Nova. Sposato con Anna Pagani, ha una figlia, Bruna, di 4 anni. Lavora alla Pirelli di Varedo e poi in quella di Sesto San Giovanni. La sua attività di partigiano l'ha svolta sempre all'interno della fabbrica in collegamento con i ►Gap (Gruppi di azione patriottica) e le ►Sap (Squadre di azione patriottica). Mentre con altri partigiani, nel pomeriggio del 26 aprile 1945, tenta di fermare una colonna tedesca in fuga, a Cusano Milanino, è colpito a morte nello scontro a fuoco. In quel momento ha 33 anni. Il Comune ha dedicato a lui una via.

biliardo – Quando i partigiani novesi espugnarono la Casa del fascio, trovarono, all'interno, un bellissimo biliardo. Il 30 gennaio 1946, la Giunta comunale dà mandato al sindaco Carlo ►Fedeli (cap. 1) di alienarlo al prezzo migliore. Vedi anche ►4 strade.

Biondi, Giorgio – Nato a Ricengo, in provincia di Cremona il 13 marzo 1926, abita a Nova. Partigiano e gappista (►Gap, Gruppi di azione patriottica), si era distinto per spericolate azioni antinaziste. Purtroppo muore per un banale incidente. Il 29 giugno 1944 in un boschetto della Valera, fra Desio e Varedo, Giorgio Biondi – assieme ad altri partigiani (Bacio ►Capuzzo, Attilio Seregni, Luigi Erba, Maurizio ►Macciantelli) – è in attesa di un camion che lo porterà in montagna. Mentre attendono l'ora per partire, fermano una ragazza sospetta. Biondi per intimorirla estrae la pistola ma purtroppo parte un colpo. Morirà poco dopo all'ospedale di Desio. Ha solo 18 anni. Sarà uno dei partigiani che isserà sull'acquedotto la bandiera rossa. Il Comune ha dedicato a Biondi una via.

caffè, tassa su macchine – Fra i tanti balzelli inventati dal fascismo, c'era anche la *"tassa di esercizio sulle macchine di caffè espresso"*. A Nova viene applicata dal 2 febbraio 1929 e prevedeva 150 lire se la macchina-caffè era a 1 becco; 300 se a 2 becchi. Ogni becco in più, un'aggiunta di 100 lire.

campane, requisizione – Vedi ►campane cap. 6.

Capuzzo, Bacio Emilio – È nato ad Anguillara Veneta nel 1925 e a Nova ci arriva nel 1938. E proprio "Nova" sarà il suo nome di battaglia. Fa parte di quella pattuglia di giovani novesi che sono stati i protagonisti, con le loro azioni, della lotta antifascista. Arrestato più volte dai fascisti, alla fine fu inviato – assieme ai partigiani Mario ►Sironi e Giovanni Frigerio – al campo di eliminazione di ►Flossenburg, a nord-est della Baviera (Germania). In modo rocambolesco riesce a fuggire dal treno e, dopo diverse vicissitudini, riuscirà a raggiungere la Val d'Ossola dove combatterà nella brigata comandata dal leggendario capo partigiano Cino Moscatelli. È morto il 10 ottobre 2017.

Casa del fascio – Dal 1989 è la sede dei carabinieri. Durante il periodo fascista, è stata sede di un gruppo di avieri e verrà espugnata nella notte fra il 25 e il 26 aprile 1945 dai partigiani novesi. Dopo la fine della guerra, in quel palazzo alle 4 strade, si insedieranno diverse famiglie di profughi e senza casa. Acquisita dal Comune di Nova, il 4 febbraio 1975 (acquisto che è stato perfezionato nell'ottobre 1979), è costata 15.700.000 lire. Il costo finale delle ristrutturazioni è stato, invece, di 1 miliardo e 200 milioni di lire. Durante il periodo fascista, il piazzale dove sorge la costruzione, era titolato a Costanzo Ciano (genero di Mussolini). Dopo la ►Liberazione, piazza Libertà.

cascinotto – Era una capanna con tetto di paglia e pareti di legno, usata in estate dai contadini per custodirvi il raccolto. Durante il periodo della Resistenza molti cascinotti di Nova furono utilizzati per le riunioni dei partigiani. Vedi ►partigiani.

cinque giornate – Numerosi brianzoli accorsero a Milano per contrastare gli austriaci dal 18 al 22 marzo 1848. Al comando di Gerolamo Borgazzi, 400 volontari raggiunsero le barricate milanesi. Fra questi anche alcuni giovani di Nova che arrivarono direttamente alle barricate milanesi il 22 marzo.

Cln, Comitato di liberazione nazionale – Formatosi il 9 settembre 1943, subito dopo l'annuncio dell'armistizio, era rappresentato da liberali, comunisti, socialisti, democristiani, azionisti e demolaburisti ed aveva il compito di dirigere la Resistenza contro i nazifascisti. A Nova il Cln era formato da Carlo ►Fedeli, Pietro ►Sironi, Augusto ►Biolcati, Tullio Carrara, Emilio ►Crippa, Pompeo ►Elli, Giuseppe ►Gianotti, Carlo Ghioni, Natale ►Galli, Enrico ►Lissoni, Mario ►Pagani, Ernesto Pinazza, Edgardo ►Zavattoni, Virginio Cugini, Mario ►Corti, Carlo Zappa. (Per i consiglieri vedi cap. 1).

colonia elioterapica – Nel 1934 il Comune stipula una convenzione con la famiglia Vertua per affittare *"la casa con l'annesso corti-le posto all'angolo fra via Roma e via Cetti per 15 anni, da destinarsi alla Palestra scolastica e sede delle Organizzazioni Giovanili Fasciste"*. In pratica la colonia è fra via Roma e via Poldelmengo, esattamente dove oggi ci sono case della cooperativa e dove c'era un negozio sempre della Coop.

comando militare tedesco – La Brianza milanese, già nell'ottobre 1943, era inserita nel Mk1013, comprendente le province di Milano e Pavia. La prima era una Compagnia di sicurezza con a capo il sergente maggiore Sigfried Werning, l'altra era il comando della polizia SS per il settore "ovest" dell'Italia settentrionale con a capo il generale Willy Tensfeld.

Comitato per la pace – Vedi ►pace.

Comitato unitario antifascista – Nato nel gennaio 1971, per iniziativa dei dirigenti dell'Anpi novese, Enrico ►Riboldi e Mario Ornaghi, ha visto l'adesione di tutti i partiti esistenti in quell'anno, ad esclusione del ►Psdi (cap. 2). Aderiscono anche le ►Acli (cap. 6) e il sindacato. Fra le molte manifestazioni, l'adesione alla manifestazione antifascista di Roma del 28 novembre 1971 e la raccolta delle firme contro il Msi nell'aprile del 1973, in piazza Marconi. Il comitato nasce anche a seguito delle tensioni che sono avvenute a Nova, il 20 maggio 1970, per il tentativo del deputato del ►Msi (cap. 2) Franco Servello, di tenere un comizio. Lo stesso Servello tenterà nuovamente di parlare a Nova il 10 giugno 1971 ma anche questa volta non riuscirà a farlo. Oggi il Comitato non esiste più.

consegna armi – Il 18 maggio 1945, i partigiani di Nova si recano a Monza (scuole Belloni di via Lecco) per la consegna delle armi in base agli accordi sanciti nel dicembre 1944 con gli Alleati. Dino Levati consegna un fucile M38 e 3 caricatori; Celeste

Ghezzi, un fucile M38; Enrico ►Riboldi, un fucile M38; Attilio Seregni, 4 bombe a mano; Luigi Erba, un fucile M38; Angelo Chiari, 4 bombe a mano; Annibale Ratti, 3 bombe a mano; Emilio Vanzati, 3 bombe a mano. Saranno ricompensati con 1.050 lire e un pacchetto di sigarette.

Cvl, Corpo volontario della libertà – Nasce nel giugno 1944 per opera di Ferruccio Parri, Raffaele Cadorna, Luigi Longo, Enrico Mattei. Il loro distintivo è il fazzoletto azzurro. Aveva il ruolo di comando unico delle formazioni partigiane.

deportati Nova – I novesi deportati di Nova inviati nei campi di sterminio furono sei. Quattro di loro morirono. I deportati brianzoli furono più di 200. Solo un quinto di loro tornerà nelle proprie case. Nei campi di sterminio morirono 9 mila italiani, ebrei esclusi.

dipendenti nel 1934 – I dipendenti comunali di Nova, nel 1934, erano 11: Attilio Leoni, segretario; Silvio Boselli, medico; Amilcare Pirovano, messo-scrivano; Beatrice Sironi, scrivana-dattilografa; Angelo Sironi, custode; Ottavia Orgoli, levatrice; Innocente Bertocchi, bidello; Orsolina Ossoli (moglie del Bertocchi), aiutante bidello; Liberato Marelli, custode del cimitero; Alessandro Pessi, regolatore dell'orologio; Giovanni Arosio, stradino.

disturbo, azioni di – Oltre alla bandiera rossa sull'acquedotto, il 4 aprile 1944, partigiani di Nova e Varedo tagliano i fili del telefono fra Monza e il presidio tedesco presente a Villa Bagatti di Varedo. Il 20 aprile 1945, i 200 lavoratori della Briantea scioperano senza abbandonare il posto di lavoro. S'intensificano le scritte contro i nazifascisti sui muri, si disarmano i fascisti.

Ebensee – Sottocampo di Mauthausen è il luogo dove morì il partigiano novese Mario ►Vanzati. Dei complessivi 27.000 prigionieri più di 8.000, quasi un terzo, morirono ad Ebensee, fra cui 552 italiani, su un totale di 955.

Favaron, Olivo – È nato a Nova Milanese il 24 marzo 1926. Con un altro partigiano novese, Luigi ►Villa, raggiunge le brigate del Verbano nell'aprile 1944. A seguito di una controffensiva tedesca, il 18 giugno è costretto, con tutto il suo gruppo, ad una lunga marcia durata due giorni che lo porterà a oltre 2 mila metri di altezza. Catturato, Olivo viene atrocemente torturato. Verrà fucilato, assieme ad altri 42 compagni, a ►Fondatoce di Verbania il 20 giugno 1944. Ha solo 18 anni. Il Comune di Nova gli ha dedicato una via.

Flossenburg – In questo campo di eliminazione, situato al confine con la Cecoslovacchia, morivano un centinaio di deportati al giorno per denutrimento ed esecuzioni. Furono 19 i brianzoli morti in questo campo e fra

essi anche il novese Mario ►Sironi.

Fondotoce – È una frazione del comune di Verbania nella provincia del Verbano-Cusio-Ossola. In questo paese, il 20 giugno 1944, sul bordo del canale che unisce il Lago di Mergozzo con il Lago Maggiore, sono stati fucilati 43 partigiani, tra cui una donna dopo essere stati atrocemente torturati. Fra essi il novese Olivo ►Favaron, arrestato mentre era con i partigiani in Valgrande. Con lui anche un altro novese, Giulio ►Villa, disperso.

Fronte della Gioventù, Brigata – Venne costituita a Milano nel gennaio 1944, in forma unitaria, dai rappresentanti dei giovani comunisti, socialisti, democratici cristiani, ai quali si unirono subito i giovani liberali, del Partito d'Azione, repubblicani, cattolici, le ragazze dei Gruppi di Difesa della Donna (dai quali in seguito sorgerà l'Udi), i giovani del Comitato contadini. La base ideale e programmatica fu elaborata da Eugenio Curiel, membro della direzione del Partito comunista, che lo guidò fino alla morte. (Vedi ►partigiani).

Gap, Gruppi di azione patriottica – Nascono per volere del comando militare comunista nel settembre 1943 e gli aderenti sono impiegati, soprattutto, nelle città. Avevano il compito di danneggiare militarmente e debilitare, moralmente, gli avversari nazi-fascisti. Compivano sabotaggi e colpivano non solo i militari, ma anche chi, con le loro spiate, faceva uccidere o deportare partigiani e oppositori al fascismo. I Gap pagarono un alto prezzo di vite umane. Oltre il 50 per cento degli effettivi, furono fucilati o atrocemente torturati. Diversi partigiani novesi, furono impiegati nei Gap.

Garibaldi, Brigate – Erano piuttosto organizzati nella zona di Nova e Desio. Il comandante della 119ª Brigata, da cui dipendeva Nova, era Alfredo Cortiana; il vice, Alberto Gabellini e il commissario politico Eugenio Mascetti. Nel Nord Italia erano operanti 1.090 Brigate Garibaldi. Alla fine della guerra, contarono ben 42 mila caduti e 18 mila fra mutilati e invalidi della Garibaldi. (Vedi ►partigiani).

Gil, Gioventù italiana littorio – A Nova c'era una squadra di calcio organizzata dalla Gil che teneva le partite in un campo di via Silvio Pellico. La Gil era stata fondata, in campo nazionale, il 27 ottobre 1937. (Vedi cap. 5 ►Novese Calcio).

Giustizia e Libertà, Brigata – Formazione partigiana del Partito d'Azione (Ferruccio Parri ecc.). Come movimento fu fondato nel 1929, dal confino di Lipari, da Carlo Rosselli ed Emilio Lussu, e si distinse nella lotta ai nazifascisti. Come segno esteriore, gli azionisti portavano il fazzoletto verde come, del resto, le Brigate ►Mameli-Mazzini (i garibaldini l'avevano rosso, i cattolici tricolore e, qualche volta, bianco, i badogliani-monarchici azzurro). Molto presenti a Monza, Bovisio e Seveso potevano contare su 280 partigiani attivi. (Vedi ►partigiani).

Gnr – Era la Guardia nazionale repubblicana istituita dal governo fascista l'8 dicembre del 1943 con compiti di polizia interna e militare. Nova faceva riferimento a Varedo dove c'era la Gnr stradale del 1° gruppo motorizzato.

guerra, entrata in – A Nova, per far sapere a tutti i cittadini dell'entrata in guerra e ascoltare il discorso di Mussolini del 10 giugno 1940, il Podestà fa installare un altoparlante, collegato con la radio, in piazza Marconi, all'altezza dell'odierno numero civico 25, "requisendo" il terrazzino di proprietà della famiglia Tettamanti. Alla fine del discorso, il barone Alessandro Ferrari ►Ardicini (sindaco di Nova dal 1903 al 1910, cap. 1), forma un corteo con i ragazzini vestiti da piccoli fascisti.

Gusen – Era uno dei 49 sottocampi di Mauthausen a sua volta suddiviso da tre campi, denominati Gusen I, Gusen II e Gusen III e situato in Alta Austria, a circa venti chilometri ad est di Linz e a circa quattro chilometri da Mauthausen. I deportati lavoravano nelle cave in situazioni durissime. Su circa 21.000 presenze registrate fra il 1940 e il 1942, si sono avuti almeno 14.000 decessi. A Gusen II trovò la morte il partigiano novese Amedeo ►Scuratti.

Ippocampo, Brigate – Si formano fra l'ottobre e la fine del 1944. Di tendenza liberale e monarchica, operano prevalentemente a Monza dove faranno un attentato nei confronti di un sergente fascista particolarmente feroce, contro un milite fascista e liberano, a Carate, alcuni renitenti imprigionati dai fascisti. (Vedi ►partigiani).

jeep – Le prime camionette delle truppe alleate, arrivarono in Brianza fra il 30 aprile e il 1° maggio 1945. A quella data i paesi erano già tutti stati liberati dai partigiani (a Nova, il 26 aprile) e già funzionavano le Amministrazioni comunali nominate dal ►Cln, composti in gran parte da Dc, Pci, Psi.

Liberazione, giorno della – In realtà, Nova sarà liberata il 26 aprile 1945. Ma già giorno 24 le strade di Nova sono piene di gente. Sono giorni uggiosi e piovigginosi e i partigiani novesi non hanno molte armi. Malgrado questo, alle 15 del 25 aprile, otto partigiani, decidono di assaltare la Casa del fascio. Si fermano all'angolo fra la via Roma e via Veneto e mandano in avanscoperta solo due di essi. Con grande sorpresa, dalla Casa del fascio esce il comandante e comunica che intende arrendersi. Francesco Seregni viene messo a guardia del Municipio mentre Giuseppe ►Pagani è posizionato all'angolo di via Roma dove c'è la salumeria Pirovano. Un gruppo di partigiani, coordinati da Giuseppe ►Polentes si riunisce in piazza De Amicis. Un altro gruppo si riunisce alla "Restelina". Qua ci sono Carlo ►Fedeli, Pompeo ►Elli, Natale ►Galli, Mario ►Pagani. E poi Viganò, Virginio Cugini, Giacomo Panzeri, Mario ►Corti, Pietro ►Sironi, Tullio Carrara, Emilio ►Crippa, i fratelli ►Beretta e altri ancora (per i consiglieri vedere cap. 1). Il 25 aprile, alle 15, i partigiani entrano e occupano la Casa del fascio. Organizzano turni di guardia e una mitraglia viene posta al centro del quadrivio. Un'altra è piazzata sopra i gradini che conducono all'entrata dell'edificio fascista. Tutto attorno, sacchetti di sabbia, una specie di fortino. Ci sono, fra gli altri, Dino Levati, Angelo Chiari, Attilio Seregni, Carluccio Colombo, Ezio Sironi, i fratelli Enrico e Felice ►Beretta, Edoardo Vanzati, Giancarlo Seruggia, Emilio Vanzati, Fossati, Valerio Carrara, un certo Abele e tanti altri che, negli ultimi giorni, hanno ingrossato le fila dei partigiani. Sandro Quarello e Andrea Scuratti vengono mandati con una macchina ai confini di Calderara dove sono stati avvistati dei fascisti. Il giorno dopo, 26 aprile 1945, Nova sarà completamente liberata. (Vedi ►4 strade e ►partigiani).

locali per i tedeschi – Il 28 dicembre 1943, il Comando tedesco di zona scrive al Commissario prefettizio di Nova, Ugo Belitrandi, con l'ordine di tenere a disposizione dei tedeschi *"la Casa del Fascio, la scuola di via Roma 3, il quartiere degli ufficiali in via Garibaldi, nonché l'Autoparco presso la Manifattura Briantea Luigi Silvera"*.

Macciantelli, Maurizio – È nato a Granaglione (Bo) il 13 marzo 1924, arriva a Nova nel 1932 e lavora, come disegnatore, alla Vender di Cusano Milanino. Inviato dal Comando partigiano in Valle Olona diventa vice comandante della 102ª Brigata Garibaldi. Il 24 luglio 1944, tenta di fermare, con due compagni, una colonna tedesca a Lonate Pozzolo, vicino a Busto Arsizio e diretta in Val d'Ossola. Quando si accorge che non possono farcela, convince i compagni a mettersi in salvo e, da solo, riuscirà a bloccare i tedeschi. Ucciso, non potendo credere che solo un partigiano sia riuscito a bloccare una colonna tedesca, per spregio, il corpo del partigiano viene portato a Busto legato e trascinato da un carro di letame. Verrà lasciato in piazza, insepolto, per tre giorni. Il comune di Busto ha dedicato a Macciantelli un monumento, quello di Nova una via.

Mameli, Brigate – A Nova non hanno operato ma hanno avuto diversi contatti con i partigiani novesi. Erano legati al partito repubblicano e molti numerosi a Cesano, Varedo, Bovisio, Desio e Limbiate soprattutto ad opera del comandante Armando Guagnetti. Nel settembre 1944 si trasformarono in Brigate Mazzini. (Vedi ►partigiani).

Matteotti, Brigate – Nate nel 1943, subito dopo l'8 settembre, furono formazioni partigiane legate al Partito Socialista Italiano di Unità Proletaria (Psiup) ma vi aderirono anche gruppi anarchici. Nella nostra zona operarono 6 Brigate Matteotti. (Vedi ►partigiani).

Mauri, Mario – Nato il 6 maggio 1926 a Nova Milanese, operaio alla Breda II di Sesto San Giovanni, è arrestato nel novembre 1944. Tradotto a Gusen, nel sottocampo di Mauthausen, troverà la morte, per sfinimento da lavoro, il 9 aprile 1945. Quando muore, alla vigilia della fine della guerra, ha solo 19 anni. Purtroppo non si sa molto di questo deportato novese.

Mauthausen – Cittadina austriaca dove sorse il famigerato campo di sterminio, nell'Alta Austria a circa 20 chilometri dalla città di Linz. In realtà i campi erano 49 e tutti facevano capo a Mauthausen. Si stima che i prigionieri di questi campi furono 335 mila utilizzati, soprattutto, nelle cave di pietra con la tristemente famosa "scalinata della morte". I prigionieri dovevano caricarsi sulle spalle pietre anche di 50 chilogrammi e salire 186 gradini. In totale, più di 122 mila persone trovarono la morte (1.731 italiani, 89 provenienti dalla Brianza). Fra essi anche il novese Amedeo ►Scuratti mandato a lavorare nelle cave di ►Gusen II e Mario ►Vanzati morto nelle cave di ►Ebensee.

memoria in rassegna, La – Ogni due anni, dal 1997, i Comuni di Nova e Bolzano, organizzano l'iniziativa a carattere internazionale *La Memoria in rassegna*. L'iniziativa, che si svolge sotto l'Alto Patronato del Presidente della Repubblica Italiana, ha come obiettivo la raccolta, la catalogazione, la conservazione e la consultazione delle produzioni audiovisuali. Oggi si possono consultare, in Biblioteca, centinaia di documenti in video provenienti da numerosi Stati europei ed extraeuropei. Vedi anche ►per non dimenticare.

morti prima guerra mondiale – I novesi morti nella prima guerra mondiale, furono 51 (a Desio 167, a Muggiò, 68; in Brianza 5 mila; in Italia 650 mila).

morti seconda guerra mondiale – Nell'ultima guerra mondiale, sono stati 35 i soldati novesi morti di cui ben 13 dispersi (40 milioni di morti nel mondo; 46 mila partigiani italiani morti e 21 mila feriti; 33 mila soldati morti nei lager tedeschi; 8 mila uccisi nei campi di eliminazione, 10 mila soldati italiani caduti a fianco degli Alleati).

mozione da studio – Il 21 aprile 2014, il Consiglio comunale di Nova, ha approvato una mozione dal titolo *"Condanna delle organizzazioni neofasciste e misure da attuare contro ogni eventuale presenza neofascista organizzata"*. Tale mozione, elaborata dall'Anpi di Nova e condivisa dal ►Pd e dalle liste civiche ►Per Nova Con...cretamente e ►Io lavoro per Nova, (cap. 2) è diventata materia di studio e approfondimento da parte dell'università di Siena. La sindaca Rosaria ►Longoni (cap. 1) e i dirigenti dell'Anpi locale sono stati invitati dall'università ad illustrare la mozione.

Mussolini a Nova – In realtà ci passa a bordo di una macchina. Sabato 6 ottobre 1934, Benito Mussolini percorre in auto via Veneto e via Garibaldi per recarsi a Milano. Al bordo di quelle vie vengono portati ragazzi delle scuole accompagnati dalle insegnanti e quelli dell'asilo con le suore. Tutti chiamati a riverire il Duce e tutti con la divisa dei piccoli fascisti. Tantissimi anche i cittadini novesi che si recano alla sfilata. Non vedranno nulla perché Mussolini viaggia su una macchina chiusa, ma saranno convinti, dalla propaganda, di aver partecipato ad una giornata memorabile.

Muti, Brigata – Una delle brigate fasciste più violente che si macchiarono di numerosi crimini. La brigata, dedicata ad Ettore Muti, aveva sede in via Rovello a Milano, dove, dopo la Liberazione, sarà la sede del Piccolo Teatro. Proprio in questa sede si consumarono atroci torture nei confronti degli oppositori antifascisti, aiutati spesso da elementi della banda Koch e Carità formata da gruppi di detenuti per reati comuni provenienti dal riformatorio di Vittuone e dal carcere di San Vittore. Dopo la guerra furono processati e Pietro Koch fucilato. Nella notte tra il 18 e il 19 maggio 1945, nel tentativo di sottrarsi alla cattura, Mario Carità fu ucciso in un conflitto a fuoco da due militari americani.

natalità, premi – Il 12 giugno 1937, le famiglie numerose di Nova ricevono un premio in denaro che varia a seconda del numero dei figli: "*Lire 250 per la nascita del 10° figlio a Mandaletti Luigia in Spreafico; Lire 100 per la nascita del 3° figlio a Sala Maria Graziosa in Mariani; Lire 50 per il 3° figlio a Carlo Brioschi fu Alessandro; Lire 100 per il 6° figlio a Vittorio Brioschi fu Cesare; Lire 100 per il 7° figlio a Cezza Pietro di Marco*". Il 12 marzo 1937, nasce una bimba a Gino Brunello che viene premiato con 100 lire perché "*è nata lo stesso giorno della nascita del principino Vittorio Emanuele*". Nel marzo 1938, il podestà di Nova istituisce un premio di nuzialità di lire 500 e 13 premi di natalità di lire 100.

Novo Mesto – Era un campo profughi della Slovenia dilaniata dalla guerra del 1991 fra, appunto, la Slovenia e la Repubblica socialista federale di Jugoslavia, in seguito alla dichiarazione d'indipendenza della Slovenia. Nova ha fatto pervenire, nel corso degli anni, cominciando dal 1994, aiuti concreti da parte di cittadini, istituzioni, cooperative, scuole. Gli aiuti dei novesi sono stati portati – da personale del Comune – in due campi, uno abitato da 300 persone, l'altro da 150. Nel febbraio 1995, un ragazzo del campo 1 di Novo Mesto, è venuto a Nova a parlare ai suoi coetanei delle scuole novesi e spiegare loro gli orrori della guerra.

obiettori di coscienza – Nel maggio 1984 c'è il primo atto da parte dell'Amministrazione comunale dell'utilizzo degli obiettori di coscienza. I primi quattro obiettori che arrivano a Nova, sono ospiti nella palazzina del vecchio ►Municipio di via Madonnina (cap. 2). Oggi non esistono più. Sono stati sostituiti dal ►Servizio civile.

olocausto – Questo termine viene usato, soprattutto, per indicare la fine di 6 milioni di ebrei eliminati dai nazisti nei campi di sterminio. In greco la parola olocausto è sempre legata al concetto di fuoco. Errato, quindi, definire un olocausto, ad esempio, un terremoto pur con tante vittime.

oscuramento – Durante l'ultima guerra vigeva l'oscuramento che consisteva nello spegnere le luci delle città per non esporle ad attacchi nemici durante la notte. Dai documenti veniamo così a sapere che a Nova ha un tipo di illuminazione pubblica in *"derivazione"* con 69 lampade più 25 lampade ad *"oscuramento permanente"*.

pace – Per la pace, Nova si è sempre mobilitata. Nel novembre 1972, in piazza Marconi, il Pci raccoglie lana, chinino e soldi da inviare in Vietnam. Saranno inviati nel Paese del Sud-Est asiatico, 58 Kg. fra lana e chinino e 520 mila lire. Sottoscrivono persone di tutti gli orientamenti politici e religiosi. Fra essi, anche il parroco don Rainaldo ►Grassi (cap. 6). Si ricordano anche le manifestazioni avvenute fra il 2 e il 9 marzo 1980 con mostra fotografica in piazza Marconi e il Comitato per la pace costituito dai partiti dell'allora sinistra costituito il 5 novembre 1981. A Nova, sono giunti anche delegazioni straniere in lotta per la libertà dei loro Paesi. Nel marzo 1983, sono arrivate a Nova delegazioni dal San Salvador, dalla Mongolia, dallo Zambia, da Berlino Ovest, dalla Repubblica Federale tedesca. Nel maggio 1987, Nova ha ricevuto una delegazione dal Cile e, nell'aprile 1988, la delegazione dell'Olp palestinese. Nel febbraio 1984, soprattutto per i ragazzi delle scuole, nasce "Matite per la pace" per iniziativa dell'►Arci (cap. 5). Il 10 maggio 1984, il Comune e la ►Biblioteca civica proiettano, al San Carlo, una serie di film sulla pace e organizzano dibattiti. Il ►Gugs (cap. 5), il 27 maggio 1984, organizza il "Marciapacegugs" cui partecipano 600 ragazzi delle scuole novesi. Ancora la biblioteca con "Itinerari di pace", nel dicembre 1984 e, sempre la pace, è stata al centro del Bice ►Bugatti 1985 (cap. 2). Anche il pittore novese Franco Daleffe (nato a Cologno al Serio, Bg nel 1933 e morto nel 2014) si è misurato su questo tema con 18 opere pittoriche, eseguite nel 1965, pubblicate in un volume nel febbraio del 1986. Quando nel 1991 Saddam Hussein invade il Kwait, un Consiglio comunale aperto, sabato 19 gennaio, vota un ordine del giorno contro l'uso delle armi e il 2 febbraio una fiaccolata richiama 200 novesi. Il 9 marzo 1991, è la volta dell'Amministrazione comunale che lancia il progetto "Cartoline per la pace". Anche la Caritas si mobilita con una marcia e una fiaccolata il 3 gennaio 1994. Dalla chiesa di San Giuseppe a quella centrale in piazza Marconi. Il 16 gennaio 1998, una marcia per la pace è stata effettuata dall'oratorio centrale alla chiesa di Grugnotorto. Alla fine del 1988, è stato inaugurato un monumento dedicato alla pace. Il 2 febbraio 1991, manifestazione in piazza Marconi a favore della pace e contro i bombardamenti in Iraq. Domenica 23 maggio 1993 in piazza Marconi, manifestazione indetta da ►Anpi, ►Caritas (cap. 6), ►Spi-Cgil (cap. 4) contro la guerra della Jugoslavia. Nel 2016 e 2017, l'►Arci (cap. 5), in collaborazione con le scuole, nell'ambito del "Progetto ►Gio.I.A." (cap. 5).

pace 1914 – Nella seduta del Consiglio comunale che segue quella del 26 luglio 1914, dove è eletto sindaco Carlo ►Pessi (cap. 1), il Consiglio comunale di Nova chiede al governo che *"si mantenga neutrale"*.

pace, ordini del giorno sulla – Spesso il Consiglio comunale di Nova ha prodotto ordini del giorno unitari sulla pace fin dal 1956 quando ci sarà quello contro la guerra nel Vietnam. L'odg invitava il governo italiano a promuovere *"in tutte le sedi le iniziative opportune per addivenire ad una pacifica soluzione del conflitto vietnamita"*. Nel 1981, nella prima seduta del nuovo Consiglio

comunale diretta da Armando ►Longoni (cap. 1), si parla di pace e sarà proprio Longoni, nel suo intervento iniziale a chiarire che la pace *"deve essere il primo impegno di tutti: fermare gli armamenti e lavorare per la pace"*. Sabato 19 gennaio 1991, Consiglio comunale aperto sulla guerra in Medio Oriente. L'Italia partecipa ai bombardamenti contro Saddam Hussein. Il Consiglio comunale approva un documento della Giunta (astenuti solo i Verdi alternativi) in cui si invita il governo ad utilizzare i nostri militari *"solo per ragioni di pace... senza un diretto coinvolgimento in operazioni di guerra"*.

pace, via della – A Nova una via è stata dedicata alla Pace. È una piccola traversa di via Brodolini.

paghe, riduzione – Il 20 dicembre 1930, il podestà Achille Prada delibera di ridurre del 12 per cento le paghe di tutti *"i dipendenti del Comune siano essi in pianta organica o avventizi"*.

partigiani – I partigiani novesi erano inquadrati nel terzo distaccamento della 119ª Brigata Garibaldi Sap "Di Vona" dal nome di Quintino Di Vona, un professore di liceo di Milano ucciso, nel settembre 1944 dalle Brigate nere. A Nova sono 36 i partigiani armati. Nel 1944, la "Di Vona" può contare su 117 uomini. Spesso le riunioni sono tenute nei ►cascinotti dei fratelli Enrico e Luigi Erba (fra Nova e Desio), dei fratelli Enrico e Felice ►Beretta (nei campi attorno a via Zara), di Enrico Mattavelli (nella zona fra la Cava e l'odierna via Brodolini) e in Cortaccia nel cascinotto di Emilio e Mario ►Vanzati. Riunioni si tenevano anche nelle osterie di Pompeo ►Elli (in via Garibaldi, cap. 1), di Pietro ►Sironi (piazzetta Moronini, cap 1) e di Alessandro Restelli (*Restelin*), in via San Michele al Carso. Vedi anche ►4 strade e ►acquedotto. La nostra zona era definita "Bassa Brianza" e, complessivamente, operarono nella zona 12 Brigate ►Garibaldi, 6 della ►Matteotti, 10 Brigate del ►Popolo (cattolici), 3 Brigate del ►Fronte della Gioventù, 1 della ►Ippocampo (liberali), 1 della Brigata ►Giustizia e Libertà e 1 della ►Mameli-Mazzini. In totale, 34 brigate con circa 8.500 aderenti.

partigiani caduti – Il bilancio del sacrificio dei partigiani per liberare l'Italia è terribile: 46 mila partigiani morti, 21 mila feriti e mutilati, 30 mila caduti nei movimenti di Liberazione all'estero, 33 mila militari morti nei lager nazisti, 8 mila i deportati politici uccisi dai nazisti nei campi di eliminazione, 10 mila soldati italiani caduti combattendo a fianco degli Alleati.

Partito nazionale fascista – La sezione novese, viene fondata subito dopo la marcia su Roma, nel 1922.

per non dimenticare – Il progetto fra Nova e il Comune di Bolzano è più correttamente scritto "*... per non dimenticare*".

Nato nel 1993, il progetto è un percorso che, nel corso dei decenni, ha prodotto e raccolto migliaia di filmati, testimonianze, interviste sui lager nazisti (200 video testimonianze per circa 250 ore di girato). Un settore è stato dedicato alla scuola con progetti specifici e viaggi-studio. Il progetto vanta una collaborazione con la Rai che ha trasmesso 50 videointerviste nonché "La ►memoria in rassegna", convegni e mostre.

Poldelmengo, Enrico – Nato a Vittorio Veneto (Tv) il 3 novembre 1910, abita a Nova e lavora come operaio alla Gerli di Cusano Milanino. Partigiano combattente, Poldelmengo si è sempre distinto in diverse azioni anche nei paesi vicini. Il 26 aprile 1945 quando alle ►4 strade i partigiani novesi bloccano una colonna tedesca e questa sta riuscendo a forzare il blocco partigiano, si sposta, da solo, in viale Rimembranze e tenta di prenderli alle spalle. Esaurite le munizioni, viene colpito a morte. Il suo corpo verrà trovato tre giorni dopo. Quando muore ha 35 anni ed è sposato con Jolanda Stopazzoli. Il Comune, ha dedicato a lui una via.

Popolo, Brigate del – Formazione d'ispirazione cattolica e democristiana, si formano nell'estate del 1944. A Nova non erano presenti organizzativamente, ma erano radicati, soprattutto, a Varedo. La brigata si è sciolta l'8 maggio 1945. (Vedi ►partigiani).

prezzi prima e dopo guerra 1914-1918 – Come sempre i prezzi dei generi alimentari, con la guerra, aumentano e ci guadagnano solo gli speculatori. La farina, ad esempio, da lire 0,28 passa a lire 0,42; la legna da 3,60 lire al quintale passa a 5,60 lire; il carbone da 5,50 lire al quintale a 20 lire; il pane da 0,40 a lire 0,52. Dal giugno 1914 al febbraio 1917, l'aumento generale del costo della vita è stato del 58,69 per cento.

Riboldi, Enrico – Nasce a Paderno Dugnano (Mb) il 14 maggio 1925. Partigiano combattente diventa punto di riferimento per tanti giovani che hanno scelto di combattere contro i nazifascisti. Col nome di battaglia "Lecce", il Comitato di Liberazione Nazionale da Nova lo trasferisce alla 527ª Brigata "Luigi Clerici" che opera nel Comasco. Il 22 dicembre in località Sala Comacina, c'è uno scontro a fuoco fra fascisti e partigiani. Nello scontro moriranno quattro partigiani e due restarono feriti, 22 gli arrestati e, fra questi, Enrico Riboldi. Il 29 dicembre il Tribunale speciale fascista commina cinque condanne a morte mediante fucilazione e una cinquantina di anni di carcere per gli altri fra cui, appunto, Enrico Riboldi, condannato a 24 anni. È morto il 24 febbraio 1978.

rifugiati – A Nova ci sono una ventina di cittadini stranieri in attesa di ricevere lo status di rifugiato. Le coordina un responsabile italiano. Abitano in via Piave e le spese per il loro mantenimento e per il personale che li accompagna, non sono a carico del Comune ma dello Stato e della Comunità europea. Il comune li ha utilizzati nell'ambito dei lavori socialmente utili.

Sap, Squadre d'azione patriottica – Formazioni partigiane che agirono, soprattutto, nelle fabbriche, dal 1943 in avanti. Alcuni partigiani novesi operarono in queste squadre che nei giorni della Liberazione affiancarono i ►Gap.

Scuratti, Amedeo – È nato a Nova Milanese il 19 settembre 1899. Operaio alla Pirelli di Sesto San Giovanni, viene arrestato dai fascisti nell'aprile del 1944 accusato di attività antifascista all'interno della fabbrica. Sposato con Silvia Castelletti, ha 55 anni e due figli e abita in via S. Sebastiano, 1. Viene portato prima nel carcere milanese di San Vittore e poi, il 24 giugno 1944, inviato nel campo di ►Mauthausen in Austria (matricola n. 765739) e mandato a lavorare nelle cave di ►Gusen II che distano dal campo 5 chilometri. Muore alle 21 di domenica 12 febbraio 1944. Il Comune ha dedicato a lui una via.

servizio civile – Una volta erano gli ►obiettori di coscienza alla leva militare; oggi questa scelta la possono esplicare tutti i cittadini, maschi o femmine, tra i 18 e i 28 anni per una durata di 12 mesi. Il guadagno mensile netto è di 433,80 euro. Il nostro Comune ne ha due, utilizzati in Biblioteca. Per informazioni, tel. 0362 37.4274.

sfollati – Con i bombardamenti degli alleati a Milano (il primo il 24 ottobre 1942), migliaia di sfollati raggiungono i nostri paesi. In Brianza ce ne sono fra i 60 e 70 mila.

sirena – Durante l'ultima guerra, a Nova, c'erano due sirene d'allarme che suonavano quando gli Alleati bombardavano. Nel 1943, una sirena era sopra la terrazza del ►Municipio (cap. 2) di via Madonnina e una alla ►Briantea (cap. 4). Era la Prefettura di Milano, a mezzo telefono, che avvisava dei bombardamenti. Nel 1945, a Nova, il personale incaricato a ricevere il segnale d'allarme erano gli impiegati comunali Marcello Riva e Fernanda Centemeri. Materialmente, è la guardia municipale, Salvatore Todaro, ad azionare l'allarme.

Sironi, Mario – È nato a Nova il 3 luglio 1925, partigiano e operaio, viene arrestato dai fascisti a seguito di una spiata nella notte del 24 novembre 1944. Quando questo avviene, Mario ha 19 anni e abita, con la famiglia, nel cortile dei "moronini" in via Madonnina, 5. Viene portato dapprima al comando tedesco di Monza dove viene torturato e poi inviato al campo di sterminio di ►Flossenburg, vicino alla frontiera con la Cecoslovacchia il 25 gennaio 1945. Con lui ci sono altri due partigiani di Nova, Bacio ►Capuzzo e Giovanni Frigerio. Sironi (matricola n. 43768) morirà, a 20 anni, di stenti e di percosse il 7 aprile 1945 nel sottocampo di Swickau pochi giorni prima di essere evacuato. Il Comune gli ha dedicato una via.

SS italiane – Era il corpo militare che esibiva sul cinturone la fibbia con il teschio incrociato dalle ossa. In Italia, il corpo è istituito nel marzo 1945 sull'esempio di quello tedesco, Il 25 aprile 1945 si ritirano a Gorgonzola e si arrendono agli Alleati.

Tribunale speciale – Il Tribunale speciale, in 16 anni di attività, comminerà 277 secoli di reclusione, 5.000 condanne e 42 esecuzioni. Il partigiano novese Enrico ►Riboldi fu condannato dal Tribunale speciale a 24 anni di carcere.

trincee – In data 1 marzo 1945, il commissario prefettizio, Ugo Belitrandi, informa la Prefettura di Milano che a Nova sono state costruite trincee anti mitragliamento. Sono costruite sulla provinciale Milano-Nova-Giussano-Erba e sulla provinciale Monza-Nova-Saronno.

Vantellini don Luigi – Nato a Varedo il 2 luglio 1902, don Luigi arriva a Nova nel 1931. Durante l'8 settembre 1943, non si risparmia per aiutare e nascondere i militari che fuggono dai rastrellamenti tedeschi e fascisti. Diventa così, per gli antifascisti cattolici novesi, un punto di riferimento importante. Fra i giovani che in quel momento scelgono l'impegno antifascista, si ricorda Francesco Seregni (morto nel settembre 1997, a 71 anni), che arrestato e detenuto a San Vittore nel novembre 1944, si salva in extremis, grazie a don Luigi, dalla deportazione a Dachau. Don Luigi Vantellini è morto a Varedo il 12 giugno 1983.

Vanzati, Mario – È nato a Nova Milanese il 27 agosto 1911. Con il fratello Emilio mette a disposizione la sua stalla in Cortaccia e il cascinotto che possiede sulla via per Desio per le prime riunioni antifasciste. Combattente nelle file dei ►Gap, durante una azione all'Arena di Milano, è arrestato grazie ad un infiltrato fascista. In quel momento ha 33 anni. Portato nella sede della "Muti" in via Rovello (dove ora c'è il Piccolo Teatro), è seviziato, poi, inviato nel campo di eliminazione di ►Mauthausen e, quindi, alle cave di ►Ebensee. Quando arriva pesa 65 chili; dopo tre mesi, quando muore, il 15 maggio 1944, solo 35. Si è sempre scritto, erroneamente, che è morto a "Zement" ma questa località non esiste. Zement, tradotto dal tedesco, significa cemento e indicava la lavorazione che Vanzati esplicava nella cava. Il Comune ha dedicato alla sua memoria una via.

viaggi-pellegrinaggi – Comune e scuole, sin dal 1997, hanno organizzato – per gli studenti novesi delle medie – viaggi-pellegrinaggi in alcuni campi di eliminazione nazisti. Più volte, nel corso degli anni, sono andati a ►Mauthausen, ►Ebensee, ►Gusen, Melk, alla Risiera di San Sabba e alla Foiba di Basovizza. Nel 2013, a Terezin. Ad ogni viaggio-pellegrinaggio partecipavano, e ancora oggi partecipano, più di 50 studenti. Spesso prima dei viaggi ci sono stati incontri con i sopravvissuti e sono stati prodotti video sul viaggio.

Villa, Giulio – È nato a Besana Brianza il 3 luglio 1926 ed abita a Nova Milanese in via Piave, 3. Partigiano combattente, nell'aprile 1944, assieme a Olivo ►Favaron, raggiunge le brigate partigiane che operano in Valgrande, nel Verbano (Piemonte). Il 18 giugno, a seguito di una controffensiva tedesca, il gruppo di Villa e Favaron è costretto a fuggire con una marcia terribile durata due giorni. Mentre tentano un difficile passaggio in montagna, il 20 giugno, sono individuati e arrestati dai tedeschi. Mentre ►Favaron è catturato e, in seguito, fucilato, Villa è dato per disperso. Il Comune ha dedicato a Giulio Villa una via.

Capitolo quarto: Economia

Economia, lavoro, sindacati, disoccupati, banche, redditi, infortuni sul lavoro

150 ore – Vedi cap. 5.

agricoltori – Nova fino alla fine del 1800 ha un'economia prettamente agricola. Poi un declino, di questo settore, lento e costante. Alla fine dell'ultima guerra mondiale questo fenomeno si acuisce: in molti abbandonano la terra per andare a lavorare nelle fabbriche, anche nei centri vicini, dando così impulso al ►pendolarismo. Nel 1951 c'erano a Nova 172 persone dedite all'agricoltura; nel 1961, si erano ridotti a 162; nel 1971 a 71 persone. Nel 2001, l'incidenza dell'occupazione nel settore agricolo è stato dell'1,4% contro il 45,8% del settore industriale. Nel 2011 diminuisce all'1% contro il 36,1% del settore industriale. Vedi anche ►gelsi, cap.2 e ►vino.

aree dismesse – Il 26 maggio 1998, il Consiglio comunale ha approvato, con voto contrario di ►Fi e ►An e l'astensione di ►Rc (vedi cap. 2), l'adesione del Comune di Nova al Consorzio Sviluppo Brianza, promosso dai Comuni di Monza, Desio, Seregno, Lissone. Altri 11 Comuni, fra cui Nova, hanno fatto parte della seconda fascia mentre 59 sono nella terza fascia. Compito del Consorzio era quello di recuperare i 300 mila metri quadri dell'area ex Autobianchi per insediare nuove aziende e creare un centro universitario. L'adesione al Consorzio è costato al Comune 15 milioni di lire.

aree ex Eca – Nel dicembre 1982, il Consiglio comunale delibera l'acquisizione di 140 mila metri quadri di aree agricole, già di proprietà dell'►Eca (cap. 2) di Milano e destinate a zona pubblica. Altri 110 mila metri quadri saranno destinati, invece, all'edilizia economica popolare. Le aree ex Eca sono cedute a 5 mila lire al metro quadro per un onere totale del Comune di 700 milioni di lire.

aree insediamento produttivo – Approvato dal Consiglio comunale del 27 ottobre 1982, le aree sono individuate fra le ditte Brill e Nova per un totale di 110 mila mq. Dette aree saranno espropriate.

artigiani 1960 – Alla fine del 1960, a Nova, le imprese artigiane iscritte all'Albo, erano 92. Fra le altre, 16 operavano nel legno e altrettanti in campo metalmeccanico, 8 le imprese artigiane edili, 5 erano presenti nel campo abbigliamento e c'erano 6 sarti per uomo.

artigiani, imprese – Secondo i dati del 2001, a Nova c'erano un totale di 629 imprese artigiane. Il settore più numeroso era quello delle costruzioni con 287 aziende artigiane. L'azienda manifatturiera era rappresentata da 159 aziende artigiane.

artigiani, occupati – In totale, nel 2001, c'erano, a Nova, 1.516 occupati nelle industrie artigianali. Il settore con più occupati è quello manifatturiero con 637 persone. Segue quello delle costruzioni con 545 dipendenti.

Autobianchi – Una delle fabbriche della zona dove maggiormente hanno lavorato i novesi. Nata nel 1955 a Desio, ha prodotto la Bianchina, la 600 Multipla, la Primula, la Panda, la A111 e A112, la Y10. È stata chiusa il 24 luglio 1992. Nel 1967, ci lavoravano più di 600 novesi.

banca – A Nova sono presenti 10 sportelli bancari, uno ogni 2.327 persone; uno ogni 951 famiglie. Nel 1998, a Nova, gli sportelli bancari erano 6. Nel 2007 e nel 2008 gli istituti bancari erano 11 per poi tornare a 10 nel 2009.

banca, la prima – Il 30 ottobre 1911, è fondata, a Nova, la Cassa rurale di Depositi e Prestiti, cassa di orientamento cattolico. Lo scopo è quello di erogare crediti ai piccoli agricoltori. Presidente, Emilio Scuratti fu Giulio; vice Angelo ►Gianotti di Carlo (vedi cap. 1). La sede era nell'attuale via Paolo Mariani, nel cortile della famiglia Lissoni. Nel 1926 apre, a Nova, uno sportello del Banco di Desio (fondato nel

1909 come Cassa rurale di Desio). Lo sportello fu aperto alla fine dell'odierna via S. Sebastiano dove c'è una lavanderia-tintoria. Vedi anche ►Cassa rurale.

Beretta, filanda – Nata alla fine del 1800, aveva sede alla Baia del Re, nell'odierna via Macciantelli nel cortile dove c'era la sala da ballo il ►Pino (cap. 2). Era una delle poche fabbriche che aveva decentrato la propria produzione, con un piccolo capannone, a Grugnotorto. Chiuderà, per dissesti finanziari nel 1915. Nella lavorazione, impiegava bambine di 5 anni come aiuto alle lavoratrici. Si lavorava anche 15 ore al giorno.

borse-lavoro – Questo servizio comunale, a Nova, comincia a funzionare negli anni Novanta ed è finalizzato al recupero di tossicodipendenti, ex carcerati, emarginati, alcolisti. L'obiettivo è quello di aiutare l'inserimento nel mondo del lavoro di persone in difficoltà. Alcuni soggetti beneficiari delle borse-lavoro, sono stati impiegate presso la cooperativa "I sommozzatori della terra" che curava il verde nel nostro paese. Oggi le borse-lavoro fanno capo al Consorzio Desio-Brianza. (Vedi ►Co-De-Bri).

Briantea, La Manifattura – Nata fra il 1910 e 1911, la Briantea ha rappresentato per i novesi "la fabbrica". Per molti anni è stata la più grande industria di Nova che assorbiva anche 400 persone, quasi tutte donne. Situata in via Villoresi, di fronte al canale, si produceva la filatura di lino, canapa e cotone. Nel corso degli anni, anche asciugamani, salviette, pannolini, bavaglini. Nel 1916, il direttore Luigi Silvera diventa unico proprietario della ditta. In quel momento, alla Briantea, ci sono 170 telai meccanici e 170 dipendenti. Nel 1919, nel corso di uno sciopero, Achille Grandi (nato a Como il 24 agosto 1883 e morto a Desio il 28 settembre 1946, uno degli artefici dell'unità sindacale) verrà alla Briantea a tenere un comizio (un altro sciopero era avvenuto nel 1918). Nei primi anni Venti, ci lavorano 200 persone. Nel 1925 e nel 1927, in pieno fascismo, le maestranze si fermano contro i ventilati licenziamenti. In particolare, il 10 maggio 1927 sui 360 dipendenti si fermano in 190 in solidarietà nei confronti di un'operaia licenziata per motivi disciplinari. Saranno tutte denunciate. Dopo varie crisi, nel 1972 la vendita all'asta dell'azienda e nel 1974, la chiusura definitiva. Al posto della Briantea un condominio e, in parte, il nuovo ►Municipio (cap. 2). Oggi sulla via per Cinisello, c'è la Gabel che dopo un'attività di confezione di prodotti di spugna, gestisce uno spaccio aziendale di biancheria per la casa.

Caaf, Centro autorizzato di assistenza fiscale – Con questo termine, in genere, si indicano le strutture sindacali come quelli della Cisl, della Uil e della Cgil, Sono sportelli istituiti per aiutare lavoratori e pensionati a risolvere i problemi e le incombenze di natura fiscale e dichiarazione dei redditi. A Nova si può fare riferimento alla ►Cdl, via Togliatti, 6. Telefono 0362 45.1130 oppure 039 27.31610.

Caam, Consorzio area alto milanese – È una struttura pubblica cui aderiscono 14 Comuni della zona fra cui Nova. La finalità è quella di mettere in contatto domanda ed offerta di lavoro. La sede centrale è a Cesano Maderno, via De Gasperi, 2/a. Per informazioni, tel. 0362 54.1925. Email: centrolavoro@caam.mi.it. Anche se non collegato ma integrato con il Caam, Nova può fare riferimento a Punto Lavoro, presso la ►Biblioteca civica (cap. 5) a ►Villa Brivio (cap. 2). Tel. 333 19.53193.

Caf, Centro di assistenza fiscale – Sono uffici formati da soggetti privati, legalmente abilitati alla professione di avvocato, consulente del lavoro, dottore commercialista, ragioniere e perito commerciale, regolarmente iscritti ai rispettivi Albi professionali che svolgono attività di assistenza fiscale. A Nova si può far riferimento, per questo servizio, al Caf Acli di via Vigorelli, 5. Telefono: 0362 36.4485.

Caimi Brevetti – Da circa 70 anni esiste a Nova la Caimi Brevetti, oggi in via Brodolini. Come molte piccole aziende del tempo, nasce per la pervicacia dei fondatori che cominciano a lavorare la sera, dopo il normale orario di lavoro in altre aziende. Nasce come Pentolux fondata dai fratelli Mario e Renato Caimi che in quel momento è un dirigente dell'Autobianchi di Desio. Nel corso degli anni, innumerevoli i brevetti della Caimi, cominciando dalla caffettiera con la chiusura a molle e la *schiscetta*. Oggi è proiettata a livello internazionale e alla direzione dell'azienda provvedono i quattro figli di Renato Caimi, personaggio ben noto nella società novese per essere stato presidente della ►Mutua Enrico Toti, presidente della ►Croce Rossa (cap. 7), fondatore dell'Associazione artigiani (oggi ►Confartigianato) e cofondatore degli ►Amici dell'Arte (cap. 5) e nominato Cavaliere del lavoro. La Caimi Brevetti, nel corso degli anni, ha ricevuto numerosi premi internazionali tra i quali due "Compasso d'oro", premio di design a livello internazionale, il premio International CES Innovations Design and Engeenering Awards (Usa), tre German Design Award, il Trophée de l'Innovation (France) e il Premio DesignEuropa (Euipo, Ufficio dell'Unione Europea per la proprietà intellettuale). Collabora con diverse università e ultimamente l'azienda (che nel 2016 aveva un fatturato di 13.084.119 euro e una trentina di dipendenti), ha diretto le proprie ricerche scientifiche e tecnologiche, al settore del benessere acustico, brevettando un materiale e una tecnologia fonoassorbente, "Snowsound", con caratteristiche prestazionali molto elevate.

Cassa depositi e prestiti – È gestita da una società per azioni controllata per circa l'83% dal ministero dell'Economia e delle Finanze e per il 17% circa da diverse fondazioni bancarie. Fondata nel 1850 serve, in particolare, al finanziamento delle opere degli Enti locali in genere.

Cassa rurale di Depositi e Prestiti – In Italia si diffusero alla fine del 1800 e servivano ad erogare crediti ai piccoli agricoltori. Nel 1936 il fascismo cambiò loro nome e si chiamarono Casse rurali ed artigiane, Negli anni Sessanta del secolo scorso, Banche di credito cooperativo. A Nova viene fondata il 30 ottobre 1911 (vedi ►banca, la prima).

CdL, Camera del Lavoro – La prima a sorgere fu a Milano, nel 1891. A Monza, due anni dopo, nel 1893 e parteciparono anche i socialisti e i muratori di Nova. All'inizio era unitaria. Poi, per divergenze, i cattolici abbandonarono l'organizzazione. A Nova, dal 2012, ha sede presso il ►Centro sociale Togliatti, in via Togliatti, 6 (cap. 2). È sede dello ►Spi, Sindacato pensionati italiani, del Patronato Inca-Cgil, ►Caaf e Federconsumatori. Per informazioni, tel. 0362 45.1130.

Centro per l'impiego – Sono strutture pubbliche coordinate dalle Regioni che favoriscono, sul territorio, l'incontro tra domanda e offerta di lavoro e attuano iniziative e interventi di politiche attive in campo lavorativo. Le strutture sono rivolte ai cittadini disoccupati e a rischio disoccupazione, nonché ai lavoratori occupati in cerca di nuova occupazione. I Cpi svolgono anche attività amministrative. Nova fa parte dell'Ufficio di Cesano Maderno, via De Gasperi, 2/a, tel. 0362 54.1925. Vedi anche ►Caam.

CoDeBri, Consorzio Desio-Brianza – Il Consorzio è un ente pubblico che si occupa di Formazione professionale, di orientamento e dei servizi al lavoro, compresi quelli per persone con disabilità. Gestisce quattro Centri diurni per disabili, una Comunità socio-sanitaria per disabili e il servizio ►Sid (Servizio integrazione disabili nelle scuole del territorio e di Assistenza domiciliare). Punto di riferimento fondamentale per il territorio, il Consorzio si preoccupa di migliorare continuamente strutture e strumenti, nonché l'aggiornamento degli operatori. È a Desio, in via Lombardia, 59. Tel. 0362 39.171. (Vedi anche voce sotto).

CoDeBri, corsi – Al Consorzio Desio-Brianza, finanziati dal Fse (Fondo sociale europeo), si tengono corsi di informatica di base, per assistente familiare, per assistente alle vendite, per saldatori, per addetti alla fresatura e tornitura, per addetti alle pulizie e per centralinisti. Alla fine dei corsi, coloro che hanno frequentato possono farsi rilasciare un "Attestato di competenza regionale". I corsi sono gratuiti e possono iscriversi tutti coloro che hanno compiuto 18 anni, sia italiani che stranieri con regolare permesso di soggiorno. Informazioni allo 0362 39.171, viale Lombardia, 59, Desio.

collocamento, ufficio di – Dal 1997, i vecchi *Uffici di collocamento* sono stati sostituiti dal Centro per l'Impiego. A Nova per tutti gli anni '60 del secolo scorso, l'ufficio del collocamento era nel vecchio ►Municipio (cap. 2) di via Madonnina. Nel 1978, in via Veneto poi a Desio. Vedi ►Centro per l'impiego, ►Caam e ►Punto lavoro.

commercianti, Associazione – Oggi non esiste più ma nel 1980 questa associazione, che aderiva alla Confcommercio, aveva 106 commercianti novesi iscritti. Il presidente era Loredano

Fugazzi. Nel corso degli anni hanno diretto l'associazione anche Silvio Francescon, Annamaria Molteni e Pietro Ghidotti. Oggi c'è l'Associazione commercianti Nova Eventi che organizza diverse manifestazioni e eventi così da rigenerare il piccolo commercio. La presidente dell'associazione commercianti di Nova è Ornella Morlacchi.

commercio, Commissione del – Nel 1926 si nomina la Commissione comunale per la disciplina del commercio. Oltre al podestà, Achille ►Prada, sono nominati Felino ►Lissoni, Renzo Pirovano, Giuseppe ►Beretta, Silvio Boselli (medico). Per gli ambulanti, il podestà Prada, Lissoni, Pirovano, Silvio Valtorta, Mario Rutili. Nel periodo postbellico, nel 1956, viene eletta dal Consiglio comunale una delle prime commissioni, quella del commercio fisso. I commissari erano Rinaldo Villa, Giuseppe Merati, Carlo ►Seruggia, Costante Angioletti. (Per i consiglieri vedi cap. 1).

Confartigianato – Nel 1968 nasce, per opera di Renato Caimi, l'Apa, associazione piccole aziende. Oltre a Caimi, ci sono Michelangelo Micciché e Giannino Novati. Si iscrivono 430 artigiani e l'associazione ha il compito di abituare la categoria all'associazionismo. Nel 1980, si trasforma in Confartigianato, fondata in Italia nel 1946. Il presidente, sino al 1988, è stato Giannino ►Novati (cap. 1). Per informazioni, via Enrico Berlinguer, 2. Tel. 0362 45.0544.

Confesercenti – A Nova ha cominciato ad operare nel settembre 1997 con l'adesione di 40 esercenti novesi i quali pagavano una tessera annua associativa di 150 mila lire. Aveva sede in via Foscolo. Oggi non esiste più.

consorzi con partecipazione azionaria – Il Comune di Nova fa parte di una serie di società e consorzi con partecipazioni azionarie pagando quote annuali. Queste le **società**: Alto Lambro Servizi Idrici SpA, nessun onere e il 4% di partecipazione; Azienda Comunale Servizi Azienda Speciale, oneri finanziari 4.980 euro, 100% di partecipazione; Azienda Servizi Multisettoriali Lombarda Spa, nessun onere e partecipazione al 4,7%; Brianza Energia Ambiente SpA, 802.787 euro di oneri finanziari e una partecipazione del 7,3%; Cap Holding SpA, nessun onere e lo 0,8% di partecipazione; Compagnia Trasporti Nord Milano Spa, nessun onere e l'1,1% di partecipazione azionaria; Sviluppo Brianza - Agenzia per la Qualità Produttiva e Sociale del Territorio Scarl, oneri finanziari 12.310 euro, 3,5% di partecipazione. Questi i **consorzi**: Consorzio Area Alto Milanese, oneri finanziari per 28.599 euro, 6,3% di partecipazione; Consorzio Desio Brianza, oneri finanziari 340.000 euro, 16% di partecipazione; Consorzio del Parco Grugnotorto Villoresi, oneri finanziari 17.030

euro, 13,1% di partecipazione azionaria.

Consorzio Nord Milano per lo smaltimento dei rifiuti solidi urbani – Il forno d'incenerimento è a Desio, in via Agnesi, 272. Il Consorzio è stato istituito il 29 ottobre 1964 fra i Comuni di Desio, Bovisio, Cesano, Muggiò, Seveso e Varedo. Nel 1969 aderisce al Consorzio anche Nova e oggi i comuni consorziati sono 11 e 17 quelli convenzionati. Attualmente, alla guida del Consorzio c'è Daniela Mazzuconi (ex parlamentare della ►Dc e poi senatrice del ►Pd). Nel consiglio d'amministrazione non c'è nessuno di Nova. Nel passato, un novese, Silvio ►Boselli (cap. 1), è stato presidente del Consorzio. Si è dimesso nel 2015. Nel 1990, Vittorino ►Zanaga (cap. 1), ha fatto parte del direttivo. Nel 1993 sono stati bruciati nel forno 77.157 tonnellate di rifiuti solidi. A fine 2013 se ne bruciavano 80 mila. Vedi anche ►discarica e ►raccolta differenziata.

De Ponti, tessitura – Sembra abbia funzionato dalla fine del 1800 al 1911. Aveva sede nel cortile della chiesa con entrata da via Madonnina, 2. Una parte della produzione era stata decentrata a Grugnotorto. Ai telai lavoravano solo uomini. Quando la fabbrica chiude, i telai della De Ponti sono acquistati dalla Briantea.

depositi bancari – Vedi cap. 8.

dichiarazioni Irpef, numero – Nel 2016 (dichiarazione 2015), 3.118 novesi (il 19,45%) hanno presentato il Modello Unico per un reddito complessivo medio di 27.098,05 euro; 8.302 cittadini (il 51,67%) hanno presentato il Modello 730 per un reddito complessivo medio di 25.078,52 euro; 4.647 novesi (28,92%) hanno presentato il Modello 770 per un reddito complessivo medio di 13.164,96 euro. (vedi anche ►redditi).

filande – A Nova hanno lavorato, soprattutto, cinque filande. La più vecchia risale al 1858, situata in quella che oggi è ►Villa Brivio (cap. 2). Le altre sono la ►Beretta alla Baia del Re (nel maggio 1919 avverrà in questa filanda uno sciopero importante per migliori condizioni di vita), ora via Macciantelli (dove un tempo c'era la famosa sala da ballo il ►Pino, cap. 2), la ►De Ponti, vicino alla parrocchia, in via Madonnina, chiusa nel 1911, la ►Tessitura Lombarda Lino e Canapa dei fratelli Zorloni, a San Bernardo (nel 1918 era avvenuto uno sciopero in questa filanda) e la ►Briantea. La paga era, nel 1896, di una lira e 80 centesimi se lavoratrice donna, 2 lire e 50, se uomo, per 16 ore al giorno di lavoro. Un chilo di pane costava, nell'aprile 1897, ben 37 centesimi; nel 1898, 47 centesimi. Nel 1903, nelle cooperative dove ci sono prezzi più bassi, un litro di vino barbera costava 1 lira; un litro di petrolio, 66 centesimi; un chilo di polpa di manzo, 2 lire.

filande e tessiture – Oltre alle filande citate sopra, nel corso degli anni si sono insediate, a Nova, diverse piccole aziende che producevano maglie e filati come la Nova Tessitura (foulard), la Lissoni a San Bernardo, la Attilio Lonati in via XX Settembre, la Mangili in via Rimembranze, la Boffi in via Garibaldi e XX Settembre, la Lesa in via Marx. In via per Incirano, invece, la Tessilnotaro.

imposta di famiglia – Oggi non esiste più ma nel 1961, a Nova, l'ammontare del gettito era di 5.699.800 lire con una quota pro-capite di 530 lire. Nel 1964 si passa a 24.204.000 con una quota pro-capite di lire 1.860.

imposte e tasse – Dal 1961 al 1964, c'è un forte incremento, per il Comune, delle entrate riguardanti imposte e tasse. Si passa, dai 60 milioni di lire del 1961, ai circa 150 milioni di lire del 1964.

imposte, Commissione – Nel 1952 viene eletta la prima Commissione distrettuale delle imposte dirette. Ne fanno parte Mario Scuratti, Emilio ►Arosio, Giuseppe ►Inzaghi (cap. 1).

Impresa e lavoro, premio – La Camera di commercio di Monza ha consegnato, l'1 luglio 2018, i riconoscimenti che premiano la fedeltà dei lavoratori e delle imprese. Per quanto riguarda i lavoratori novesi, sono stati premiati Grazia Ardito, Cinzia Belinghieri, Stefano Belinghieri, Mario Brunati, Piera Cassa, Rosanna Maiolo, Sara Martoccia, Sonia Minniti, Sabrina Ragaiolo, Dina Silvana Romanato, tutti dipendenti della Ae. Cas. Srl di via Novara e Clara Marelli della Boccolini Srl di via San Martino. Fra le aziende, l'Officina meccanica Lanzani Sas di Gabriele Lanzani di via Dalmazia.

imprese – Al 31 dicembre 2017 risultano esserci, a Nova, un totale di 1.418 imprese. Nel 2011 c'erano 1.484 imprese attive con 5.688 addetti.

imprese agricole – A Nova, nel 2017, risultano esserci 13 imprese agricole.

imprese commercio – Le aziende che operano nel commercio all'ingrosso e al dettaglio e i riparatori di auto, alla fine del 2017 erano 393.

imprese costruzioni – Sono 382 le imprese che a Nova risultano nel campo delle costruzioni.

imprese finanziarie – Nel campo finanziario e assicurativo, secondo il Registro delle Imprese, nel 2017 c'erano 28 aziende che operavano in questo campo.

imprese immobiliari – Alla fine del 2017 risultano essere 88 le imprese presenti nel Registro delle Imprese che operano nel settore immobiliare.

imprese manifatturiere – Alla fine del 2017 si contavano 204 imprese manifatturiere presenti sul territorio novese.

Imu, Imposta municipale unica – Per le case di abitazione non si paga più. Si paga solo per case in categoria A/1 - A/8 - A/9. Per il 2018, l'Imu è stata fissata al 4 per mille.

infortuni sul lavoro – Nel 2017 non ci sono stati infortuni mortali sul lavoro nelle aziende novesi. Nel 1971, gli infortuni, non mortali, sono stati 260, 175 nel 1972 e nel 1973, solo nei mesi che vanno da luglio a settembre, ben 54. Nel 1974, si verificano, a Nova, 253 infortuni sul lavoro. Il 16 dicembre 1974 muore per un infortunio all'Arec, Bruno Sigretti. Lo stesso avviene per Alcide Pressotto della Worthington. Il 2 aprile 1975 avviene un infortunio all'Aem di Milano. Muoiono, bruciati dalla corrente, tre operai. L'unico che si salva è il quarto componente della squadra, Bruno ►Pinato (cap. 1), in quel momento consigliere comunale di Nova per il ►Pci (cap. 2). Nel giugno del 1982 altro morto sul lavoro. Un giovane di 20 anni, abitante in via Doria, Davide Zabatta, viene rinvenuto esanime mentre eseguiva lavori in un pozzetto di via Mazzini. In Italia, nel 2017, ci sono stati 1.029 morti sul lavoro (86 morti al mese; circa 3 morti al giorno). Sino all'aprile 2018, in Lombardia, ci sono stati 151 morti sul lavoro. Nella provincia di Monza e Brianza, nel 2018, sempre sino ad aprile, ci sono stati 2 morti sul lavoro. Nel primo trimestre 2018 sono morti 14 under 30, tre dei quali con meno di 20 anni (dati Inail).

lavoro a domicilio – A Nova, nei primi anni del 1900, si sviluppa il lavoro a domicilio che coinvolgeva non solo le donne ma anche bambini e uomini i quali integrano così i magri bilanci provenienti dall'agricoltura. Sino al 1915, si producevano frange per scialli per la ditta Targetti di Desio. Dopo il 1915, la ►Briantea dava a domicilio la lavorazione di frange per salviette. Ogni mattina le stesse lavoranti

a domicilio si recavano alla Briantea e ritiravano le salviette da lavorare che andavano riconsegnate il mattino successivo e trasportate con le carriole. Il lavoro dei nodi, i *"grup"* in dialetto, è durato sino agli anni Cinquanta del secolo scorso quando vennero introdotti gli orli cuciti a macchina. Dopo il 1950, in numerose case novesi si cominciò la lavorazione di taglio e orlatura di foulard che durò sino ai primi anni Sessanta.

Lsu, Lavori socialmente utili – S'intendono le attività che hanno per oggetto la realizzazione di opere e la fornitura di servizi da parte di disoccupati, lavoratori in mobilità, cassa integrazione guadagni straordinaria. Il Comune di Nova, nel 1997 ne aveva assunti dieci; nel 1998, dodici persone. Lo Stato versava a loro 800 mila lire al mese. Oggi non ci sono più lavoratori Lsu impegnati in Comune.

marcia per il lavoro – Viene effettuata da Cesano a Desio ed interessa sei comuni, fra cui Nova, che hanno, complessivamente, più di 12 mila iscritti alle liste di collocamento. La marcia si svolge l'8 dicembre 1985 e, in quel momento, Nova ha 700 persone iscritte alle liste di collocamento di cui il 60 per cento sono giovani.

mobili – L'industria del mobile, contrariamente a paesi vicino al nostro, non si è mai sviluppata. Eppure, nel 1878 c'era la grande falegnameria Prada e nel 1892, Nova faceva parte di un mandamento di paesi che costruivano, prevalentemente mobili e che, complessivamente occupavano più di 9 mila addetti. Nova produsse pochi mobili finiti; si concentrò, invece, su infissi e lucidatura. La massima espansione della falegnameria Prada, si ebbe nel 1960 quando vi lavoreranno 60 operai. Solo nel 1954 s'insedierà, a Nova, un'altra ditta mobiliera: la Zanotta. Nel 1979, questa ditta conterà 139 dipendenti.

modello unico, 730, 770 – Vedi numero ►dichiarazioni Irpef.

occupati e forza lavoro – Vedi cap. 8.

Patronato Cisl – A Nova ha una lunga tradizione. Nasce a metà degli anni Settanta, soprattutto per l'impegno di Giuseppina Bugatti che nel 1956 ha fatto parte della prima commissione dell'►Eca (cap. 2). Oggi, organizzativamente, non esiste più a Nova ma il punto di riferimento è comunque il Centro parrocchiale di via Giussani, 3. Per informazioni, tel. 0362 40.514.

Patronato Inca-Cgil – Vedi ►Cdl.

pendolari – Fenomeno che ha interessato soprattutto i nostri paesi dalla fine della guerra ai giorni nostri, anche se, oggi, con meno intensità causa la crisi economica. Nel 1951, la popolazione attiva, a Nova, era di 2.849 persone ma i posti di lavoro solo 928. Venti anni dopo, nel

1971, la popolazione attiva era di 6.482 persone e i posti di lavoro sul territorio novese, 3.080. Ecco, quindi, gli spostamenti a Milano, Desio, Cinisello, Sesto. Nel 1967, ogni mattina, prendevano il ►tram (cap. 2) per Milano, 1.344 lavoratori. Nel 1964, sono 3 mila i lavoratori che si recano in altri centri per lavorare. Oggi 6.443. (Vedi anche ►spostamenti, cap. 8).

Punto lavoro – Dall'1 ottobre 2017, Punto lavoro si è spostato a ►Villa Brivio (cap. 2). È uno sportello funzionante dal 2015 che non si occupa solo di orientare e informare sulle opportunità lavorative, ma anche di supporto nella ricerca del lavoro con incontri formativi di gruppo. La gestione del Punto lavoro è affidata al Consorzio Desio-Brianza (vedi ►CoDeBri, cap. 2). Per informazioni, tel. 333 195.3193. Email: puntolavoro@-novamilanese.it

redditi Irpef 2001-2015 – Il reddito medio dichiarato a Nova,

nel 2001, è stato di 16.956 euro; nel 2015, 15.918 euro. Il reddito medio più alto dichiarato è stato (a parte il 2011), nel 2007, 16.450. Per quanto riguarda il 2001, la fascia più alta è quella che va dalle 15 ai 26 mila euro: l'importo complessivo è di 103.240.357 euro. Solo 53 persone dichiarano redditi oltre 120 mila euro. (Vedi numero ►dichiarazioni Irpef).

redditi Irpef 2016 – Nel 2016 (dichiarazione redditi 2015) il reddito medio dei dipendenti, a Nova, è stato di 27.864. I pensionati hanno dichiarato in media 19.426 euro. I lavoratori autonomi, 33.396. (Vedi numero ►dichiarazioni Irpef).

redditi lavoro autonomo – Fra i lavoratori autonomi, per quanto riguarda la fascia che va da zero a mille euro, sono solo 2 con una media di 85,50 euro. La fascia con più dichiaranti è quella che va da 29 a 35 mila euro. Sono 23 persone con una media di 23.272,91 euro. Sono 2, invece, le persone che stanno nella fascia dai 70 ai 75.000 euro con una media di 48.877,00. Un novese lo troviamo nella fascia che va da 200 a 300 mila euro (media: 134.229 e 2 persone oltre i 300 mila euro con una media di 333.162,50 euro. (Vedi numero ►dichiarazioni Irpef).

redditi lavoro dipendente – Nel 2016, nella fascia di reddito che va da zero a mille euro, 225 lavoratori dipendenti novesi, hanno dichiarato un reddito complessivo di 105.222 euro, vale a dire una media di 467,65 euro. Per i redditi da 15 mila euro sino a 20 mila, 1.253 lavoratori con una media di 16.973,22 euro. In 5 hanno dichiarato oltre 300 mila euro. Si tratta di una media di 351.131,00 euro. (Vedi numero ►dichiarazioni Irpef).

redditi pensione – Nella fascia che va da zero a mille euro ci sono presenti 26 novesi. In pratica ricevono una pensione di 561,81 euro. Nella fascia che va da 20 a 26 mila euro, ci sono 1.048 pensionati che ricevono una media di 20.992,62 euro. Nella fascia che va da 29 a 35 mila euro, ci sono 366 persone che ricevono in media 27.227,32 euro; nella fascia che va da 70 a 75 mila euro ci sono 11 persone che ricevono in media 39.477,91 euro l'anno. Solo 2 pensionati novesi dichiarano di percepire oltre i 300 mila euro. Una media di 131.178 euro. (Vedi numero ►dichiarazioni Irpef).

reddito 1965 – Vedi cap. 8.

Sil, Servizio integrazione lavorativa – È un servizio consortile cui partecipa anche il Comune di Nova. In tutto, i comuni consorziati sono 6 e fanno capo al Consorzio Desio-Brianza (vedi ►CoDeBri) che nasce come Consorzio di comuni nel 1982, su iniziativa dei Comuni di Bovisio Masciago, Cesano Maderno, Desio, Nova Milanese, Muggiò e Varedo, oggi con una popolazione di oltre 150.000 unità. L'attività del Consorzio è diretta però ad altri dieci comuni della zona. Il Sil è rivolto ai minori disagiati che necessitano di un inserimento protetto in alcune comunità. Agisce di concerto con il settore orientamento scolastico che assegna anche borse-lavoro a ragazzi disabili dopo la terza media. Per informazioni, Consorzio Desio Brianza, via Lombardia, 59, Desio. Tel. 0362 39.171.

Spi, Sindacato pensionati italiani – Il sindacato viene fondato nell'ottobre 1948 e oggi rappresenta l'organizzazione più numerosa fra i pensionati italiani: circa 3 milioni di iscritti. A Nova la sede dello Spi è presso la ►Cdl, in via Togliatti, 6. Dopo la morte di Anna Svaluto, il 15 giugno 2016, il responsabile è Dino Ferretti. Allo Spi-Cgil di Nova sono iscritti 757 pensionati i quali pagano una tessera annuale secondo il proprio reddito pensionistico. Per informazioni, telefono 039 273.1610, oppure 0362 45.0173, Email: SPINova@cgil.lombardia.it

Tari – È l'imposta che dall'1 gennaio 2014 ha sostituito la Tares, il tributo sui rifiuti e servizi che tutti i proprietari di casa debbono pagare e che va a coprire e a finanziare le spese che il comune effettua per la raccolta e lo smaltimento dei rifiuti. Le tariffe 2018 del Comune di Nova sono composte da una quota fissa in base al numero delle persone del nucleo familiare e una quota variabile per nucleo familiare. Una famiglia composta da tre persone paga una quota fissa di euro 1,14 per mq. ogni persona e una variabile di 80,33 euro l'anno per nucleo familiare. Una famiglia di 4 persone, euro 1,23 (quota fissa) e 101,28 euro (quota variabile).

Tassa su vetture e domestici – Nel 1873, il sindaco Gerolamo Pogliani, moderato, applica una tassa sulle *"vetture a 4 ruote e due cavalli o 4 ruote e un solo cavallo"* di 10 lire. Se hanno un domestico, 5 lire, se una domestica, 3 lire. Sono esentati, si legge nella delibera, i membri della famiglia reale.

Tessitura per Lino e Canapa – Una delle più vecchie fabbriche di Nova, nata nel 1800 e chiusa nel 1961, con sede a San Bernardo. Chiamata comunemente la Zorloni, dal nome dei proprietari (Giuseppe e Gerolamo Zorloni), la tessitura ha impiegato, nella lavorazione, bambine al di sotto dei 12 anni e prima del 1915 si facevano 11 ore al giorno di lavoro (vedi anche ►filande). Nel corso degli anni, non raggiungerà mai i 100 dipendenti. Gerolamo Zorloni è stato, nel 1937, centurione della milizia fascista e direttore del corso premilitare fascista di Nova. Giuseppe Zorloni, assieme ad altri, è stato uno dei fondatori della ►Cooperativa dell'energia elettrica di Nova Milanese (cap. 2).

Touring – La Carrozzeria superleggera Touring s'insedia, a Nova, nei primissimi anni Sessanta del secolo scorso, ma già nel 1965 si comincia a parlare di crisi dell'azienda. In quel momento ci lavorano 282 persone, in maggioranza novesi (ma è arrivata ad avere anche 403 dipendenti). La Touring lavorava per diverse aziende automobilistiche ed aveva sede in via per Incirano, 26, dove, nel 1971, si insedierà la ditta Brill (sembra abbia carrozzato la prima auto della serie di film di James Bond). La Touring chiuderà nel 1967. La Brill, nel 1979, occupava 268 dipendenti. Oggi, al suo posto, la Brill Manitoba con prodotti chimico industriali.

Unità locali – Dal 1961 al 1971 il maggior incremento di aziende e occupati lo abbiamo nel settore meccanico con 77 industrie e 1.115 occupati, in quello chimico con 451 occupati mentre il tessile diminuisce a 231 occupati. (Nel 1964, i metalmeccanici novesi erano 736). La maggiore impresa sul territorio novese è la Meroni che nel 1978 raggiunge i 150 lavoratori, la Nova Metalmeccanica con 126 addetti, la

Carte, Filim e Gaami con addetti che vanno dalle 50 alle 90 persone. Nel settore chimico la maggiore è la Brill. (Vedi ►Touring). Nel 2016, risultano esserci 1.568 unità locali per un totale di addetti di 6.033 persone.

vino – La produzione di vino, a Nova, comincia fra il 1500 e il 1600. I contadini producono il *clinto* (*clinton*) e il *pincianell*, due vini di non grande pregio e gradazione ma amabili per il palato. Erano piuttosto famosi tanto che anche Carlo Porta parla di questi vini e cita Nova: "*Quello di Vedano? Ah che vin, pader abaa, limped, viv e savorii! Quel sinzer e piccat de Casal, / quij cordial de Canonega e Oren, / quij mostos, nett' e s'cett e salaa / de Suigh, de Biasson, de Casaa, / de Bust piccol, Biscaa, Parabiagh, / de Mombell, de Cassan, de Noeuva e de Des...*". Dopo il 1860, con la terribile fillossera che inaridisce la vite, è la fine di questa produzione.

Zorloni, tessitura – Vedi ►Tessitura per Lino e Canapa.

Capitolo quinto: Scuola e Associazionismo

Associazionismo
cultura
informazione
scuole

150 ore – L'istituto delle 150 ore, nasce nel 1973 sull'onda del rinnovato contratto dei metalmeccanici e prevedeva il diritto dei lavoratori ad avere permessi di studio retribuiti per il conseguimento della licenza elementare e media, ma era diretto anche a casalinghe, pensionati, disoccupati. A Nova, le lezioni furono tenute da un gruppo di giovani volontari particolarmente legati all'esperienza del ►Nuovo Umanesimo (Luigino Rossi, Mariarosa Merati, Monica Merati, Monica Borgia, i fratelli Angelo e Elio ►Sala (per Angelo ed Elio Sala vedi cap. 1), Gianni Perfetti, Ottavia Chiari, Egidia Marelli) ben prima dell'entrata in vigore della legge. I corsi duravano 9 mesi: 3 ore al giorno, dal lunedì al venerdì. I giovani insegnanti che tenevano i corsi, non erano retribuiti.

5 buone forchette, Associazione calcio – L'Associazione calcio 5 buone forchette, nasce nel 1992. Gli atleti della squadra "a 5", si allenavano nella palestra di via Grandi. Il responsabile era Fabio ►Bertolini (cap. 1). Oggi non esiste più.

acquisto solidale, Gruppo di – È un gruppo ambientalista di Nova che acquista all'ingrosso prodotti alimentari solitamente di produzione biologica o eco compatibile (rispettosi dell'ambiente e dei lavoratori) da ridistribuire fra i soci. Sono privilegiati negli acquisti i piccoli produttori che forniscono i prodotti nel rispetto dell'ambiente, i popoli del Sud del mondo e coloro che, a causa dell'ingiusta ripartizione delle ricchezze, subiscono le conseguenze inique di questo modello di sviluppo. Per informazioni, Franca Bianchi, tel. 389 192210.

Agdn, Associazione giovani diabetici novesi – Vedi cap. 7.

Aido, Associazione italiana donatori organi – Vedi cap. 7.

alpini, Associazione nazionale – A Nova nasce nel 1969 e, attualmente, ha come capogruppo protempore Graziano Rozzoni. In campo nazionale, invece, l'associazione è stata costituita, da un gruppo di reduci, al termine della prima guerra mondiale, l'8 luglio 1919, a Milano. Vari i campi d'intervento dell'associazione fra cui, importantissima, quella della Protezione civile. A Nova, dal 1988, per tantissimi anni, hanno pulito l'alveo del canale Villoresi. Altrettanto importante il restauro, compiuto dal maestro Vittorio ►Viviani, (vedi cap. 2) apportato alla fine del 1994, di un affresco trecentesco nella chiesa di Grugnotorto. Oggi all'associazione sono iscritti 46 alpini e 18 aggregati. La tessera costa 25 euro l'anno. La sede è in via Giussani, 30. Per informazioni tel. 347 96.19390. Email: grazianorozzoni@libero.it

Amici dell'Arte – Associazione culturale costituitasi nel 1972 e fondata da Renato Caimi, Carlo Solaro, Gianna Villa, Pietro Baldo e Franco Cavallari. Compito del Gruppo Amici dell'Arte è quello dell'allestimento di mostre collettive e personali nonché stimolare le potenziali risorse artistiche, culturali e umane presenti a Nova Milanese. Nel 1989, su invito di don Rainaldo ►Grassi (vedi cap.6), Olga Sozzani Sala e Achille ►Quarello (cap. 1), rifondano il Gruppo Amici dell'Arte composto tutto da pittori e operante presso il ►Centro parrocchiale. Alla morte di don Rainaldo Grassi, il Gruppo Amici dell'Arte si sposta presso la ►Lap di Vittorio Viviani. Oggi hanno sede presso la scuola "Segantini" di via Leonardo da Vinci. Attualmente aderiscono al gruppo culturale una ventina di persone le quali pagano una tessera di 25 euro. La responsabile del gruppo è Olga Sozzani Sala. Per informazioni: tel. 0362 41.248, Email: olga.sozzani@gmail.com

Amico in Famiglia, L' – Vedi cap. 6.

Arci, Associazione ricreativa culturale italiana – Nasce a Firenze nel marzo 1957 e oggi è la più grande associazione italiana con più di un milione d'iscritti e sei mila circoli. A Nova viene fondata nel 1980 e nell'aprile 1981 comincia a gestire le attività che nasceranno al Centro Sociale Togliatti, in via Togliatti, 6. Il circolo Arci di Nova è titolato ad Enrico ►Rossi morto l'11 febbraio 2008 (vedi cap. 1). Si tengono corsi di ballo latino-americano, danze popolari, danza orientale/pilates, liscio, corsi di yoga e benessere, ginnastica, lingue, psicomotricità, laboratori. Spesso l'Arci, nei suoi locali, presenta personali di pittori e libri e organizza visite guidate nei musei milanesi. Dal 1990, per alcuni anni, ha organizzato anche un concorso internazionale di pianoforte e chitarra. Nell'ambito del premio Bice ►Bugatti, l'Arci assegna, ogni anno, il Premio città di Nova di pittura. Presidente dell'Arci Nova è Enrica ►Ruscelli

(cap. 1). La tessera d'iscrizione annuale costa 12 euro. Attualmente sono iscritti all'Arci Nova 780 persone. (Vedi ►Centro sociale Togliatti, cap. 2). Per informazioni, 0362 45.0173. Email: arcinovam@tin.it

area sosta – È dall'aprile 2005 che esiste un'area sosta attrezzata e gratuita a Nova Milanese per i camper. È in via Brodolini ed è gestita dal Gruppo ►campeggiatori itineranti. L'intera area (che comprende anche il parcheggio per le auto) è costata al Comune 183 mila euro. Per informazioni, tel. 0362 41.588.

asilo nido comunale – Inizia ad operare nel 1979. Ha sede in via Togliatti, 3 e può ospitare sino ad un massimo di 60 bambini, dai 6 mesi di vita ai 3 anni. La superficie dell'asilo, compresa la cucina, la sala medica, fasciatoio, lavanderia e alcuni uffici amministrativi, sviluppa 600 mq. Il costo della costruzione, per il Comune, è stato di 556 milioni di cui 341 milioni di vari contributi. Oggi si chiama Nido d'infanzia comunale Pollicino e funziona dalle 7,30 alle 18. Oltre alle educatrici, è presente anche una psicologa. Per informazioni, Tel. 0362 37.4274.

Assist Sport Team – L'associazione nasce a Nova nel 1997 soprattutto per merito di Armando (Giovanni) Spreafico. Opera nel campo sportivo nei confronti dei disabili con diverse specialità sportive quali il basket, il nuoto e l'atletica leggera. Col tempo si sono aggiunte sci, equitazione, ciclismo, hand bike, atletica, tennis. (**L'associazione non ha mai risposto alla richiesta di dati**).

Associazioni genitori – Nata negli anni Settanta, l'associazione ha operato, soprattutto, per abolire i doppi turni nelle scuole e sviluppare la scuola materna. Di orientamento unitario, l'associazione ha avuto come presidente Antonio Deleidi. Oggi non esiste più. Vedi ►Comitato genitori.

Atletica Nova Brianza – Oggi non esiste più ma era stata fondata, nel 1975, soprattutto per iniziativa di Armando (Giovanni) Spreafico. Lo scopo dell'associazione era quello di inserire persone svantaggiate nelle varie attività sportive e di contribuire così, al loro inserimento nella società.

attori/autori – Nova Milanese vanta diverse esperienze in campo teatrale. Diverse le associazioni che rappresentano lavori teatrali ai cittadini novesi ed altri che il loro percorso di attori o autori teatrali li ha portati fuori dal territorio novese come Roberto Ferlicca, classe 1952, che dopo aver, nel 1997, fondato la compagnia teatrale novese "Il Branco", è stato autore di successo per due libri da cui sono stati tratti due lavori teatrali: "Terrorismo acido" e "Nella tana dell'orco". Quest'ultimo, un thriller teatrale, ha ricevuto numerosi premi anche internazionali e, nell'ottobre

2017, è stato premiato a Taormina. Un altro autore novese di adozione (perché nato a Taranto nel 1955) è Roberto Anglisani. Sposato con una novese, abita a Nova e, qualche volta, dà anche rappresentazioni di suoi lavori nella nostra città. Anglisani inizia la sua carriera artistica a Milano, nella Comuna Baires poi con Marco Baliani. Ha frequentato la scuola per attori di Raul Manso a Milano e la scuola per animatori del "Piccolo teatro di Milano". Ha lavorato con parecchie compagnie tra le quali il "Teatro dell'Elfo di Milano". Collabora come docente alla Scuola di Animazione Pedagogica del comune di Milano.

Auditorium comunale – Inaugurato il 19 settembre 1987, ha sede in piazza ►Gio.I.A. (vedi cap. 2) con entrata da via Giussani. Con i suoi 300 posti a sedere, è la più grande sala pubblica di Nova. (Vedi ►teatro).

aula consiliare – Vedi cap. 2.

Auto&Servizi – Vedi cap. 7.

Avis, Associazione volontari del sangue – Vedi cap. 7.

band – Numerosi sono i complessi musicali novesi come "Pagine Gialle rock" formatesi nel 1989 all'Autobianchi di Desio e composto da cinque musicisti che hanno inciso diversi Cd (musica rock italiana); "Area 51" (rock); "Gilerini" (musica Beatles); "Camurria" (dalla samba al rockbilly); "I Temporary" (cover inedite); "Nora" (rock); "I gabbiani blu" (liscio). Vedi anche sala prove ►musica e ►Villa Toschi (cap. 2).

banda – Vedi corpo musicale ►Santa Cecilia.

basket Ussa – Vedere cap. 6.

Battaglia, La – Importante settimanale cattolico nato il 27 ottobre 1901. Nelle sue pagine, spesso, articoli su Nova e sulle lotte dei contadini e, naturalmente, polemiche nei confronti dei socialisti. Era diretto da Achille Turrini. Altre testate cattoliche, fra le quali il ►*Cittadino, Il Ga-*

lantuomo, *L'Osservatore Cattolico* e *Il Nuovo Popolo Cattolico*, riportavano articoli su Nova. Importante il ruolo assunto da *L'Osservatore Cattolico* diretto da don Davide Albertario. Il giornale venne soppresso e il direttore incarcerato, nel maggio 1898, quando il generale Bava Beccaris fece sparare cannonate sulla folla milanese che chiedeva pane. (Vedi ►piazza, cap. 2).

benemerenze, Civiche – È dal 2000 che a Nova si consegnano le Civiche benemerenze a quei cittadini che si sono particolarmente distinti nei vari campi della società novese. In pratica si dà a loro un *Luit* d'oro (un tipo di granoturco che produce piccole pannocchie). È una commissione che, ogni anno, decide chi premiare. La presidente della commissione, sino al 2018, è stata Rosaria Longoni, sindaco di Nova. Gli altri membri della commissione erano i consiglieri comunali Angelo Paris, Arabella Ambiveri, Massimo

Cattaneo, Andrea Romano, Matteo Brambilla, Floriana Maria Rocco. Con le amministrative del 2018 sono cambiati i membri della Commissione che assegna le Civiche benemerenze. Sono: Claudio Schiavon, Orazio Frattaruolo, Aurelio Tagliabue, Gabriele Lanzani, Luigi Maria Manzoni, Massimo Cattaneo. (Per i consiglieri comunali vedi cap. 1).

benemerenze, Civiche. I benemeriti 2000 – Giuseppe Boselli, Renato Caimi, Emilio Bacio Capuzzo, Sergio Carnevale, Clotilde Villa, Francesco Daleffe, Maria Teresa Elli, don Rainaldo Grassi, Paolo Lanzani, Attilio Lonati, Luigia Longoni Mauri, Melania Mangili Bonvini, Giuseppe Manzoni, Mario Morelli, Giannino Novati, Mario Ornaghi, Angelo Paris, Renato Parma, Amina Redaelli, don Giovanni Rota, Teresa Sala Mapelli, Giosuè Sironi, Mario Spreafico.

benemerenze, Civiche. I benemeriti 2001 – Matteo Angioletti,

Mario Bestetti, Arnaldo Bogani, Roberto Bosco, Angelo Bugatti, Martina Carcea, Rino Cezza, Vittore Erba, Vittorio Fiorentini, Vincenzo Grassi, Francesco Lorello, Giuseppe Manzotti, Edoardo Merati, Ernestina Merati, Nicola Miceli, Angelo Pessina, Mario Scordamaglia, Giovanni (Armando) Spreafico, Andrea Varisco, Luigi Vernizzi.

benemerenze, Civiche. I benemeriti 2002 – Rino Baruffini, Giovanni Boffi, Francesco Colombo, Walter Cressoni, Angelo Decio, Carla Erba, Castrense Granà, Giuseppe Mauri, Arturo Pirovano, Santino Ponti, Luciano Riva, Giuseppe Seregni, Onorino Seruggia, Enrica Tagliabue, Vittorio Turati, Eugenio Veggian, F.lli Arosio, Banco di Desio e Brianza, Cariplo, Novinox, Ques, Segraf, Stl.

benemerenze, Civiche. I benemeriti 2003 – Martina Carcea, Vincenzo Carnemolla, Luana Molinari, Gaetano Morgese,

Stefano Tezzon, Vittorio Tripodi.

benemerenze, Civiche. I benemeriti 2004, 2005, 2006 – I premi in questi anni non sono stati assegnati.

benemerenze, Civiche. I benemeriti 2007 – Luciano Cozzaglio, Fernando Gasparetto, Rosa Lavezzari, Sergio Scuratti, Carlo Nava (alla memoria), Enzo Loris Renesto.

benemerenze, Civiche. I benemeriti 2008 – Avis, Franco di Monda, Gino Merlo, Enrico Rossi (alla memoria).

benemerenze, Civiche. I benemeriti 2009 – Associazione Alpini, Alessandro Maringoni, Felicita Merati (alla memoria), Monica Merati.

benemerenze, Civiche. I benemeriti 2010 – Davide Aliano, Cri, Pietro Lavizzari, Polisportiva, Cosimo Tomasso.

benemerenze, Civiche. I benemeriti 2011 – Arrigo Benazzi, Corpo musicale S. Cecilia,

Adriano Sironi, Elvezio Verderi, Ussa Basket.

benemerenze, Civiche. I benemeriti 2012 – Rosaria Gardini Boselli, Centro Lo Spazio, Giovanni Corati, Maria Corti e Associazione Triestina, Alberto Santolini.

benemerenze, Civiche. I benemeriti 2013 – Valerio Beretta, Bruna Arosio, Lino Muzzolon, Olga Sala Sozzani, Luciano Romano, Daniele Miucci, Roberto Fossati, Cristinel Stelea, Roberto Terranova, Paolo Moresco (alla memoria).

benemerenze, Civiche. I benemeriti 2014 – Corale S. Cecilia, Eugenio Pizzigallo, Andrea Bisconti, Mario Gianotti.

benemerenze, Civiche. I benemeriti 2015 – Unitalsi, Carlo Sironi, Ilaria Interligi, Ida Vernizzi e Pietro Mario Gatto.

benemerenze, Civiche. I benemeriti 2016 – Graziella Zoretto, Cesare Sirtori, Giovanni Del Zotto, Anna Svaluto (alla memoria).

benemerenze, Civiche. I benemeriti 2017 – Madri Canossiane, Luigi Emanuele Rossi, Amina Redaelli, Christian Salvatore.

benemerenze, Civiche. I benemeriti 2018 – Nel momento in cui scrivo il libro (agosto 2018), non sono stati ancora ufficializzati i nomi dei benemeriti 2018.

bersaglieri, Associazione – Fondata nel 1980 per iniziativa, soprattutto, di Luigi Pighetti, (poi nominato Cavaliere), che ne è stato presidente per tanti anni e ha ricoperto la carica di consigliere provinciale dell'Associazione. Circa quattro anni fa, l'associazione ha chiuso e gli aderenti fanno capo a quella di Desio. Si può comunque fare riferimento al numero telefonico 0362 43.189.

biblioteca – La Biblioteca Civica Popolare, comincia ad operare nel 1954. Il 29 settembre di quell'anno si apre anche la domenica mattina. Il servizio è affidato alle impiegate comunali Rosa Lavezzari e Maria Prada le quali, a seguito di *"modesto compenso"*, seguono anche la biblioteca. Il 23 febbraio 1955, l'incarico è affidato a Pietro Arosio, in quel momento non ancora dipendente comunale. La sede è in un'angusta stanzetta di fianco all'entrata del ►Municipio di via Madonnina. Poi verrà spostata nell'edificio dell'ambulatorio, alle 4 strade. Nel 1965, sarà trasferita al pianterreno della ►media di via Biondi. Nel 1979, ritorna al pianterreno del vecchio ►Municipio (cap. 2). Nel 1981, nella media di via Biondi con entrata da via Giussani. Nel 2013 la biblioteca è stata spostata, definitivamente nella Villa Crosti-Colombo, oggi ►Villa Brivio (cap. 2). Per tantissimi anni la biblioteca è stata gestita da Giuseppe Paleari, autore di diversi video sulla deportazione. Oggi la dirige la dottoressa Maria C. Mennona. Ci sono, a disposizione dei novesi, circa 35 mila volumi e circa 300 audiovisivi. Nel 1962 la biblioteca ha dato in prestito 365 libri. Nel 1964 il patrimonio librario era composto da 1.200 libri e 2.023 cittadini hanno chiesto libri in prestito. Di questi, 903 hanno chiesto libri di saggistica, 607 libri classici, 218 libri di cultura scientifica e 18 libri di argomento religioso. Per informazioni, Tel. 0362 43.498. (Vedi cap. 2, ►Villa Brivio e cap. 8 ►restauri Villa Brivio).

biblioteca parrocchiale – Vedi cap. 6.

Bice Bugatti Club – Nata nel 2007, è un'associazione culturale che ha lo scopo di promuovere iniziative culturali di varia natura, con uno specifico interesse nel campo dell'arte contemporanea. Il nome deriva dalla moglie del pittore Giovanni Segantini (vedi premio Bice ►Bugatti). Il Club ha organizzato numerosi eventi quali, ad esempio, il Premio Internazionale Bice Bugatti-Segantini.

Importante il loro impegno nella cooperazione internazionale che, grazie anche al sostegno del Comune, hanno reso possibile il Progetto Bolivia, un gemellaggio artistico culturale con il Proyecto mARTadero della città di Cochabamba. La sede dell'associazione è in via Roma, 5 (ex scuole elementari), nella ►Casa delle arti e dei mestieri. Il presidente è Luigi Emanuele Rossi. Il coordinatore generale è Nicole Casal, il responsabile del settore fotografia, Bruno Seruggia. Il comitato è formato da Luigi Rossi, Gioconda Segantini, Magda Rossi, Fernando Garcia Barros, Marisa Caichiolo, Franco Marrocco, Alessandro Savelli, Laura Ricucci, Davide Spinelli. Per informazioni. Email: info@bicebugatticlub.eu (vedi anche ►libri su Nova 2).

bocce, campi da – Un campo da bocce all'aperto è presso il Parco Vertua di via Garibaldi; altri sono situati presso il ►Centro sportivo di via Brodolini.

Bocciofila sanbernardese – Nata nel 1967, la storia di questa bocciofila viene da lontano. Prima dell'ultima guerra, esisteva una bocciofila, titolata a Damiano Chiesa (irredentista giustiziato, assieme a Cesare Battisti, dagli austriaci, nel maggio 1916) con sede dietro le scuole di via Roma nella ►Cooperativa di consumo popolare (cap. 2). La guerra interromperà l'attività bocciofila che riprenderà l'attività nel 1946, con presidente Egidio Scuratti. Nel 1948 cambierà nome e gli appassionati dedicheranno la società al loro presidente Scuratti. Nel 1967, con i campi presso il bar di via Diaz, 18, nasce la nuova bocciofila. Oggi non è più funzionante. (Vedi anche ►libri su Nova).

borse di studio – Accanto alle borse di studio promosse dall'Amministrazione comunale, nel corso degli anni si sono aggiunte quelle sponsorizzate dalla Brill Manitoba, da Infonet e dalla famiglia Taglia. Le borse di studio volute dalla famiglia Taglia in ricordo di Gerardo Taglia (5 novembre 1937 - 7 gennaio 2009), sono state istituite a partire dal 2011. Gerardo Taglia, docente di lettere in diverse scuole secondarie di primo e secondo grado, divenuto dirigente scolastico, ha diretto diverse scuole del territorio, a Desio, a Besana Brianza e a Monza. Laureato in lettere classiche all'Università Cattolica di Milano, ha sempre motivato gli studenti allo studio sottolineando l'importanza della formazione scolastica anche come palestra di vita. Dal 2013 anche le borse di studio per matricole universitarie sponsorizzate da Infonet sono state intitolate a Paolo Moresco (27 ottobre 1942 - giugno 2013). Laureato in Fisica, Paolo Moresco (vedi cap. 2, La ►Rete) ha iniziato ad erogare Borse di studio come Infonet, già dal 2007. Alla base della sua scelta il desiderio di aiutare i giovani a completare gli studi, raggiungendo un livello universitario, per acquisire una chiave adeguata di comprensione della realtà.

Brianza, La – La testata, per un certo periodo, fu *La Brianza Lavoratrice*. Nato nel gennaio del 1898, il settimanale era diretto da uno dei personaggi più importanti del movimento socialista dell'epoca, Ettore Reina, segretario della ►CdL (vedi cap. 4) e poi parlamentare, morto a Monza il 9 gennaio 1958. Spesso il giornale pubblicava articoli su Nova firmati da Mario ►Crippa, prolifico polemista e consigliere comunale socialista di Nova che sostituì come sindaco Carlo ►Pessi, nel 1920-1921. (Per Crippa e Pessi vedere cap. 1).

bucaneve, Associazione – Nata nel dicembre 1990, aveva lo scopo di raccogliere fondi per permettere ai ragazzi disabili di sottoporsi a costosissime operazioni. La presidente era Melania Mangili Bonvini. Oggi, l'associazione non esiste più.

Bugatti, premio Bice – Nasce nel 1959 per volontà di Vittorio ►Viviani e del sindaco Carlo ►Fedeli (vedi cap. 1). Il premio è dedicato alla moglie del pittore divisionista Giovanni Segantini (nata nel 1861) che, per un certo periodo, abiterà a Nova, dopo la morte del pittore nel 1899. Nel 1968, il premio è stato contestato dai giovani del ►Nuovo Umanesimo i quali avevano presentato una *"proposta di ristrutturazione"* del premio.

cacciatori sportivi – Aderente alla Fidc (Federazione italiana dei cacciatori) la società è nata nel 1940 e rifondata nel 1945 con primo presidente il sindaco Carlo ►Fedeli (cap. 1). Nel corso degli anni, i presidenti sono stati Alessandro Novati, Italico Gozzo, Vittorio Fiorentini, Giorgio Comunian, Stefania Francia. La sede è in via Macciantelli, 19. Aderiscono all'associazione una trentina di cacciatori che esplicano la loro attività soprattutto nel tiro al piattello.

La tessera societaria annua, costa 80 euro. Informazioni tel. 0362 41.251.

Cai, **Club alpino italiano** – In campo nazionale, il Cai è il più antico sodalizio sportivo. È stato, infatti, fondato a Torino nel 1863 dal ministro delle Finanze Quintino Sella. A Nova nasce, invece, nel 1981 con sede presso il vecchio ►Municipio di via Madonnina 9 e poi in via Giussani 30. Segretario del Cai locale era Marco Gianotti e il presidente Achille ►Quarello (cap. 1). Nel 1995, il Cai ha lanciato una sottoscrizione per la costruzione di un bivacco in valle Isorno (una propaggine della Val D'Ossola), inaugurato il 29 settembre 1996 e dedicato ad Adriano Sironi, un giovane medico di Nova morto durante un'ascensione nel luglio 1990. Il 31 dicembre 2010 il Cai di Nova cessa di esistere e gli iscritti passano al Cai di Desio. La sede è in via Lampugnani, 7, tel. 0362 62.1668.

calcio – Vedi ►Polisportiva.

calcio, campi di – Nova Milanese possiede un campo regolamentare per gioco-calcio a 11 giocatori in via Grandi-Rosselli e un campo da gioco a 7 giocatori, in via Locatelli. Questo è quello più vecchio, risalente a subito dopo l'ultima guerra. Altri campi sono situati al ►Centro sportivo di via Brodolini. (Vedi anche ►calcio).

calcio, Unione sportiva novese – L'associazione sportiva è nata il 4 settembre 1979 dalle ceneri della ►Novese e unificando le squadre di calcio già esistenti ►Ussa e ►Lipa. Nell'anno di fondazione, la società poteva disporre di due squadre allievi e under 21 con 60 giovani iscritti. L'unificazione con la Novese, Ussa e Lipa era stata voluta da Giuseppe Ciancio, Angelo Marchesi, Benito ►Volpes (cap. 1) e Giovanni Carnevale che è stato anche presidente. Ultimamente il presidente era Giuseppe ►Natale (cap. 1). Non esiste più.

campeggiatori itineranti, Gruppo – Il gruppo è stato fondato nel luglio 1980. Oggi ha una cinquantina di iscritti i quali pagano una tessera d'iscrizione di 45 euro. Il presidente, dopo che per decenni è stato Giovanni Corati, è ora Massimo Trito. La sede è in via Brodolini, 2 (►Villa Toschi, cap. 2). Telefono 0362 41.588. Email: info@gcitinerantinova.com

carabinieri, Associazione nazionale – Ha cominciato ad operare a Nova nel 1999 con primo presidente Mario Ranciaffi sino al 2013. Poi, Vincenzo Cioffi sino al 2017. È un'associazione d'arma che ha come scopo precipuo, lo sviluppo dei vincoli di cameratismo e di solidarietà fra i militari in congedo e quelli in servizio dell'Arma. A Nova sono utilizzati anche come supporto alla Polizia locale e, in qualche caso, anche della Protezione civile. Oggi il responsabile è il luogotenente in congedo Eugenio ►Pizzigallo (cap. 1). Nel 2018, l'associazione novese si è gemellata con l'associazione carabinieri di Sydney, in Australia. Sono iscritti all'associazione 56 persone le quali pagano una tessera di euro 25 l'anno. Ci sono soci effettivi (gli ex carabinieri), i soci familiari dei carabinieri in linea diretta e i soci simpatizzanti (questi pagano una tessera maggiorata). La sede è in via Brodolini, 2 (►Villa Toschi, cap. 2). Per informazioni, Email: acn.novamilanese@libero.it

cartofila Blue Team – L'associazione degli amanti del gioco delle carte, ha sede presso il Centro parrocchiale di via Giussani, 3. Nata nel 1976 per iniziativa di Ambrogio Vanzati, ha avuto come primo presidente Enrico Marchesi. Dopo di lui, Giancarlo Seregni, Luigi Scuratti e Onorino Seruggia. Oggi è Arrigo Benazzi. L'associazione ha organizzato, nel passato, anche concerti, manifestazioni e un premio di disegno rivolto ai ragazzi delle scuole novesi. Per informazioni, Tel. 0362 41.546.

Casa delle Arti e dei Mestieri – Sorge in via Roma, 5 dove c'erano le scuole elementari ed è stata inaugurata il 7 maggio 2017. All'interno trovano sede le associazioni ►Impronte, ►Lap Libera accademia di pittura, Corpo musicale ►S. Cecilia (►Centro musica insieme), nonché alcune aule adibite a lezioni da parte dell'►Università del Tempo libero.

Centri estivi – Un'esperienza molto bella che si svolgeva al Parco di Monza dal giugno 1978. Il Comune di Nova aveva ristrutturato una cascina all'interno del parco e la rese disponibile per i bambini per passare, a turno, l'estate. Spesso i bambini si fermavano anche a dormire, si studiava e si facevano attività ricreative. Inoltre c'erano Laboratori per la coltivazione dell'orto, falegnameria, formazione di vivai.

Centri estivi, oggi – Si chiama Cdr (Centro ricreativo diurno) ed è un servizio comunale rivolto ai minori, dai 3 a 14 anni, svolto nel periodo estivo presso una o più scuole dell'infanzia e primarie (di solito in via Fiume). Il servizio si svolge nei mesi di giugno, luglio e settembre. Per informazioni, tel. 0362 37.4274.

Centro di aggregazione giovanile (Cag) – Vedi cap. 6, Lo ►Spazio.

Centro musica insieme – È in via Roma, 5 nella ►Casa delle Arti e dei Mestieri, questo centro musicale nato nel 2010 che, attraverso corsi e laboratori, aiuta gli allievi a sviluppare le loro capacità ritmiche e vocali, tecnico-strumentali, di percezione uditiva e di analisi musicale. Il direttore dei corsi è il sassofonista Andrea Santamaria. Nel 2005 è nata la Banda giovanile per volontà del maestro Alessandro Vismara (vedi corpo musicale ►Santa Cecilia).

Per informazioni, tel. 0362 36.4594 – 347 81.84877. Email: segreteria@cminova.it

centro sportivo – Ha sede in via Brodolini. Costruito in parte nel 1980, si estende oggi su un'area di 66.600 mq. e dispone di un campo da beach volley; due campi in erba sintetica per il tennis; un campo polivalente in manto sintetico per tennis e pallavolo; un campo coperto in erba sintetica per calcetto a 5; due campi scoperti in erba sintetica per calcetto a 5, trasformabili in campo per calcetto a 7; un campo in erba per il calcio a 11 con pista d'atletica e tribuna coperta da 500 posti; un campo in terra battuta rossa per il calcio a 11; due campi da bocce coperti; una piccola palestra; aree attrezzate per il gioco libero (area giochi bimbi, area skateboard, area pallacanestro); area bar, locale infermeria, spogliatoi, servizi igienici. Il costo dell'opera iniziale, era stato di 2 miliardi e 250 milioni di lire. È stato inaugurato il 2 aprile 2006. Per informazioni, Servizi sociali del Comune, tel. 0362 37.42.74.

ceramica, Pittura su – Fondata nel 1979 da Luigia Longoni Mauri (nata a Desio il 27 aprile 1932), ha sede presso la ►Casa delle Arti e dei Mestieri (con accesso da piazza De Amicis, 2) ed è ora diretta da Laura Piccoli. L'associazione, spesso organizza personali di artisti novesi e ha dato vita all'associazione culturale Impronte con corsi di decorazione su vetro, seta, creta, ceramica e porcellana. La scuola è aperta a tutti e oggi la frequentano un centinaio di iscritti. Il 7 giugno 1998, a ►Villa Vertua (cap. 2), è stata inaugurata una permanente delle Arti del fuoco dove sono esposti oltre 350 "pezzi" di artisti italiani e stranieri. I corsi si tengono da ottobre a maggio. Il costo dei corsi è di 50 euro per gli adulti al mese e 25 per i ragazzi. Per informazioni, tel. 344 23.30899. Email: info@associazioneculturaleimpronte.com

Cid, **Centro iniziativa donna** – Viene formato alla fine degli anni Ottanta, del secolo scorso, presso il Centro sociale Togliatti e si poneva di intervenire sui problemi delle donne, nella scuola, per la difesa della legge 194 (tutela sociale della maternità e interruzione volontaria della gravidanza), sui diritti negati. Oggi non esiste più.

Cittadino, Il – Settimanale di proprietà della Curia monzese con ben più di 100 anni di vita. Il settimanale dedica a Nova 3/4 pagine la settimana e la referente è Giusy Taglia. Nel tempo, è stato diverse volte distrutto dalle squadracce fasciste. I danni più gravi li subì nel 1921 e nel 1924. È stato diretto, fra gli altri, da Achille Grandi e Filippo Meda. (**Il giornale non ha fornito i dati di vendita su Nova**).

Club Armony Dance – Questa associazione sportiva di danza per adulti e bambini, nasce a

Nova nel 2001. Le specialità di danza insegnate dall'associazione sono svariate: si va dal liscio, al tango argentino, dal rock alle danze latino americane e caraibiche, ai balli di gruppo e tanto altro. Si tengono anche corsi di preparazione atletica ed educazione alimentare. Le coppie di ballerini hanno spesso gareggiato a livello nazionale e internazionale e sono preparati dai maestri Monica Scarabelli e Antonio Carano. La sede è in via Como, 5. Per informazioni, tel. 0362 44.426. Email: antonio.carano@armonydance.191.it

colombofila, Associazione nuova – Nasce nel 1981 per iniziativa di Valerio Beretta che ha cominciato nel 1944 ad allevare colombi. La società novese – con sede in via Zara, 11 – ha circa 30 iscritti i quali pagano una tessera di 25 euro l'anno e aderisce alla (Fial), Federazione nazionale italiana allevatori ed espositori di colombi ornamentali italiani e stranieri in via di estinzione. Le manifestazioni di colombicoltura si svolgono a Nova dal 1985 nella palestra della scuola di via Novati e di via Biondi. A queste manifestazioni sono presenti oltre 1.200 esemplari di colombi di più di cento razze e vengono sottoposte al giudizio di giudici federali e di gruppi di ricerca. Per informazioni, tel. 0362 43.613.

combattenti e reduci, Associazione – Ha sede, oggi, in via Fiume, 2 ed è diretta da Alessandro Scuratti. Aderiscono all'associazione 15 soci i quali pagano una tessera sociale di 10 euro l'anno. A Nova, l'associazione è nata nel 1923 per iniziativa di alcuni militari tornati dalla prima guerra mondiale. Nel 1947 si fonde con l'Associazione Nazionale Reduci dalla Prigionia. Il primo presidente è stato Rinaldo Prada. Poi Umberto ►Grimoldi (cap. 1), Bruno Perego, Bruno Marabese. Per informazioni, tel. 338 75.10091.

Email: combattentinova@g-mail.com

Comitato dei genitori – Organizzazione nata alla fine degli anni Sessanta del secolo scorso nella media di via Biondi. Importante il loro lavoro sui libri di testo e, dal 1972, sul "riciclo" degli stessi, in pratica un mercatino dei libri di testo usati. La loro esperienza è durata sino al 1974. Il responsabile, per anni, è stato Pier Luigi Pelitti, morto nel gennaio 1994.

Comitato genitori – Sono nell'istituto comprensivo Giovanni XXIII di via Biondi. Come loro stesso scrivono, vogliono essere uno *"spazio in grado di garantire a tutti i genitori una partecipazione attiva alla vita della Scuola. Permette il flusso d'informazioni tra i genitori rappresentanti di classe e quelli del Consiglio d'Istituto e viceversa"*. Hanno anche un sito web raggiungibile dal seguente indirizzo: https://comitatogenitori-giovannixxiii.blogspot.com/

Comitato Nova Viva – Nato nel 1997, il comitato comprendeva diverse associazioni culturali e sportive. La prima manifestazione organizzata dal comitato, e con il patrocinio del Comune, è avvenuta il 18 ottobre 1997 quando, oltre 100 studenti, cittadini e società hanno pulito parchi e aree verdi di Nova. Il responsabile del comitato è stato Paolo Moresco (vedi La ►Rete, cap. 2 e ►borse di studio) e la sede era nel seminterrato della media Segantini. Oggi non esiste più.

Comitato scuola-famiglia – Nato attorno al 1972, era situato nelle scuole di via Roma. Ha operato, soprattutto, contro le carenze di aule didattiche in quegli anni.

Coordinamento genitori insegnanti – Era un'associazione costituita nel 2008 con lo scopo di offrire ai cittadini informazioni sulla situazione delle scuole, promuovere la collaborazione con gli insegnanti e migliorare lo svolgimento delle attività didattiche.

Corale San Grato – Vedi cap. 6.

Corale Santa Cecilia – Vedi cap. 6.

Coro polifonico Città di Nova – Vedi cap. 6.

Cortile, Il – Associazione culturale rivolta alla memoria storica locale, rappresentazione del canto, della musica popolare, dell'animazione teatrale e cinematografica. Fondata da Mariuccia Elli nel febbraio 1976, e da lei diretta anche oggi, il 21 marzo 1988 si costituisce in associazione culturale. Il Cortile ha oggi più di 30 aderenti i quali pagano una tessera sociale annuale di 15 euro. Ha pubblicato diversi libri. (Vedi ►libri su Nova). All'interno dell'associazione sono nati, nel tempo, il Gruppo di ricerca e Canto popolare con la scuola di Teatro, il laboratorio teatrale per adulti e quello per bambini. Tiene anche un laboratorio teatrale per gli studenti della scuola media Segantini. (Vedi anche ►Ecomuseo). Per informazioni, tel. 0362 40.027. Email: associazioneculturaleilcortile@gmail.com

Crescere per far crescere – Vedi ►Progetto interprete.

Cri, Croce rossa italiana – Vedi cap. 7.

Curiera, associazione La – Vedi cap. 7.

Danza nell'Anima – È un'associazione sportiva nata a Nova Milanese nel settembre 2006 con l'intento di formare giovani ballerini nelle varie specialità. Si tengono corsi anche di flamenco e danza del ventre. Per informazioni, via Nenni, 3 e via Mariani, 26. Email: danzanellanima@yahoo.com

danza, corso di – Nel 1990, il Comune ha cominciato a organizzare il corso di danza che si teneva al Centro sportivo di via Brodolini ed era diretto da Patrizia Candi. Oggi non esiste più.

diabetici, associazione – Vedi cap. 7.

diaspora Petilina, Associazione – La diaspora è la dispersione di un popolo e Petilina è Petilia Policastro paese della provincia di Crotone. Questa associazione è stata organizzata da un gruppo di lavoratori calabresi giunti a Nova negli anni Settanta del secolo scorso. Vuole essere un punto di riferimento e di incontro per tutti i calabresi e non. Si tengono approfondimenti e dibattiti su temi nazionali e locali. Il presidente è Francesco Pace. La sede è in via per Incirano, 13. Per informazioni, tel. 392 07.34006. Email: diasporapetilinamila@libero.it

difesa personale – Era una società sportiva nata a Nova nel 1996 e diretta da Antonio Taglia. Si allenavano nella palestra della scuola media Giovanni XXIII di via Biondi. Oggi non esiste più ma c'è, invece, un'altra associazione sportiva, la Scuola regionale di difesa personale, che organizza corsi di antiaggressione. La sede è in via Prealpi, 8. Per informazioni, Email: alessandrotulis@gmail.com

don Vito Misuraca, associazione – Vedi cap. 6.

ecologiche, Guardie volontarie – Si formano a Nova nel 1990 a seguito della legge regionale del 1980, con il compito di controllare e intervenire sul territorio. L'unica guardia ecologica, a quel tempo, era Bruno Bettoni. (Vedi ►giacche verdi).

Ecomuseo – Nasce da una costola de Il ►Cortile nel 1990 con lo scopo di far emergere l'identità del territorio di Nova Milanese, attraverso la ricostruzione dei luoghi tipici della civiltà contadina e della sua successiva evoluzione a civiltà artigianale e industriale. Con la Legge regionale del 2008, l'Ecomuseo riceve l'accredito da parte della Regione Lombardia. L'Ecomuseo raccoglie ed espone attrezzi, oggetti e storie di altri tempi, attraverso ricostruzioni e percorsi guidati, coprendo un arco cronologico che va dal 1700 al 1940, ma anche e soprattutto il proprio territorio con i suoi beni: architettonici (ville, chiese, cortili), paesaggistici (Canale Villoresi e parco Grugnotorto Villoresi) e immateriali (canti, testimonianze, documenti, filmati). L'ecomuseo offre vari percorsi storici e didattici, uno spazio etnodemoantropologico, una sezione dedicata alla liturgia e una all'agricoltura nonché una serie di progetti per le scuole. La coordinatrice è Maria Teresa (Mariuccia) Elli. Per informazioni, Centro didattico comunale, via Leonardo Da Vinci, 16, tel. 0362 40.027 / 347.43.39878. La sede istituzionale è a ►Villa Brivio (cap. 2), piazza Vertua Prinetti, 1. Email: associazioneculturaleilcortile@gmail.com

edicole – Vedi ►giornali.

elementare di via Fiume (primaria) – Il terreno, 4.500 mq., viene acquistato nel marzo 1963. Il Comune paga 3.500 lire ogni metro quadro. La scuola sarà ampliata nel 1980. Oggi, in questa scuola primaria, ci sono 14 classi per un totale di 296 alunni. La scuola è dedicata a don Lorenzo Milani. (Vedi numero ►alunni elementari, cap. 8). Tel. 0362 36.8409.

elementare di via Mazzini (primaria) – Costruita nel 1974, sviluppa una superficie di 16.000 metri quadri. Prima della costruzione, per mancanza di aule, la Giunta aveva deciso di affittare alcune aule in Parrocchia, per una spesa di 250 mila lire al mese. Nel giugno 1997, la scuola si è gemellata con una scuola di Calvizzano, in provincia di Napoli. La scuola è dedicata all'insegnante ed educatrice novese Giuseppina Quarello Fasola. Attualmente, ci sono 14 classi per un totale di 295 alunni. (Vedi numero ►alunni elementari, cap. 8). Tel. 0362 43.525.

elementare di via Novati-Grandi (primaria) – Inaugurata nell'ottobre 1963, è stata al centro di una polemica politica. L'opposizione democristiana in Consiglio comunale, a quel tempo, aveva accusato la Giunta del mancato controllo in quanto pericolante. Per scongiurare tale evenienza, si interverrà tecnicamente. Sempre riguardo alla sicurezza di questa scuola, anche nel 1997 ci saranno proteste e si creerà anche un Comitato genitori. Attualmente ci sono 10 classi per un totale di 207 alunni. Nel gennaio 2012, la scuola è stata dedicata ad Anna Frank. (Vedi numero ►alunni elementari, cap. 8). Tel. 0362 40.014.

elementare di via Roma (primaria) – Fatta costruire nel 1901 dal sindaco Giuseppe Cetti. Il 2 dicembre 1929 il podestà Prada incarica uno studio di Milano dell'ampliamento della scuola. Il 20 gennaio 1934 c'è il collaudo definitivo e in primavera l'inaugurazione da parte del vice federale di Milano. L'edificio è recintato da una bella cancellata di ferro (vedi ►recinzione via Roma, cap. 2). L'anno seguente, il 18 dicembre 1935, verrà tolta e *"donata alla Patria"* per fare proiettili. Oggi non ci sono più le elementari trasferite in via Biondi nel 2014. (Vedi numero ►alunni elementari, cap. 8).

elementare di via Venezia (primaria) – Dedicata allo scrittore Gianni Rodari, l'elementare di via Venezia è una costruzione prefabbricata. La delibera di costruzione è stata approvata, all'unanimità, dal Consiglio comunale nell'ottobre 1974 per una spesa preventivata, a carico del Comune, di 590 milioni di lire. Iva esclusa. Sviluppa un'area di 17.000 mq. Questa scuola primaria, ospita, attualmente, 10 classi per un totale di 189 alunni. Tel. 40.121. (Vedi numero ►alunni elementari, cap. 8). Tel. 0362 40.121.

elementari di via Biondi (primaria) – Nel 2014, l'elementare di via Roma viene trasferita in via Biondi nei locali della scuola media. Attualmente, in questa scuola primaria, sono ospitate 8 classi per un totale di 152 studenti. (Vedi numero ►alunni elementari, cap. 8). Tel. 0362 40.441.

Elga sport – È una società sportiva affiliata alla Fgi e Uisp che opera a Nova dall'anno sportivo 2011-2012. La società collabora con il Comune di Nova (e Muggiò) per progetti all'interno delle scuole d'infanzia e primarie. Inoltre si tengono corsi base e avanzati, fino all'agonistica di ginnastica artistica maschile e femminile dai 3 anni e oltre. Oltre alla ginnastica artistica anche corsi di acrogym (una disciplina che deriva dall'artistica) sempre per bambini e corsi adulti fitness come zumba, gag, piloxing ecc. La presidente dell'associazione è Silvia Persavalli. oltre a lei come responsabili ci sono Erika Benedetti, Simona Ambanelli, Angelica Brioschi e Martina Ius. I soci iscritti all'as-sociazione sono 450 e la sede legale è in via Nenni, 1. Per informazioni, tel. 349 85.13900.

esagono, l' – Periodico settimanale che portava la cronaca di 42 comuni della Brianza. Dedicava a Nova, una pagina alla settimana a metà degli anni Novanta del secolo scorso. Oggi non esiste più.

estate a Nova – Nell'estate 1979, da parte del consiglio di gestione della Biblioteca comunale, si è cominciato ad offrire ai cittadini novesi che non andavano in ferie, una serie di spettacoli che comprendevano film, ballo, gioco, animazione, mostre. Spettacoli vennero tenuti, a quel tempo, da Il ►Cortile e dal gruppo La ►Ligera. Oggi questa esperienza continua a funzionare.

famiglie aperte – Vedi cap. 6.

Felicita Merati, Associazione – È un'associazione culturale che opera a Nova sin dall'8 settembre 2008 ed è diretta, attualmente, dal medico Ezio Negretto. L'associazione è dedicata a Felicita Merati, insegnante novese, che, ammalatasi di tumore, aveva preferito non curarsi e dare alla luce un figlio. L'associazione, di orientamento cattolico, organizza mostre, incontri pubblici, visite guidate, corsi di lingue, di fotografia, spettacoli teatrali e tanto altro. Per informazioni, via Mazzini, 22. Email: segreteria@associazionefelicitamerati.it

Fenice, La – L'associazione sportiva di atletica nasce, nei primi anni Settanta del secolo scorso, da una scissione della ►Polisportiva Nova. Gli animatori sono Armando (Giovanni) Spreafico, Francesco Zangone e, poco dopo, Sergio Zanella. Tanti gli atleti che si sono messi in luce in campo provinciale e nazionale, Attorno al 1975, la società si occupa, prima in Italia, ad inserire atleti disabili in una società di atleti normodotati. Oggi, La Fenice, ha 200 atleti e

il responsabile è Angelo Peritore. Per informazioni, tel. 348 58.26228, via Brodolini, 2, presso Villa Toschi. Email: atleticalafenice@gmail.com

festa da Nôa – La definizione esatta è *Festa da Nôa e dal furmentùn* (Festa di Nova e del mais) e si svolge a Nova Milanese alla metà di settembre. È una rievocazione storica del periodo '800 - '900 organizzato dall'►Ecomuseo. Ci sono costumi tradizionali dell'epoca e, in mostra, arnesi e utensili utilizzati dai contadini novesi di un tempo.

feste popolari – Nova ha una lunghissima tradizione di feste popolari. Subito dopo la guerra, i comunisti la facevano in piazzetta De Amicis dove avevano la sede e i socialisti presso la loro sede di via Garibaldi. Sempre i comunisti hanno fatto le loro feste nel campo sportivo di via Locatelli, in via XX Settembre, in via Marx, nell'area delle scuole di via Biondi, oggi ►piazza

Gio.I.A (cap. 2). Sempre in questa area anche la festa della ►Dc (cap. 2). I socialisti, alla fine degli anni Settanta del secolo scorso, nel parco Vertua. Oggi, gli unici che organizzano una festa popolare sono i militanti del ►Pd (vedi cap. 2) che la tengono in via Grandi/Rosselli (nel 2018, però, la festa non è stata fatta). Feste sono state organizzate dalle scuole, dai pescatori, dalla Polisportiva, dai commercianti, dagli Amici del centro. Anche oratori e parrocchie hanno organizzato, nel tempo, varie feste. Importanti quelle di Grugnotorto, nel cortile Grande e quelle per il carnevale.

fiera, Nova – La denominazione ufficiale è Fiera campionaria di Nova Milanese e si svolge, ormai, da 17 anni – tra maggio e giugno – presso l'area mercato delle vie Oberdan, Incirano, Caravaggio. La fiera, ad ingresso gratuito, espone le eccellenze produttive del territorio novese

e non solo. Si può mangiare e durante i giorni di esposizione ci sono spettacoli pirotecnici, balli e tanto altro. L'edizione 2018 ha visto 54 stand espositivi e anche una riproduzione del Duomo di Milano realizzata con tubi d'acciaio.

Fontana, La – Vedi cap. 6.

Gas – Vedi Gruppo di ►acquisto solidale.

genitori per la scuola, Gruppo – Organizzazione unitaria operante nel mondo scolastico dalle elementari alle medie, dall'inizio del 1990. Nel tempo, i dirigenti sono stati Norberto Fumagalli, Gianluigi Molinari, Claudio ►Schiavon (cap. 1). La sede era presso la scuola elementare di via Mazzini. (Vedi ►Comitato genitori e ►Coordinamento genitori e insegnanti).

Ger Lipa – La prima sigla, Ger, era un acronimo di Gruppo educativo ricreativo; Lipa, come si sa, è un vecchio gioco usato dai ragazzi novesi. Oggi non esiste più ma era nato poco dopo il 1976 presso la nuova chiesa di Grugnotorto, in via Caravaggio, 43. Nel tempo ha organizzato gite, corse non competitive (Stragrantort), tornei sportivi, cineforum.

giacche verdi – L'esatta denominazione è Associazione giacche verdi a cavallo e sono nate nel 1992. Sono volontari che s'interessano della protezione dell'ambiente. La loro sede è in via Brodolini, 2 presso ►Villa Toschi (cap. 2). Per informazioni, Email: ce.campestre@alice.it

ginnastica artistica, Associazione – L'Associazione si chiamava esattamente Associazione Ginnastica artistica il Centro ed era nata nell'ottobre 1978 dalle ceneri dell'Associazione artistica ginnastica fondata da Giuseppina Castoldi nel 1971. Il sodalizio aveva lo scopo di migliorare la salute e l'autostima nell'adulto, la correzione dei paramorfismi con esercizi mirati alla colonna vertebrale negli adolescenti, la crescita e lo sviluppo psicofisico nel bambino. I corsi si tenevano presso il Centro parrocchiale, via Giussani, 3. Oggi non esiste più.

Giochi della gioventù – Ragazze e ragazzi di Nova Milanese hanno cominciato nel 1970 a partecipare e gareggiare ai Giochi della gioventù. Oggi sono inseriti nel progetto delle scuole.

Giornale di Desio – Nasce nel 2007 come testata autonoma e fa parte della DMedia Group Spa società controllata da DMail Group. Il gruppo è stato fondato nel 1994 e ha, oggi, 67 testate locali in sei regioni dell'Alta Italia con una tiratura totale di 640.750. Il giornale, settimanalmente, dedica a Nova 2/3 pagine. (**Il giornale non ha fornito i dati di vendita su Nova**).

giornali, rivendite – Attorno agli anni Trenta, a Nova, i giornali sono venduti in via Roma, 2. Lo stesso proprietario di questa rivendita, Luigi Scuratti, in data 3 giugno 1936, chiede il permesso al Comune di aprire un chiosco di fronte alla fermata del ►tram (cap. 2) di via Garibaldi, fra l'allora Bar Corona e l'angolo di via XX Settembre. Il podestà concederà il permesso di vendita dalle 7 alle 19, ininterrottamente. A metà degli anni Sessanta del secolo scorso, un'edicola aprirà in piazza Marconi dove ora c'è il Banco di Desio (e poi si trasferirà all'interno della piazza). Oggi a Nova ci sono sei edicole (via Brodolini, all'interno dell'ipermercato Famila, via Fiume, via Garibaldi, via Grandi, via Assunta, piazza Marconi). In Italia, si vendono, oggi, meno di 3 milioni di copie di quotidiani cartacei al giorno.

giostre – Vedi cap. 2.

Gugs, Gruppo unitario genitori scuola – Associazione di orientamento laico, nato nel 1977 con lo scopo di attuare i decreti delegati nella scuola. Ha organizzato dal 1978, numerose marce non competitive fra i ►cortili (cap. 2) di Nova per i ragazzi delle scuole materne ed elementari chiamate "Marciagugs". L'esperienza dell'associazione si è chiusa nel 1993. Il responsabile è stato Giovanni Villa, morto nel 2002.

Impronte, Associazione culturale – Vedi ►ceramica.

Informarete – Oggi non esiste più ma nel 1993 questo periodico della ►Rete (cap. 2), ha cominciato ad affiggere grandi cartelloni nelle zone più frequentate di Nova. Il periodico era composto da 8 pagine e redatto dagli aderenti al movimento di Nova e Desio. Distribuito gratuitamente, scomparirà dopo pochi numeri.

informatore comunale, L' – Il periodico del Comune di Nova Milanese nasce nel maggio 1997 e inviato a tutte le famiglie. Nel novembre 2013 esce l'ultimo numero con il proponimento di spostarsi sul web che, però, non avviene. Il periodico era stato fortemente voluto dall'allora assessore Enrico ►Rossi (vedi cap. 1) e che lo vede anche fautore del neonato Ufficio relazioni con il pubblico. La responsabile del giornale è stata Maria Luigia Lattanzi, responsabile dell'Ufficio comunicazione del Comune e del Centro di cultura di ►Villa Brivio (cap. 2) che ora lavora presso il Comune di Desio. (Vedi ►*Nova Milanese*).

Insieme – Vedi cap. 6.

istituti comprensivi – Ci sono, a Nova, due istituti comprensivi, quello di via Mazzini e quello di via Biondi. A via Mazzini fanno capo le scuole dell'infanzia di via Oberdan e via Grandi. Le primarie di via Mazzini e via Novati, la secondaria di 1° grado Segantini. A via Biondi le scuole dell'infanzia di via Biondi, via Fiume e via Venezia. Le primarie di via Biondi, via Fiume, via Venezia nonché la secondaria di 1° grado di via Biondi.

judo, Martial Arts Academy – Questa associazione sportiva nasce, nel 1974, per iniziativa di Roberto Ravagnani. Allora faceva parte della ►Ussa e ci si allenava presso le scuole elementari di via Mazzini. Nel 1989 nasce la Ussa judo. Nel 1991, oltre a Roberto Ravagnani anche un altro maestro, Angelo Colombo. Dal 2006 diventano autonomi dalla Ussa e si allenano presso il Centro sportivo comunale e nelle palestre delle scuole di via Mazzini. Per informazioni, Email: info@martialartsacademy.it

Karate Do Rei – Fondata nel 1986, l'associazione sportiva tende ad educare gli atleti alla non violenza e al rispetto reciproco. Secondo il sito comunale, la sede è in via Cortelunga, 2. (**La mail indicata dal sito istituzionale del Comune non risponde**).

Lanmic, Libera associazione nazionale mutilati e invalidi civili – L'associazione si forma a Nova nell'aprile 1976 con sede presso il vecchio ►Municipio (cap. 2) e con lo scopo di aiutare i cittadini mutilati o invalidi civili, a risolvere i problemi di lavoro, di pensione, di educazione, di protesi, di assistenza o altro, sia a livello burocratico che a livello istituzionale. Oggi ha sede in via Diaz, 8. Tel. 0362 43.920.

Lap, Libera Accademia di pittura – Fondata da Vittorio ►Viviani e Carlo ►Fedeli (cap. 1) nel 1952, è oggi diretta dal presidente Luigi Emanuele Rossi. Per lunghi anni la segretaria è stata la pittrice Amina Redaelli. Il Consiglio di amministrazione è composto dal direttore artistico Alessandro Savelli, dal vicepresidente Bruno Seruggia, dalla segretaria Laura Ricucci, dai docenti Nicole Casal, Davide Friso e da Davide Spinelli. Si tengono, per bambini e adulti, corsi di disegno e pittura e si approfondiscono le conoscenze di Storia dell'Arte nonché l'opportunità di partecipare a visite guidate presso mostre, musei, pinacoteche e complessi artistici. Inoltre, è anche possibile frequentare corsi di tecnica dell'incisione; incavografia; rilievografia; planografia. La sede della Lap, dopo essere stata in via Doria (con la custode-bidella Lucia Rota) e, dal 1995, presso le medie di via Biondi, oggi è in piazza De Amicis, 2 (vedi ►Casa delle Arti e dei Mestieri). (Vedi ►Bice Bugatti Club e ►Amici dell'arte). Per informazioni, tel. 0362 366.208; cell. 366 520.8065. E-mail: info@liberaaccademiapittura.com

Lega Lombarda, La – Settimanale clerico-moderato, fondato nel 1886, che spesso riportava articoli su Nova.

letture in ospedale – Presso l'ospedale di Desio è nato un interessante esperimento rivolto ai bambini. Nella sala d'attesa degli ambulatori pediatrici, che ospita utenti della fascia 0-17 anni, è stato pensato uno spazio dedicato alla lettura. Si tratta di un angolo in corrispondenza del box infermieri, con un pannello raffigurante bimbi e libri con un ramo su cui sono appese frasi che riguardano la lettura. Considerata la molteplicità di utenti stranieri, sono presenti pieghevoli informativi per i genitori in varie lingue (italiano, albanese, arabo, cinese, croato, francese, inglese, romeno, serbo, sloveno, spagnolo, russo e tedesco), con cui le famiglie ricevono informazioni sull'importanza della lettura e sulla possibilità di reperire libri nella propria lingua per i loro bambini.

librerie – A Nova non ci sono librerie specifiche. Ci sono, però, alcune cartolerie cui ci si può rivolgere per prenotare libri.

libri su Nova – Notevole la produzione libraria su Nova. (Spero di non aver dimenticato nessun titolo. Se l'ho fatto, me ne scuso sin d'ora). Nel giugno **1985**, i ragazzi delle elementari di via Fiume producono "*Nova Milanese, ieri e oggi; mutamenti nei settori produttivi e cambiamenti nei modi di vita*"; sempre nel **1985**, in dicembre, Il Cortile pubblica "*I Luit*"; nel luglio **1987**, il Comune stampa "Il *gioco delle bocce a Nova Milanese*" su testo della società Bocciofila sanbernardese; nel **1988**, la seconda classe media Segantini pubblica "*Nova: un paese in continua evoluzione*; nel **1989**, Antonio Colombo si cimenta in "*Storia e cronaca dal 1598 al 1914*"; nel **1994**, il 12 marzo, Massimo Banfi e Angelo Baldo presentano "*Storia di Nova*"; nel **1995** il romanzo sulla Resistenza novese "*4 strade*" di Adriano Todaro con video di Angelo Culatti; il 25 ottobre **1996**, ancora Il Cortile con "*La memoria ritrovata. Alla scoperta del territorio*"; nel **1997** "*Una vita in prestito*" sulle cooperative novesi sempre di Adriano Todaro e video di Angelo Culatti. Notevole è stata la produzione di ricerca e conservazione di Angelo Baldo (morto nel dicembre 1995) che ha scritto anche numerose poesie dialettali raccolte dal Comune in un volume nel **1987**. Nel **1995**, il gruppo culturale San

Carlo ha progettato un libro fotografico dedicato agli oratori novesi. Nova può annoverare poeti come Teresa Sala e Emanuele Verdura, che nel **1988** ha pubblicato *"Itinerario"* e scrittori come Roberto Ferlicca con il suo *"Terrorismo acido"* della fine del **1991** (vedi ►attori/autori). Più specialistico il libro di Ubaldo Gilardetti *"Classe novese 1933"* scritto nel **1994**. Nel **1998**, Adriano Todaro con il "Dizionario politico-sociale di Nova Milanese". Mariuccia Elli, nel **1999**, *"Enrico Arosio detto Ul Bianchin"* e, dalla stessa autrice, nel **2000**: *"Luit e misciot: storie e racconti di vita, canti e rituali della Nova di un tempo"* (con contributo di Virginio Bettini) e nel **2006**: *"Beni culturali artistici ecclesiastici nel territorio di Nova Milanese"* (con contributi di Giovanni Balconi, Franca Pirovano, Giuseppe Silvestris). Nel **2010** Giusy Taglia scrive *"Novesi, i personaggi che hanno contribuito a cambiare il volto della città"*. Fabrizio Cracolici e Laura Tussi, nel

2012, pubblicano un libro sul partigiano Emilio Bacio ►Capuzzo (cap. 3), dal titolo *"Un racconto di vita partigiana"*.

libri su Nova 2 – Importante e prolifica la produzione di libri e opuscoli da parte del ►Bice Bugatti Club. Nel **2009** *"La Luce di Bice. Mostra biografica di Bice Bugatti"* sulla storia della compagna di Giovanni Segantini con testi di Luigi Rossi; nel **2011** *"Storia d'arte e di passione. Nova Milanese, i cinquant'anni del Premio Bice Bugatti – Giovanni Segantini"* con testi di Claudio Rizzi ed Elena Banderali; nel **2012** *"Gruppo Amici dell'arte. Storia di arte e di artisti 1971-1991"* con testi di Carlo Solaro; nel **2013** *"Bar Corona, l'Arte alla fermata del tram"* con testi di Luigi Rossi, Giusy Taglia, Bruno Seruggia; sempre nel **2013** due volumi *"Scuola professionale di disegno 1920-1945"* e *"Scuola professionale di disegno 1945-1952"* con testi di Luigi Rossi, Chiara Dal Molin, Barbara Bertarelli; ancora nel

2013 *"Sessant'anni di LAP"* con testi di Simona Bartolena, Alessia Barzaghi e Corrado Mauri; nel **2014** *"Nova Milanese: Il lavoro come dramma 1974-1997"* con testi di Michele Angelo Salvioni; ancora nel **2014** *"Progetto Immagine 2001-2007. Il segno e la memoria, le fotografie di Eliana Lissoni"* con testi di Angelo Salvioni e Bruno Seruggia; nel **2016** *"Gruppo Amici dell'arte Il centro"* - Storia dell'associazione e catalogo della sua collezione con testi di Carlo Solaro, Camillo Ravasi, Dario Giovanni Alì, Davide Friso; nel **2017** *"Ambrogio Borghi"* - Biografia e catalogo delle opere del famoso scultore ottocentesco, nato a Nova nel 1848 con testi di Laura Ricucci, Luigi Emanuele Rossi, Davide Friso, Davide Spinelli; sempre nel **2017** *"Premio Città di Nova Milanese"* - Storia e catalogo della collezione del Premio artistico con testi di Luigi Emanuele Rossi, Simona Squadrito, Stefano Serusi; ancora nel **2017** *"Donne del primo Novecento a Nova"* - Ricerca storica sul periodo 1900-1945 con testi di Davide Spinelli e nel maggio **2018**, sempre con testi di Davide Spinelli e Rossana Cinquanta, *"Nova, le donne e il '68"*; nel **2018** *"Giovanni Francesco Bugatti e Nova nel Seicento"* - Catalogo delle opere dell'incisore Seicentesco che Carlo Bugatti (fratello di Bice) asseriva essere un avo della famiglia. Contiene anche un focus su Nova nel XVII secolo con testi di Alessia Barzaghi, Davide Spinelli, Alessandro Savelli. Ritornando al **2013**, Patrizia Ferrario (morta il 30 luglio 2012) e Margherita Cerri, architette, danno alle stampe *"Villa Brivio"*, preziosissimo volume di 200 pagine sulla storia della villa novese. Oltre alle fotografie d'epoca e moderne, le due ricercatrici ripercorrono, appunto, la storia della Villa e riportano i contributi di chi ha lavorato per il restauro (Giorgio Brioschi, Marco Cavallin, Salvatore Di Sarno Giusto, Fabio Pigozzi, Lorenzo Jurina, vedi cap. 8 ►restauri). Per ultimo, in ordine di tempo, nel **2018** Antonio Colombo pubblica *"Sono venuti tra noi dal Sud e dal Veneto"*, quarantatre storie di immigrati venuti a Nova. Importante segnalare anche altri libri prodotti dall'associazione Il ►Cortile come *"Ti faccio conoscere un paese, Nova Milanese"*; *"Beni culturali a Nova Milanese"*; *"I racconti della memoria"* (2 volumi); *"Personaggi e storia, creatività espressiva di ragazzi e giovani 1993-2010"*; *"La vita nei cortili"*; *"Festa da Nôa e dal furmentùn"*.

libri su Nova 3 - Oltre ai titoli già segnalati, diverse persone hanno scritto monografie ed effettuate ricerche su Nova. In particolare sulle *Scuole*, gli *Alpini*, sulle *Tradizioni e il mais*, su *Guerre e deportazioni*, su *Margit Seregni*. Essi sono Roberto Bergna, Marilena Caimi, Maria Pia Cappelletti, Laura Dentone, Giuseppe Ferrari, Eliana Guenzati, Simone Lazzaro, Vincenzo Lupo, Andrea Mantovani, Marco Mariani, Alessandro Marzenta, Puccy Paleari, Enrica Passoni, Vilma Riva, Gabriella Sala, Eugenio Scannapielo, Alessandro Scuratti, Marica Scuratti, Pierluisa Seregni, Maria Luisa Trezzi, Maria Teresa Viganò. È stato dato alle stampe anche un piccolo libro sulla storia della famiglia dell'autore, Mario Palmisano, immigrata dalla Puglia a Nova dal titolo *"Scusi, ma lei chi sei"*.

Ligera, La – Era un gruppo vocale-musicale nato nell'estate del 1978 e sciolto a metà del 1985. Il nome era preso in prestito dalla mala milanese d'altri tempi. Il gruppo, composto da 7 ragazze e 5 ragazzi, ha tenuto diversi concerti durante l'estate a Nova e nei cortili, interpretando canzoni popolari e, appunto, della mala.

Lotta club – Sodalizio sportivo fondato nei primi mesi del 1979, dall'olimpionico di lotta Vincenzo Grassi che è stato anche allenatore unico della squadra italiana alle Olimpiadi di Montreal nel 1976. Inoltre, è stato 15 volte campione azzurro e partecipante alle Olimpiadi di Roma (1960), Tokio (1964), Messico

(1968) e Monaco (1972). Nel 1963 ha vinto a Napoli i Giochi del Mediterraneo. Nel giugno 1995, Vincenzo Grassi ha vinto, in Bulgaria il campionato del mondo master di lotta. Al Lotta club di Nova sono iscritti circa 25 atleti che si allenano nella palestra della scuola di via Mazzini. Per informazioni, tel. 0362 459.191. Email: grassi.vincenzo1938@libero.it

Luit – Vedi, Civiche ►benemerenze.

majorette – Vedi twirling.

Margit, Associazione amici di – L'associazione è dedicata a Maria Giuditta Seregni, detta Margit, poetessa, insegnante, organizzatrice culturale di Nova morta il 3 ottobre 1992. La sede dell'associazione è nella casa dove Margit abitava, in via Garibaldi, 116. L'associazione organizza, ogni primavera, premi di poesia dedicati agli alunni di 3ª, 4ª e 5ª elementare nonché della scuola secondaria di 1° grado (medie). Importante il gemellaggio tra gli alunni delle scuole di Nova Milanese e le ospiti di "Casa di Margit" di Payakaraopeta in India. La "Casa di Margit" in India, ospita 60 ragazze provenienti da poveri villaggi, per permettere loro di studiare. La realizzazione della Casa in India è stata possibile grazie alla vendita della casa di Maria Giuditta Seregni, in collaborazione con la Fondazione canossiana. La presidente dell'associazione è Vilma Riva. Per informazioni, tel. 335 69.30098. Email: segreteria@amicidimargit.org

materna delle suore – Nei locali dell'oratorio femminile di via Giussani, nei primi anni Novanta del secolo scorso, il Comune affitta dei locali per la scuola materna. Sarà funzionante sino al passaggio dei bambini in via Roma, nel 2015.

materna di via Alfieri, scuola – Comincia a funzionare l'1 settembre 1971 ed era situata al numero civico 9. Si trattava di un appartamento privato che il Comune aveva affittato. Funzionerà sino a quando verrà aperta la ►materna di via Oberdan, nel 1977.

materna di via Biondi (infanzia) – Oggi è titolata a "Ignoto Militi" la scuola dell'infanzia. Ospita 4 sezioni delle materne per un totale, attualmente di 94 iscritti. Tel. 0362 40.441.

materna di via Fiume (infanzia) – Nata nel 1976, oggi questa scuola dell'infanzia si chiama "Arcobaleno" ed ospita 7 sezioni per un totale di 171 bambini. La scuola era costata, esclusa Iva, arredi e impianti, 163 milioni di lire. Tel. 0362 41.200.

materna di via Grandi (infanzia) – La costruzione della materna viene approvata, all'unanimità nella seduta del Consiglio comunale di martedì 6 febbraio 1973 e inaugurata nel 1975. L'area su cui è stata edificata, sviluppa 6.750 mq. Attualmente ospita 5 sezioni per 104 bambini. Il costo della scuola, nel momento in cui è stata approvata in Consiglio comunale, era di 105 milioni di lire. Tel. 0362 43.497.

materna di via Oberdan (infanzia) – Costruita nel 1977 ospita, attualmente, 7 sezioni per un totale di 179 bambini. La scuola è dedicata a Bruno Munari, artista, designer, pedagogo e scrittore italiano. Tel. 0362 40.459.

materna di via Roma – Nelle scuole di via Roma erano presenti anche le materne. Oggi non più e non ci sono più neppure le elementari. Sono state trasferite in via Biondi nel 2014. (Vedi ►Casa delle Arti e dei Mestieri).

materna di via Venezia (infanzia) – La scuola è titolata allo scrittore Gianni Rodari. Costruita nel 1978, ospita, attualmente, 4 sezioni per 100 bambini. Tel. 0362 43.264.

materna parrocchiale – La materna parrocchiale si trasforma, dall'ottobre 1974 all'agosto 1975, in pubblica perché Nova manca di scuole materne. L'area della materna sviluppava 610 mq. e il Comune pagherà un affitto di 3 milioni e 500 mila lire per il periodo citato.

media di via Giorgio Biondi (secondaria di 1° grado) – La prima scuola media sorta a Nova, è dedicata a papa Giovanni XXIII così come deciso dal Consiglio comunale il 16 marzo 1966. La scuola è stata realizzata dagli architetti Giulio Redaelli e Novella ►Sansoni Tutino (cap. 1) e comincia a funzionare nel 1965. Nata come struttura aperta, si deciderà per la recinzione nel 1978 a seguito di numerosi vandalismi. Negli anni Settanta del secolo scorso, a causa delle carenze di aule, alcune classi furono trasferiti negli uffici della ►Briantea (vedi cap. 4), in via Villoresi. Attualmente ci sono 14 classi per un totale di 279 studenti. Tel. 0362 40.441.

media di via Leonardo da Vinci (secondaria di 1° grado) – Chia-
mata media Segantini perché dedicata a Giovanni Segantini, pittore divisionista che si era sposato con Bice ►Bugatti. Dopo la morte del pittore, Bice Bugatti aveva abitato a Nova. La scuola comincia a funzionare nell'ottobre 1979. È una struttura con laboratori, biblioteca, ambulatorio, palestra 18x24 metri. L'opera è costata un miliardo e mezzo di lire e dedicata a Segantini il 19 dicembre 1991. Attualmente ha 14 sezioni per un totale di 276 studenti. Tel. 0362 40.439.

minori stranieri, cittadinanza onoraria – Con delibera 12 novembre 2014, il Comune di Nova ha aderito alla campagna dell'Unicef (Fondo delle Nazioni Unite per l'infanzia) di concedere la cittadinanza onoraria simbolica, ai bambini nati in Italia da genitori stranieri.

Moebius, Associazione italiana sindrome di – Vedi cap. 7.

Mosaico, Il – Vedi cap. 6.

Moto club Nova – Uno dei più vecchi sodalizi sportivi, nato il 21 luglio 1954, aveva come presidente onorario Carlo ►Fedeli (cap. 1) e come effettivo Giancarlo Riva, mentre il vice presidente era Rino Cezza (il figlio Paolo, diverrà campione italiano nella classe 80cc. nel 1990). Nel gennaio 2018 il Moto club Nova ha sospeso l'attività. L'ultimo responsabile è stato Piero Procopio. La sede era in via Brodolini, 2 (►Villa Toschi, cap. 2).

Moto staffetta – Ha sede presso il Centro sociale Togliatti, via Togliatti, 6.

museo digitale – Amministrazione comunale e ►Bice Bugatti Club, hanno dato vita – nel 2013 – ad un museo digitale. Entrando in www.museonova.com, è possibile vedere online tantissime opere d'arte. In particolare le opere che, nel corso delle 52 edizioni, hanno vinto il Premio Bice Bugatti Giovanni Segantini, inclusi i premi correlati, Premio Città di Nova e Premio Vittorio Viviani; le opere appartenenti alla ►Libera Accademia di Pittura, al ►Bice Bugatti Club, alla Fondazione Quercioli e all'►Arci Enrico Rossi. Vedi anche ►patrimonio artistico.

museo privato – C'è anche un museo privato a Nova, ideato e gestito da Giovanni Corati. L'ideatore ha collezionato pezzi di manufatti e utensili, oggetti di uso quotidiano e quant'altro tutti risalenti alla vita agreste novese della prima metà del Novecento, così da raccontare ai visitatori (soprattutto le scolaresche) la vita di quel tempo. Il museo è visitabile in via Buonarroti, 8. Tel. 0362 41.588.

musica nei bar – Un interessante percorso musicale, oggi non più esistente, viene proposto nel 1985, fra gennaio e febbraio da parte del "Progetto Sugo" del servizio minori del Comune. Gruppi musicali suonano al bar Centrale, al ►Centro parrocchiale (cap. 6), alla paninoteca Snoopy e al ►Centro sociale Togliatti (cap. 2). Nel luglio 1985, cinque giorni di musica al parco Vertua.

musica, sala prove – L'Amministrazione comunale, dal 18 dicembre 1995, aveva organizzato una sala di registrazione per i giovani che volevano fare musica. La sala era nel seminterrato della media di via Grandi. Sempre in campo musicale, importante le serate di Nova Giovani. Oggi c'è a disposizione delle band, una sala prove attrezzata presso Villa Toschi, via Brodolini, 3. Per informazioni, tel. 0362 37.4274. (Vedi anche ►band).

Musicanti – Nel 1994, dieci band di ragazzi novesi appassionati di musica si sono messe assieme e, in collaborazione, con l'Amministrazione comunale, hanno costituito i Musicanti. Lavoravano di concerto con la Consulta giovanile cercando così da favorire l'aggregazione giovanile e gestivano la sala prove. Suonavano rock, musica popolare, rap, funky. Oggi non ci sono più. (Vedi anche ►band).

Nemesia – Associazione culturale legata a ►Forza Italia (cap. 2). Nata nel 1995 aveva la sede in via Garibaldi, 7. L'associazione editava il periodico Il ►*Novese*. Oggi non esiste più.

nomina Cavalieri 2018 – Per la Festa della Repubblica 2018, il presidente Sergio Mattarella ha attribuito la nomina a Cavaliere di 15 cittadini abitanti nella provincia di Monza e Brianza. Fra i novesi sono stati nominati Gaetano Morgese e Eugenio ►Pizzigallo (cap. 1). Una medaglia d'onore alla memoria, è stata concessa a Erminio Tremolada.

Nova '70 – Mensile della Dc locale, nato nel dicembre 1974. Avrà una periodicità discontinua e chiuderà, definitivamente, con il numero di luglio-dicembre 1976. Direttore responsabile era Luigi Bellotto.

Nova calcio 04 – L'Associazione sportiva polisportiva San Giuseppe Nova Calcio 04 (così si chiama precisamente) viene fondata il 28 agosto 2004. Si affilia al Csi (Centro sportivo italiano) e disputa partite di calcio a 7 giocatori. Attualmente è iscritta ai campionati di calcio a 11 giocatori sempre del Csi ed ha in comodato d'uso, il campo di calcio di via Rosselli. La sede è in via Bellini, 1. Per informazioni,   Email: psgnovacalcio@tiscali.it   - salvatoregrande@fastwebnet.it

Nova Milanese – Periodico dell'Amministrazione comunale che comincia ad uscire nel maggio 1997, distribuito gratuitamente alle famiglie novesi, con più di 9 mila copie. In genere ha 20 pagine formato Uni e redazione e stampa sono coordinate dall'Urp (Ufficio relazioni pubbliche) del Comune. Esce quattro volte l'anno. Direttore del periodico, il sindaco pro tempore.

Nova sport – È un'associazione sportiva che promuove la pratica del calcio a 5 giocatori. Fa parte della Figc (Federazione italiana gioco calcio) e della Lega Dilettanti. Ha militato nel campionato C1 e D. (**Non ha mai risposto alla richiesta di dati**).

Nova sport time – Nata nel 1990, la società di pallavolo femminile aveva sede in via Brodolini, 2 presso Villa Toschi. Attualmente la società risulta inesistente.

Novese calcio – Una squadra calcistica di Nova esisteva già poco prima della fine della guerra. I giocatori, organizzati dalla ►Gil (Gioventù italiana littorio, vedi anche cap. 3), giocavano in un campo dell'odierna Silvio Pellico e, in seguito, nella zona dell'odierna via Verdi. La fondazione vera e propria, però, della Novese calcio avviene nel novembre 1945 per iniziativa di un gruppo di giocatori animati da Giuseppe ►Seregni (cap. 1). Sarà proprio questo gruppo che inizierà a sistemare quello che diverrà il campo da calcio delle 4 strade, occupato, sino a quel momento, dalle casematte degli avieri di stanza alla ►Casa del fascio (cap. 3). Dopo una decina d'anni, la responsabilità passa al farmacista Giuseppe Manzoni. Con lui e con Seregni, anche Giuseppe Ghioni, Sandro Brioschi, Attilio Lonati, Enrico Conti, Rinaldo Villa. La Novese ha giocato in 1/a divisione e promozione. Vedi anche Unione sportiva novese ►calcio.

Novese, Il – Periodico edito dal circolo culturale Nemesia. Il primo numero è uscito nel dicembre 1995. Distribuito gratuitamente, aveva, in genere, 12 pagine formato Uni. La sede era in via Saragat, 2. Oggi non esiste più.

Nuovo Umanesimo – Gruppo culturale nato nel 1967 nell'ambito della Biblioteca Civica, che lavorerà soprattutto, in campo scolastico con inchieste locali e organizzando lezioni gratuite per i figli degli operai e le ►150

ore. Spesso prese posizione sui fatti amministrativi e organizzerà le primissime manifestazioni contro la guerra del Vietnam (nel 1968) boicottando il film "Berretti verdi" che si programmava nel cinema dell'oratorio. Contestò pure il premio di pittura Bice ►Bugatti nel 1968.

Nuovo Umanesimo, inchiesta – Nel 1968 i giovani del Nuovo Umanesimo conducono un'inchiesta su lavoratori e studenti novesi. I risultati di tale inchiesta dimostrano che circa il 40% dei giovani novesi non frequenta la biblioteca, il 33% non legge i giornali e il 30% non legge mai libri.

Olis – È un'associazione culturale che promuove progetti di solidarietà, attività culturali, ricreative, turistiche e servizi. Organizza corsi di danza del ventre, yoga, joy gym, meditazione, alimentazione naturale, reiki, stage d'approfondimento, conferenze, incontri letterari ed il mercatino hobby & bio. (**L'indirizzo Email indicato nel sito del Comune, sembra sia inesistente**).

pallottoliere – Nel 1873 arriva a Nova a visitare le scuole, l'Ispettore degli studi e riscontra gravi carenze per le aule. Il Comune non ha soldi e il Consiglio comunale decide, allora, di fare dei tagli. I consiglieri non riconoscono la spesa per un altro pallottoliere per i maschi considerato che quello esistente può servire, alternativamente, sia per i maschi che per le femmine.

paracadutisti – L'associazione nazionale, nasce a Nova nel 1985. Il responsabile novese era Francesco Romano; il vice, Carlo Scoglio. La sede era in piazza Marconi, 20.

patrimonio artistico – Oltre ad alcune ville (molto bella ►Villa Brivio, cap. 2, sede della ►Biblioteca Civica) e la donazione delle sue opere che il pittore Vittorio ►Viviani ha fatto, nel 1978, al Comune, Nova Milanese non possiede un grande patrimonio artistico. Nella chiesa parrocchiale centrale, ci sono gli affreschi di Cesare Secchi e Luigi Morgari, quest'ultimo autore anche delle vetrate. Visibili anche alcuni dipinti ad olio su tela che sembra risalgano ad un periodo che va dal 1600 al 1900. Tra queste, anche alcune opere di Osvaldo Bignami e Abbondio Bagutti risalenti tra il 1897 e il 1900. Di rilevante valore artistico sono alcune tele di anonimi pittori lombardi del '600. Importante l'opera di Vittorio Viviani, realizzata nel 1927 sulla "Crocefissione bizantina", A ►San Bernardo (cap. 6), nella chiesetta, c'è un affresco che sembra risalga al 1400 (ma la chiesa è dei primi anni del 1600) e interessanti gli "altarini", le edicole, in alcune vie fra cui quella posta in via S. Sebastiano restaurata, nel 1962, da Vittorio Viviani. Interessante anche l'affresco trecentesco che si trova nella chiesa di Grugnotorto, restaurato da Vittorio Viviani, alla fine del 1994. Il 27 maggio 1994 la soprintendente ai Beni ambientali e architettonici, aveva fatto restaurare tre opere esistenti in Cortelunga (un dipinto di S. Sebastiano, un crocifisso in legno di gelso e una statua di legno di gelso di San Domenico).

pedale novese – Il sodalizio sportivo, nato nei primi anni Ottanta del secolo scorso, partecipava alle corse nelle categorie juniores e dilettanti di 2ª serie. Presidente era Benito ►Volpes (vedi cap. 1). Oggi non esiste più.

pescatori La Novese – L'Associazione sportiva dei pescatori è nata nel 1963, per iniziativa di Carlo Mariotte (morto nel 1969). Dopo di lui Felice Bordon, Luciano Cozzaglio, Franco Lorello. La sede era presso il ►Centro sociale Togliatti, via Togliatti 6. Ora non esiste più.

Philo, associazione – È un'associazione culturale che nasce a Nova e ha come slogan: "Essere, Vivere, Imparare". Quindi percorsi di crescita personale, la gioia dell'essere e il divertimento dell'imparare. Con vari corsi che vanno dall'inglese per bambini, ai corsi di fotografia. In totale ci sono più di 20 corsi. Si tengono presso la ►Casa Arte e Mestieri in via Roma, 5. I soci ordinari versano una quota di 20 euro l'anno; i bambini, 10. I soci sostenitori, almeno 50 euro. Per informazioni. tel. 347 02.92047. Email: info@associazionephilo.it. (**Non hanno mai risposto alla richiesta di dati**).

Polisportiva Nova Milanese – Nata il 10 maggio del 1970 (fondata da 24 persone con un'autotassazione di 500 lire la settimana), la Polisportiva di Nova è una delle più grosse e prolifiche realtà sportive novesi. Il primo presidente è stato Giovanni (Armando) Spreafico. Oggi, dal 1988, è Luciano Novi. Nel corso degli anni si sono susseguiti tanti dirigenti: Mario Bestetti, Angelo Sala, Gianfranco Colla, Angelo Bugatti, Rosanna Sanna, Arnaldo Bogani, Giuseppe Tresoldi, Laura Greni, Carla Pagani, Giuliano Ghioni, Fernando Gasparetto, Francesco Colombani, Gianni Calegaro. Attualmente sono iscritti alla società sportiva circa 250 atleti divisi in cinque discipline sportive (calcio, pallavolo maschile e femminile, ciclismo, calcio a 5 giocatori e calcio femminile a 7 giocatori). La sede è in via Brodolini, 2, presso ►Villa Toschi (cap. 2). Per informazioni, Email: poldinova@inwind.it

Pollicino, nido d'infanzia – Vedi ►asilo nido comunale.

premio Bice Bugatti – Vedi ►Bugatti, premio Bice.

Progetto Gio.I.A. – È un progetto dell'Amministrazione comunale cui collaborano diverse associazioni del territorio. Fra i percorsi attuati la conoscenza dei **Diritti dei minori** in occasione della giornata che le Na-zioni Unite hanno istituito il 20 novembre 1989; **Diritti in villa** dove si espongono e si valorizzano, a ►Villa Brivio (cap. 2), i lavori fatti dai ragazzi delle scuole novesi; **Arte nelle scuole**, in collaborazione con la ►Lap per coltivare il piacere dell'espressione artistica; **Educazione alla legalità e memoria** che coinvolge le scuole novesi sulle date importanti della nostra Storia e si conclude con il viaggio-pellegrinaggio a Mauthausen (cap. 3); **Sport in rete** che si fonda sul concetto di sport quale strumento educativo e d'integrazione; **Ecologia e ambiente** per mantenere viva l'attenzione attorno a questi temi; **Parlamentino** della scuola secondaria di 1° grado con le proposte dei ragazzi all'Amministrazione comunale; **Collaborazione fra genitori e scuole** per organizzare eventi, laboratori, momenti formativi e orientativi; **Educazione alla salute**, con la collaborazione della ►Cri (cap. 7) e Vigili del fuoco con simulazioni in casi di incendio e nozioni di pronto soccorso per i ragazzi delle scuole.

Progetto interprete – Approvato da una delibera di Giunta nel 1998, era un corso di formazione per genitori che prevedeva analisi e ricerche per aiutarli nella loro formazione educativa. Oggi è stato sostituito da "Crescere per far crescere" in collaborazione con le scuole.

Radio Centro 105 – Comincia a trasmettere l'1 settembre del 1978, con sede in via Leonardo da Vinci. Con l'arrivo alla radio di Pier Luigi Pelitti e Giuseppe Ciancio, si tenterà di trasformarla da radio dediche e canzonette a radio informativa. L'esperimento fallirà. Dopo qualche anno, la chiusura.

refezione scolastica – Il servizio riguarda le scuole materne, elementari, medie e centri estivi comunali. I costi dei pasti sono legati all'Isee, l'indicatore della situazione economica familiare. Per la fascia inferiore o uguale a 7.750 euro, il costo-pasto è di 3,20 euro; fra i 7.750 euro e 10.631,99 euro è di 3,70 a pasto; tra le 10.632 euro e le 50 mila, il costo-pasto è di 4,60 euro; superiore ai 50 mila euro o mancata presentazione dell'Isee, il costo-pasto è di 4,70 euro. Per informazioni, ►Azienda comunale dei servizi (cap. 2), via Madonnina, 9. Tel. 0362 36.0365.

Rejoice, Associazione culturale – L'associazione nasce a Nova nel 2007 con la finalità di diffondere la musica gospel e ha circa settanta persone associate. Ogni anno è richiesto, ai soci, il versamento di una quota associativa, utile a sostenere i costi della formazione in tema di vocalità e le spese vive che il gruppo sostiene per lo svolgimento della prova settimanale oltre che per altre necessità. In Italia, l'associazione è nata nel 2001 ed è diretta dal musicista Gianluca Sambataro. Importante l'evento che hanno creato e l'organizzazione del Nova Gospel Festival, evento che ha portato sul palco novese del Teatro comunale, nel 2006, artisti di fama internazionale. Sono state sino ad ora realizzate undici edizioni: nel corso del tempo hanno partecipato diverse/i esponenti del mondo gospel (in particolare del gospel contemporaneo) quali il reverendo Bazil Meade del London Community Gospel Choir, la cantante e pianista statunitense Robin Brown, il cantante inglese JNR Robinson e poi Joyce Yuille, Sherrita Duran, Loretta Grace. Per informazioni, tel. 333 84.86199. Email: rejoice@rejoice.it

riccio, il – Periodico socialista novese che inizia ad essere distribuito, gratuitamente, nelle case dei novesi, nel maggio 1991. Ha avuto vita breve.

rievocazione storica – Nel mese di novembre, all'inizio, l'►Ecomuseo organizza una rievocazione storica in costume per le vie di Nova. È quella che viene definita la "Estate di san Martino" e prende le mosse dalla tradizione agricola che vuole che tutti i contratti partivano e terminavano l'11 di novembre. Quindi, a quella data, era necessario traslocare.

rifugiati – Vedi cap. 2.

San Carlo, Gruppo culturale – Vedi cap. 6.

San Carlo, Gruppo sportivo – Vedi cap. 6.

San Carlo, Gruppo teatrale – Vedi cap. 6.

Santa Cecilia, corpo musicale – La "banda" nasce a Nova per volontà del cappellano di San Bernardo, don Paolo Mambretti il 21 marzo 1911. Nel 1964 viene praticamente rifondata per iniziativa di don Rainaldo ►Grassi (cap. 6) e il sostegno attivo di Angiolino Bonvini. Uno dei responsabili è stato, nel corso degli anni, Luigi Arosio, oggi morto. Dopo la presidenza di Marco Vergani, oggi presidente dell'associazione è Silvia Quarello; il direttore della "banda", invece, è Laura Rigamonti. Può contare su 30 elementi che formano il corpo musicale. La S. Cecilia propone anche corsi di musica per giovani e adulti tenuti da insegnanti diplomati in Conservatorio. (Vedi ►Centro musica insieme). Per informazioni, tel. 0362 36.4594 / 347 81.84877. Email: cmsc@cminova.it

Sci club Stella alpina – Oggi non esiste più essendosi sciolta nel 1990. Si era formata nella stagione 1987/88 con sede in via Garibaldi, 88 (lo stabile dove c'era il Psi). Responsabile è stato Tiziano Lomolino. Vedi anche ►Ski club Nova Milanese.

scienziato novese – Nel 2017 la prestigiosa rivista Usa *Forbes*, ha inserito il novese Christian Salvatore (attualmente abita a Lissone) fra i migliori 30 scienziati al di sotto dei 30 anni. Salvatore, laureato in fisica, si è occupato di intelligenza artificiale applicata alla medicina analizzando una serie di algoritmi

così da arrivare ad una diagnosi precoce di malattie come l'Alzheimer e il Parkinson.

scout evangelici – Vedi cap. 6.

scuola – Nel 1894, il marchese Emanuele D'Adda vende al Comune di Nova, un terreno per edificare la scuola (quella di via Roma). In quel momento la scuola è situata in alcuni locali della villa Vertua di proprietà di Lorenzo ►Vertua (cap. 1) il quale percepisce dal Comune, 590 lire l'anno per l'affitto dei locali. Nel 1901, la nuova scuola, viene inaugurata. È a due piani con classi maschili e femminili. Ogni classe, anche 70 allievi. Nel 1912, viene istituita la quarta classe che, per motivi di spazio viene portata nei nuovi locali del ►Municipio, in via Madonnina, dove esiste già una scuola serale per analfabeti. Il 20 febbraio 1927, con un affitto di lire 1.200 l'anno, il Comune affitta una stanza della Cooperativa di ►Consumo Popolare, in piazza De Amicis. All'inizio del 1960, con l'immigrazione, si fanno i doppi turni e il Comune è costretto ad affittare alcuni negozi in via Doria per adibirli ad aule scolastiche.

scuola elementare, la prima – Viene fondata, nel 1715, dal parroco di Nova don Giovanni Belgerio. Il sacerdote muore il 30 aprile 1719.

scuola oggi – A Nova ci sono, attualmente, cinque scuole dell'infanzia (scuola materna fino a 5 anni), cinque primarie (elementari dai 5 agli 11 anni), due istituti della scuola secondaria di primo grado (medie, dagli 11 ai 14 anni) e due istituti comprensivi che raggruppano scuole dell'infanzia, scuole primarie e scuole secondarie di primo grado situate in via Leonardo da Vinci e via Biondi. (Vedi ►materna, ►elementare, ►media).

scuola privata femminile – Poco prima il 1912, a Nova, c'è anche una scuola privata femminile. Aveva sede fra la chiesa e il cortile dei Garlati, nell'odierna via Madonnina, nella casa del parroco.

scuola professionale – La dizione esatta era "Scuola professionale Arti e Mestieri". Comincia a funzionare nel 1969 ed era completamente finanziata dall'Amministrazione comunale. Si tenevano corsi professionali per disegnatori meccanici, elettrotecnici, addetti all'impiego, e per il conseguimento della licenza di scuola media inferiore ed elementare. I corsi serali, gratuiti e tenuti presso la scuola media di via Biondi, sono durati sino ai primi anni Ottanta. Il direttore è stato Rino Conti. Attualmente fa parte del Consorzio Desio-Brianza. (Vedi ►CoDeBri, cap. 4).

scuola serale elettorale – La creano i socialisti novesi il 17 dicembre 1904 e ha lo scopo di insegnare a leggere e scrivere così da poter esercitare il diritto di voto. Era definita elettorale, appunto, perché finalizzata a questo scopo. Insegnava la maestra Barberina Martini Pratella, gratuitamente.

scuola serale pubblica – La prima scuola serale pubblica, nasce a Nova, il 3 dicembre 1922, con voto unanime da parte di tutti i 15 consiglieri comunali presenti. La proposta veniva dal sindaco Carlo ►Pessi. (Vedi cap. 1).

Segantini, premio – Il premio di disegno Giovanni Segantini, viene istituito nel 1964 da Vittorio ►Viviani. È dedicato al pittore divisionista nato nel 1858 e morto nel 1899, a soli 41 anni per una peritonite. Il pittore aveva soggiornato a Desio, in Brianza e in Svizzera. Si era sposato con Bice ►Bugatti che abiterà dopo la morte del pittore a Nova.

Ski club Nova – L'associazione degli amanti dello sci è nata a Nova nel 1970 fondata da Mario ►Lonati (cap. 1), Angelo Pessina e Antonio ►Luccisano (cap. 1) che diventa il primo presidente (in realtà, a Nova, esisteva già un'associazione sciistica). Oggi il club ha dai 30 ai 50 iscritti, secondo i corsi che organizza, e il presidente è Antonio Lavezzari. Nel tempo ha organizzato, e organizza, non solo gite sulle nevi ma corsi di sci rivolti soprattutto ai bambini delle scuole elementari e medie. La sede è in via Paolo Mariani, 3. Tel. 366 99.28318.

Società di mutua assicurazione – Viene fondata, fra i contadini novesi, nel 1907. Uno dei primi presidenti è stato Giuseppe ►Marzorati (cap. 1), primo sindaco di Nova, dal 1860 al 1862.

Sole, Il – Vedi cap. 6.

Spazio, Lo – Vedi cap. 6.

Spazio-gioco – È un servizio educativo per i bambini da 0 a 36 mesi che si svolge all'interno della ►Villa Vertua (cap. 2), in via Garibaldi, 1. I bambini, accompagnati da un adulto, possono socializzare svolgendo, nel contempo, attività educative. Per informazione, Servizi sociali del Comune. tel. 0362 37.4274.

Sportello di ascolto per genitori e docenti – Lo Sportello psicologico di ascolto e supporto condotto da psicologi e psicoterapeuti è rivolto a genitori e docenti di alunni frequentanti le scuole statali dell'infanzia e primaria di Nova Milanese. Organizzato dal Comune di Nova, in collaborazione con Duepuntiacapo, Cooperativa sociale di Paderno Dugnano, ha cominciato l'attività presso la scuola primaria Fasola Quarello in via Mazzini, 39. Per informazioni tel. 393.52.54887.

teatro – La Biblioteca Civica comincia a portare i novesi a teatro, a Milano, nei primissimi mesi del 1982. Il biglietto costa 3 mila lire. Nel 1997 saranno le compagnie teatrali a spostarsi a Nova. Bisogna però ricordare che, sempre la biblioteca, nel gennaio 1975, aveva programmato ben cinque spettacoli teatrali (il primo era stato *"La condanna di Lucullo"* di Bertolt Brecht) tenuti al teatro San Carlo. I prezzi variavano, secondo gli spettacoli, dalle 500 lire alle 3 mila lire. Oggi gli spettacoli si tengono presso il Teatro comunale di ►piazza Gio.I.A. (Vedi cap. 2). Nella stagione 2017/2018, si sono rappresentati 10 spettacoli di prosa, 6 per le scuole, 4 domenicali per le famiglie, 4 appuntamenti musicali e 2 eventi gratuiti. (Vedi ►Auditorium comunale). Per informazioni, tel. 039 20.27002. Email: biglietteria@teatrobinarionova.com

Tennis club – Oggi il club sportivo – nato a ridosso degli anni Sessanta del secolo scorso – non esiste più. Le partite venivano giocate in un campo di via Galilei dove ora c'è un capannone. Alla fine degli anni Ottanta, del secolo scorso, si giocava presso il campo del Centro parrocchiale. In quegli anni, il presidente è stato Giuseppe ►Lissoni (cap. 1). Vedi anche ►centro sportivo.

tennis tavolo – Un'altra società sportiva che non esiste più. Era nata nel luglio 1980 in collaborazione con la Polisportiva, ma già l'anno prima gli amanti di questa disciplina, avevano partecipato al campionato provinciale organizzato dall'oratorio San Carlo. Il presidente del sodalizio era Marco Fusi. Vedi Gruppo sportivo ►San Carlo.

terza età, Gruppo – Vedi cap. 6.

Triestina, cascina – Risalente al 1915, faceva parte di una grande proprietà terriera. Col tempo, il degrado si era impossessato di questa bella costruzione carica di storia. Nel 1998, l'Amministrazione comunale completa il recupero della cascina e, l'anno seguente, affida ad un gruppo di pensionati già attivi nel volontariato locale, la gestione della stessa cascina. Nel 2003, diventa "Associazione Novese Cascina Triestina" affiliata Auser (Autogestione Servizi) associazione di volontariato della ►Cgil (cap. 4). Alla Triestina si tengono mostre di pittura, fotografiche, manifestazioni teatrali, sabati danzanti, ginnastica, conferenze, feste a tema, tornei di carte e bocce, corsi di Nordic walking. Inoltre gestisce i ►soggiorni climatici (vedi cap. 7) ed è sede dell'►Università del Tempo Libero. Nell'ex cascina ci sono anche 13 minialloggi di 55 mq. La presidente, dopo Maria Corti, è ora Marina Tagliabue. Per informazioni, via Pietro Nenni, 3, tel. 0362 365161. Email: cascinatriestina@virgilio.it

twirling, Associazione sportiva dilettantistica – Fondato nel 1967 da Ernesta Merati Bugatti come Gruppo sportivo, nell'agosto del 1983 il gruppo partecipa al campionato mondiale con l'allora 13enne Luigi Vernizzi, oggi diventato allenatore e giudice federale così come Paola Marini e Cristina Laudicina. Carica di medaglie l'atleta Martina Carcea. Oggi la presidente è Paola Marini. Per i corsi-base, la quota, comprensiva di assicurazione sportiva è di 270 euro; per i corsi principale e superiore, 380 euro. La sede è in via Brodolini, 2 presso ►Villa Toschi (cap. 2). Per informazioni, Email: twirlingnovamilanese@gmail.com. (**Non hanno comunicato il numero degli iscritti**).

Unità a sinistra – Periodico mensile nato nel dicembre 1971 ed edito dall'allora ►Pci, poi dal ►Pds con redazione prima in via XX Settembre, poi in via Giussani e, infine, presso il Centro sociale di via Togliatti, 6. È stato diretto, per lunghi anni, da Adriano ►Todaro e poi da Enrico ►Rossi (cap. 1) che fu il vero propulsore del mensile. È stato chiuso nel 2014 dopo che l'anno precedente era uscito solo con 4 numeri.

Unitalsi – Vedi cap. 7.

Università del tempo libero – Nasce nel 2003 come branca delle attività che si svolgono alla cascina ►Triestina. I corsi che si possono frequentare sono ben 67, tenuti da 60 docenti, tutti volontari. All'Università sono iscritti 900 corsisti. Per informazioni, via Pietro Nenni, 3, tel. 0362 365161. Email: cascina-triestina@virgilio.it

Ussa, Unione sportiva S. Antonino – Vedere cap. 6.

Villa Brivio – Vedi cap. 2.

Villa Vertua-Masolo – Vedi cap. 2.

Viviani, Vittorio – Nato a Milano il 26 settembre 1909 ma novese fin dai primi mesi di vita, il pittore ha avuto con Nova un forte legame che ha trasferito sovente nelle sue opere. Nel 1931 dirige la scuola professionale di disegno nelle scuole di via Roma. Nel 1952 fonda la ►Lap, Libera accademia di pittura dove si sono formati decine di pittori ormai affermati. Nel 1959, con il sindaco Carlo ►Fedeli (cap. 1), istituisce il premio di pittura Bice ►Bugatti e nel 1964 quello dedicato a Giovanni ►Segantini. Al Comune di

Nova, ha donato nel 1978, 10 dipinti e 54 disegni. È anche cittadino onorario di Iseo dove ha fondato una scuola di pittura per ragazzi e donato alcune sue importanti opere, come del resto ha fatto nei confronti del Comune di Alberobello e, per questo, premiato con un trullo d'oro. Non si contano i premi e le onorificenze che ha avuto nella sua lunga carriera di artista e le rassegne cui ha partecipato. È morto il 21 giugno 1998 e tumulato nel ►Famedio (cap. 2).

Wwf, Worl Wildlife Fund – È la più grossa associazione ambientalistica esistente in Italia nata nel 1966 e che oggi vanta 300 mila iscritti. A Nova, ha cominciato ad operare nel 1986 con responsabile Michele ►Segreto (Vedi cap. 1). Oggi non esiste più.

Capitolo sesto: Religione

Mondo cattolico
e non solo

Acli, Associazioni cristiane lavoratori italiani – Nascono l'1 marzo 1945 per volere di papa Pio XII (morto nel 1958) e avrebbero dovuto contrastare la sinistra sindacale. Ma già nel 1953, le Acli si schierano con gli operai contro la borghesia e un suo dirigente, Livio Labor, polemizzerà duramente nei confronti degli industriali. Nell'agosto del 1967, al congresso di Vallombrosa, le Acli dichiareranno la loro *"scelta anticapitalista"*. A Nova, saranno attivi soprattutto alla fine degli anni Sessanta del secolo scorso. Importante la loro inchiesta sulla situazione abitativa nel nostro paese, realizzata il 10 gennaio 1978 e un convegno, il 2 marzo 1973, al ►Centro parrocchiale sulle lotte nelle fabbriche. Per molti anni dirigente locale è stato Giuseppe Pagani mentre Giovanni Villa (morto nel 2002) è stato responsabile della Gioventù Aclista. Hanno costruito anche case in cooperativa come quelle denominate ►Cooperativa Acli Il Gabbiano di via Villoresi (cap. 2), nel 1973. Oggi, a Nova sono in via Vigorelli, 5. Tel. 0362 36.4485. Email: af.novamilanese@acliservizi.com

Amico in Famiglia, L' – Periodico informativo parrocchiale fondato, nel 1916, dal parroco don Carlo ►Mezzera e inviato a tutte le famiglie novesi. È durato sino all'ottobre 1962.

Azione cattolica – A Nova già nel 1931 esisteva un Circolo di uomini cattolici con sede presso il bar dell'oratorio di via Giussani e voluto da don Luigi ►Vantellini (vedi cap. 3). Dal 1937 in avanti, i dirigenti dell'Ac sono stati Alessandro ►Seregni, Carlo Tagliabue e Cesare ►Bettero (per Seregni e Bettero vedi cap. 1). In realtà l'Azione cattolica nasce per volere di Pio XII, il 12 ottobre 1946, sotto la presidenza di Luigi Gedda inventore dei Comitati civici. Si sviluppa come potente arma politica, in particolare nelle elezioni del 1948. Dopo il Concilio Vaticano II (11 ottobre 1962), l'Azione cattolica novese si ristruttura e entra a far parte del decanato con Bovisio, Desio e Muggiò. La sede era presso il ►Centro parrocchiale dove si tenevano corsi di formazione. Oggi non è più esistente.

basket Ussa – L'associazione sportiva dilettantistica Ussa Nova organizza a Nova Milanese corsi di basket (dagli 11 ai 18 anni) e minibasket per ragazze/i e bambini/e dai 5 agli 11 anni. Per informazioni, via Giussani, 3 presso il Centro parrocchiale. Il presidente è Carlo Zoani mentre gli altri dirigenti sono Giorgio Brioschi, Daniele Sammarchi, Luigi Gianotti, Mario ►Lonati (cap. 1). Email: daniele.sammarchi@fastwebnet.it - lupo.undici@gmail.com. Vedi anche ►Ussa.

Battaglia, La – Vedi cap. 5.

Biblioteca parrocchiale – È la prima ad essere stata aperta, sembra nell'ottobre 1919, presso i locali della parrocchia. Nel 1964 ha sede in una saletta attigua alla chiesa poi, qualche mese dopo, nel locale di via Madonnina dove c'è stata per diversi anni l'►Avis (cap. 7). In quegli anni disponeva di 150 volumi che diverranno 8 mila nel 1972. Oggi chiusa, è stata promotrice, nel 1969, della prima Fiera del libro in piazza Marconi.

Caimi, don Luigi – Nato a Ceriano Laghetto (Mb) il 18 febbraio 1954, è nominato parroco della città di Nova Milanese nell'ottobre 2008, data coincidente con il suo arrivo a Nova.

campane – Due campane vengono poste (1624 e 1825), durante i lavori di innalzamento del campanile. Nel 1928 si aggiungono altre campane. Durante la guerra, alla fine del 1942, tre di queste vennero requisite per fonderle e fare armi. La stessa cosa avvenne per quella dell'oratorio di Grugnotorto e due campane più piccole site nell'oratorio di San Bernardo. Ritorneranno al loro posto, sul campanile, nel 1949.

Caritas – La Caritas Italiana viene costituita il 2 luglio 1971. Nel '75 si tiene a Napoli il Convegno nazionale "Volontariato e promozione umana": è l'avvio di una riflessione che porta ad una sempre più incisiva rilevanza del volontariato nella società italiana. Importante la presenza dei volontari Caritas nelle aree di guerra come nell'ex Jugoslavia e in Somalia nonché in Italia durante le varie emergenze, dalle alluvioni ai terremoti. Attualmente la Caritas di Nova è formata da due rappresentanti di diversi gruppi caritativi esistenti nelle parrocchie di Nova Milanese. Il presidente è don Luigi ►Caimi, parroco di Nova mentre il responsabile è Giorgio Nicolussi. Nel passato, uno dei dirigenti è stato Giuliano Bugatti. La sede è in via Madonnina, 2. Tel. 0362 40.514. Email: info@caritasnovamilanese.it

Centro ascolto Caritas – Aveva sede in via Madonnina, 2 e inizia l'attività nel 1988 con l'obiettivo di creare un ponte fra chi ha esigenze impellenti da risolvere e le varie istituzioni dove indirizzare il bisognoso. Oggi non esiste più.

Centro ascolto tossicodipendenze – Oggi non è più attivo. Aveva cominciato ad operare nel 1988. La sede era presso la chiesa di Grugnotorto. (Vedi cap. 7, ►Comunità terapeutica).

Centro parrocchiale – Dedicato a don Rainaldo ►Grassi, è stato inaugurato nel 1971, in via Giussani, 3. Offre un ritrovo per attività culturali, ricreative e sociali. Hanno sede numerose associazioni che operano sul territorio e dispone di un teatro-cinematografo di 220 posti, bar, gioco delle bocce e altri servizi. Spesso si tengono anche mostre di pittura e artistiche in genere. Il responsabile del centro è il parroco, don Luigi ►Caimi. Per informazioni, tel. 0362 40.514.

Cerchio, Il – Nata nel 1992, l'associazione era formata da un gruppo di giovani e una coppia di adulti che, a turno, al sabato pomeriggio, dedicavano il loro tempo ai ragazzi disabili della parrocchia di Grugnotorto. Oggi non esiste più.

Chiesa parrocchiale del centro – Nel 1752 la chiesa, che s'affaccia in piazza Marconi e dedicata a Sant'Antonino Martire, viene allungata di 23 metri. Un altro ampliamento avviene nel 1842 ottenendo tre navate e inglobando il vecchio ►cimitero (cap. 2) e ancora, un allungamento, nel 1922-25. Con questi lavori si arriverà ad avere un edificio di più di 26 metri di lunghezza e 25 di larghezza. Dal punto di vista artistico, interessanti i quindici quadri dei misteri del rosario del pittore torinese Luigi Morgari e le stazioni della via Crucis, restaurati, nel 1965, dal pittore novese Vittorio

►Viviani (cap. 5) nonché le tre grandi vetrate poste sopra la porta d'ingresso. Oggi il parroco è don Luigi ►Caimi. Fanno capo a questa parrocchia 14.498 fedeli. (Vedi anche cap. 5, ►patrimonio artistico).

Cittadino, Il – Vedi cap. 5.

Comunione e Liberazione – Organizzativamente, in campo nazionale, nasce nel 1969. A Nova si forma nel 1973 con il Movimento popolare guidato da don Bruno Meani. Nel 1992 diviene responsabile di Cl, Emilio Erba e, in seguito, Lauro Chieregato. Hanno lavorato, soprattutto, nelle organizzazioni cattoliche novesi e nel volontariato. Oggi, organizzativamente, non esiste più. (Vedi anche ►Comunità educante).

Comunità educante – Organizzazione cattolica attiva nel mondo scolastico dai primi anni Settanta del secolo scorso e legata a Comunione e Liberazione.

Comunità pastorale San Grato – È nata nel 2002 e comprende la Parrocchia di Sant'Antonino Martire, Beata Vergine Assunta e San Giuseppe. La sede è presso la Parrocchia Sant'Antonino Martire in piazza Marconi. Il responsabile, don Luigi ►Caimi. Per informazioni, tel. 0362 40.514.

Corale San Grato – Nasce nell'ottobre del 1976 presso la parrocchia di Grugnotorto con l'intento, principalmente, di far conoscere il canto polifonico. Alla corale partecipano 25 persone e il responsabile è Gioacchino Verga. Per informazioni, tel. 0362 42.324. Email: gimoverga@alice.it

Corale Santa Cecilia – La corale nasce nel 1954 per volere di don Sante ►Vigorelli. Oggi è formata da una ventina di elementi e il responsabile è Claudio Geniale. Alla guida della corale, nel tempo, si sono succeduti Antonio Bonafé e Fabio Triulzi. Collabora anche con l'orchestra filarmonica Città di Limbiate. Per informazioni, via Giussani. 2. Email: coralescecilia@tiscali.it

Coro polifonico Città di Nova – Nato nel gennaio 1997, era composto da 25 elementi. Importante la 1ª Rassegna polifonica tenutasi nella chiesa di ►Grugnotorto il 6 giugno 1998. Il coro era diretto da Massimo Banfi. Oggi non esiste più.

don Vito Misuraca, associazione – L'associazione Opera missionaria don Vito Misuraca è presente a Nova dal 1994 e si forma come associazione l'11 aprile 1997. Opera, in particolare, nel campo della solidarietà sociale a favore delle popolazioni del Rwanda nel settore dell'assistenza sociale, socio-sanitaria, dell'istruzione, della formazione, della tutela dei diritti civili e della beneficenza; promozione di iniziative per il sostentamento dei bambini ospitati nell'orfanotrofio; aiuto al progetto di ristrutturazione, manutenzione e ampliamento dell'esistente orfanotrofio Mere du Verbe di Kigali; sostegno all'educazione dei bambini orfani e ai ragazzi in difficoltà, mediante raccolta di fondi per la costruzione, l'arredo di nuove aule scolastiche in favore della scuola primaria e per tutte le necessità educative e di sostentamento. Per informazioni, via Manzoni, 40. Tel. 0362 42.467.

evangelica, Chiesa cristiana – Esattamente si chiama Chiesa cristiana evangelica dei Fratelli di Nova Milanese e sorge in via Fiume, 30. L'esigenza di una chiesa evangelica parte a metà degli anni Cinquanta del secolo scorso per iniziativa di un gruppo di famiglie immigrate a Nova da Monte S. Angelo. Solo nel 1986, però, si riuscì ad erigere i locali di culto grazie ad una sottoscrizione di 300 milioni di lire. Oltre alle funzioni religiose, si tengono corsi di studio biblico e, la domenica mattina, una scuola per bambini e ragazzi fino alla scuola media nonché

feste e momenti ludici. (Vedi anche ►scout evangelici). Il responsabile è Antonio Rina. Per informazioni, tel. 0362 45.0624. Email: rinatonio@libero.it

evangelica, Chiesa cristiana pentecostale Adi – La Chiesa cristiana evangelica dei pentecostali delle Assemblee di Dio, nasce a Nova nel 1968, in uno scantinato di via Novati. Nel 1970 costruiscono un locale in via Grigna, 5. Il 26 novembre 1995, gli evangelisti pentecostali inaugurano una chiesa in via Calatafimi, del costo di circa un miliardo di lire in parte raccolti attraverso una sottoscrizione dei fedeli. Si tengono varie attività legate al culto evangelico. Molto importante il lavoro che stanno compiendo alcuni volontari per cercare di integrare ragazzi stranieri fuggiti dai loro Paesi per fame o guerra e arrivati a Nova. Il pastore è Giancarlo Oppedisano. Per informazioni, tel. 334 86.51104.

famiglie aperte – Associazione di volontariato nata a Nova con sede, prima in via Madonnina, 2 e poi presso il ►Centro parrocchiale di via Giussani, 3. La finalità dell'associazione era quella di accogliere i bambini nell'ambito delle singole famiglie associate a breve, medio o lungo termine; sensibilizzare le altre famiglie, la comunità cristiana e la società civile ad interrogarsi sui bisogni e sui problemi dei minori; ricercare nel territorio, le forme più idonee per soddisfare questi bisogni; promuovere la formazione umana e professionale dei volontari facenti parte del gruppo. Oggi non esiste più.

Felicita Merati, Associazione – Vedi cap. 5.

Fontana, La – È un periodico della Comunità San Grato di Nova Milanese che esce anche in formato elettronico Pdf. In genere ha 50 pagine formato Uni. Il responsabile è il parroco don Luigi ►Caimi.

Ger Lipa – Vedi cap. 5.

Grassi, don Rainaldo – Nato a Concorezzo (Mb) il 18 maggio 1920 arriva a Nova l'11 novembre 1963 come parroco dell'unica parrocchia esistente a quel tempo. Durante il suo mandato, ha fondato numerosissime associazioni di volontariato cattolico e, nel 1971, il ►Centro parrocchiale di via Giussani. Il 18 maggio 2000 è stato nominato monsignore. È morto il 21 marzo 2002 ed è stato tumulato nel ►Famedio (vedi cap. 2).

Grugnotorto, Chiesa di – Viene inaugurata il 7 ottobre del 1976, in via Caravaggio, 43 e titolata alla Beata Vergine Assunta. Parroco, a quel tempo, è nominato don Giovanni ►Rota. All'inizio del 1966, questo sacerdote, dopo 40 anni che è stato a Nova, lascerà l'incarico e diverrà cappellano dell'ospedale di Carate. L'oratorio è titolato a Pier Giorgio Frassati, figlio del proprietario e direttore de *La Stampa*, nominato beato da papa Giovanni Paolo

II nel 1990. Attualmente il parroco è don Luigi ►Caimi. Fanno capo alla parrocchia, 6.063 fedeli. Per informazioni, tel. 0362 42.324.

Insieme – Periodico mensile di informazione parrocchiale che nasce nel 1992. Oggi non esiste più ma allora era distribuito in 800 copie. In formato Uni aveva, di solito, dalle 22 alle 24 pagine. La redazione era il ►Centro parrocchiale di via Giussani. Ha chiuso nel 2006.

Lega cattolica – Fondata nell'ottobre 1901 da Giuseppe ►Scevola e Paolo Pecora, aveva sede all'oratorio di vicolo Rabosio (ora via Poldelmengo). Alla Lega aderivano 150 famiglie novesi.

materna dalle suore – Vedi cap. 5.

materna parrocchiale – Vedi cap. 5.

matrimoni religiosi – Vedi cap. 8.

Mezzera, don Carlo – Nato a Lezzeno, in provincia di Como, nel 1875, è rimasto a Nova, come parroco, per 52 anni. Ha fondato l'asilo infantile nel 1913, la ►Biblioteca parrocchiale, alcune cooperative, il bollettino L'►Amico in Famiglia, fatto ampliare la chiesa, progettato l'oratorio e molte altre cose. Ha fatto parte, anche, della Commissione per il ►censimento del 1931 (vedi cap. 8). Nel 1959, è stato nominato da Giovanni Gronchi, Cavaliere della Repubblica. È morto a 88 anni, a Bellano, l'11 luglio 1965.

missionario, Gruppo – Sin dal 1983 ha operato a Nova un Gruppo missionario fondato, in quell'anno, da don Bruno Meani. Il gruppo di volontariato si era caratterizzato, fin da subito, per un lavoro di ricerca storica su tutti i missionari di origine novese che, ai quei tempi, sono stati contattati e con i quali si è attivato uno scambio epistolare che veniva reso pubblico alla comunità attraverso un bollettino periodico intitolato *Missionari*

Novesi. La responsabile del Gruppo Missionario della Parrocchia di Sant'Antonino Martire (così l'esatta denominazione) era madre Maria Rosa Fumagalli mentre i rapporti con il Decanato li teneva Annalisa Tagliabue. I volontari erano una decina di persone tesi alla sensibilizzazione e all'aiuto dei missionari nel mondo. Si allestivano, spesso, banchi di vendita di prodotti equo solidali e dell'artigianato dei Paesi dove i missionari operavano. La sede era presso l'oratorio di via Giussani. Oggi non è più presente.

Modesti, madre Angela – Nata nel 1906, questa suora canossiana arriva a Nova nel 1944. Ci resterà per 47 anni. Da lei sono passate tante ragazze cui insegnava cucito e ricamo e i bambini che frequentavano l'asilo parrocchiale. È morta, a Seregno, il 9 giugno 1998 a pochi giorni dal compimento del 92° anno di età. La sua salma è stata tumulata nel ►Famedio (vedi cap. 2).

Mosaico, Il – Oggi non esiste più ma era il mensile della parrocchia di Grugnotorto che usciva dal 1976 e inviato a tutte le famiglie che facevano riferimento a quella parrocchia. In genere aveva 16 pagine formato Uni. I responsabili erano don Marcello Barlassina e Silvana Fabiano.

oca, l' – Durante la festa del patrono di Nova, S. Antonino Martire, il primo lunedì di novembre, in chiesa veniva bruciata l'oca. In realtà, era una palla piena di cotone che nella fantasia popolare richiamava, appunto, le piume dell'animale che sino agli anni Cinquanta del secolo scorso erano le vere padrone delle strade novesi.

ora di religione – L'istituzione dell'ora di religione a scuola, risale – a Nova – al 28 aprile del 1915 quando la Giunta comunale diretta dal socialista Carlo ►Pessi (cap. 1), all'unanimità deliberò di istituirla al di fuori del normale orario scolastico.

oratorio – Il primo oratorio inteso come luogo di ritrovo e ricreazione, fu quello situato fra le attuali via Roma e Poldelmengo, realizzato nel 1892 con una sala (l'unica esistente a quel tempo a Nova) per spettacoli teatrali e riunioni. Questo oratorio continuerà a funzionare sino al 1930 quando, per volontà soprattutto di don Carlo ►Mezzera, viene realizzato quello di via Giussani dove per tanti anni è stato responsabile don Sante ►Vigorelli. Al posto del vecchio oratorio, ci sarà la ►colonia elioterapica (vedi cap. 3).

oratorio nuovo – Sempre in via Giussani, al n. 24, è stato inaugurato il 10 settembre 1995. La nuova costruzione, di 2.500 mq., dispone di un grande salone, di un centro stampa e di un bar. Per questa costruzione e i campi sportivi, si sono accesi mutui per 600 milioni di lire con il Banco Desio e 700 milioni di lire con il Coni. È costato, in tutto, 4 miliardi di lire. Ci sono due campi di calcio, uno per 7 giocatori e uno a 11 con i relativi servizi. Attualmente il responsabile della struttura è don Luigi ►Caimi, mentre il coadiutore pastorale è don Michael Pasotto. Per informazioni, tel. 0362 366.160. Email: info@gssancarlo.com

Rota, don Giovanni – Nato a Galbiate (Lc) il 30 gennaio 1932, era arrivato a Nova nel 1957 e fino al 1976 è stato vicario della parrocchia centrale quando diventa parroco di Grugnotorto. Nel 1996 è stato cappellano dell'ospedale di Carate. È morto nel 2002. La sua salma è stata tumulata nel ►Famedio (vedi cap. 2).

San Bernardo, Chiesa di – La parrocchia è titolata a San Bernardo Abate e sorge in via Venezia. Per informazioni, tel. 0362 45.9508.

San Bernardo, chiesetta di – Comunemente viene definita

chiesetta – in dialetto *géseta* – quella che sorge in via Favaron e fatta erigere dal ricco Giovanni Antonio Marchesonio, nel 1600. (Vedi anche ►patrimonio artistico, cap. 5).

San Carlo, Gruppo culturale – Nato nel 1983 aveva come responsabile Roberto Tagliabue. Nel corso degli anni ha organizzato numerosi cineforum, concorsi fotografici, musicali, incontri culturali. Importante il Maggio musicale e il corso enologico. Ha editato, nel 1994, il libro di Angelo Baldo e Massimo Banfi, "Storia di Nova". Oggi non esiste più.

San Carlo, Gruppo sportivo – Il gruppo sportivo comincia ad operare nel 1997 fra un gruppo di amici che frequentano l'oratorio fra cui Gigi Sirtori, oggi scomparso. Sono attivi, soprattutto, nelle discipline del calcio e basket. L'obiettivo principale è quello di favorire la crescita umana e spirituale di ogni ragazzo, attraverso lo sport. I responsabili sono Alberto Vanzati e Davide Prada. La sede in via Giussani, 24 presso l'oratorio. Per informazioni, tel. 0362 366.160. Email: info@gssancarlo.com

San Carlo, Gruppo teatrale – Il gruppo oggi non esiste più, ma dal 1985 al 1990, ha raccolto un gruppo di giovani appassionati di recitazione teatrale. La sede era presso l'oratorio di via Giussani. Oggi rimane un gruppo di appassionati che portano in scena una rappresentazione l'anno.

San Giuseppe, Chiesa di – È in via San Giuseppe, 13. Viene eretta nel 1966 mentre la casa di abitazione del sacerdote, nel 1980. Due anni dopo, diventa parrocchia. Parroco, don Elio Burlon e, in seguito, don Sebastiano Deltredici, don Angelo Mutti (morto il 27 novembre 1997), don Sergio Laforese, don Emiliano Pirola. Oggi il vicario è don Giovanni Gola.

San Giuseppe, Gruppo sportivo
– Oggi non esiste più. Era nato nel 1983, per iniziativa di un gruppo di animatori e sostenitori dell'oratorio. Il sodalizio sportivo, che in certi momenti ha raggiunto un centinaio di atleti, ha praticato calcio, pallavolo, corsi di ginnastica americana per donne, adulti e anziani. Importante il loro impegno nell'organizzazione del Palio delle contrade che dal 1985, per alcuni anni, si è tenuto nella prima settimana di ottobre. Uno dei presidenti del sodalizio è stato Antonio Deleidi.

San Vincenzo – Esattamente si chiama Associazione opera San Vincenzo de Paoli ed è stata fondata nel 1836 e oggi è presente in 140 Paesi del mondo. In Italia ha 13 mila membri. A Nova opera sin dal 1957 per iniziativa di un gruppo di parrocchiane che facevano riferimento a Giuseppina Grimoldi. La finalità dell'associazione è quella di aiutare le persone bisognose attraverso indumenti e viveri. A Nova si aiutano più di un centinaio di famiglie, compresi nomadi e cittadini stranieri grazie ai volontari che sono una ventina. Organizzano anche un mercatino di indumenti e dolci per autofinanziarsi. È un'associazione cattolica con un presidente laico che è Guglielmo Camagni. Nel passato hanno avuto parte dirigenziale nell'associazione, Giusy Daniele, Carla Caimi, Rosetta Lavezzari, Sergio Scuratti, Pietro ►Franceschini (cap. 1). La sede della San Vincenzo di Nova Milanese è a San Bernardo, in via Venezia (a fianco alla chiesa). Tel. 0362 459.508.

Santa Cecilia, corpo musicale – Vedi cap. 5.

Scevola, Giuseppe – Agitatore cattolico molto attivo nei primi anni del 1900 che ha seguito le lotte dei contadini novesi. È stato il fondatore della prima Lega cattolica di Nova e, assieme ad altri come Paolo Pecora, fondatore del Fascio democristiano.

scout evangelici – È dal settembre 2014 che operano, a Nova, gli scout dell'Associazione distretto scout evangelici. La sede è presso la chiesa evangelica di via Fiume, 30. L'attività degli scout va da maggio a settembre e i ragazzi si mettono in gioco vivendo esperienze profonde a contatto con la realtà e accompagnati dall'insegnamento biblico (Vedi anche Chiesa cristiana ►evangelica). Per informazioni, tel. 338 38.02769. Email: rinatonio@libero.it

scuola elementare, la prima – Vedi cap. 5.

scuola privata femminile – Vedi cap. 5.

Sole, Il – Oggi non è più esistente ma era un centro di aggregazione giovanile nato nel 1992 e operante in campo scolastico, diretto ai ragazzi delle scuole medie. Compito de Il Sole non era solo quello di aiutare i ragazzi a fare i compiti ma, assieme, costruire laboratori di fotografia, trucco, espressione corporea, burattini, skate. Inoltre si organizzavano gite, tornei di calcio, feste. La responsabile del centro di aggregazione è stata Vittorina ►Canzi (cap. 1). La sede era presso la parrocchia di San Giuseppe, nella via omonima al numero 13.

Spazio, Lo – È un centro di aggregazione giovanile (Cag) fondato nel 1986 da una suora canossiana che operava a Nova, Antonia Vita. Lo scopo è quello di aiutare adolescenti e giovani in genere, a risolvere problemi di comunicazione e personali, ragazzi che, per diversi motivi, non sono raggiunti dalla scuola e da altre istituzioni. Oggi, il centro di aggregazione può contare su una decina di volontari che seguono 15 ragazzi. Lo Spazio oltre a seguire i ragazzi nei compiti, alfabetizzazione per alunni stranieri, laboratori, visite a mostre, organizza anche tornei sportivi, gite e corsi di canto. Diretto da Arabella ►Ambiveri (cap. 1), ha come responsabile Piergiorgio Tagliabue. La sede è presso la parrocchia di via San Giuseppe. Per informazioni, tel. 0362 36.7136. Email: cag_lospazio@tiscali.it

suore – Nel 1913, l'Asilo viene gestito dalle suore dell'Immacolata d'Ivrea. All'oratorio femminile operano le madri Canossiane. Fra queste, non si può non ricordare madre Angela ►Modesti. Oggi operano a Nova, 5 suore.

terza età, Gruppo – Inizialmente si chiamava Movimento della terza età ed era coordinato da Lidia Pirovano Fossati. Il Movimento, nato nel 1983, aveva come obiettivo non solo momenti di svago, ma anche riunioni di catechesi. "Rifondato" nel 1996, ha sede presso il ►Centro parrocchiale di via Giussani, 3. Oggi, il coordinamento è affidato ad una religiosa canossiana. Per informazioni, tel. 0362 40.170.

Testimoni di Geova, sala del Regno dei – È in via Dante Alighieri, 24. La sala del Regno viene costruita nel 2012 con finanziamento sottoscritto interamente dai fedeli. Responsabile è Emanuele Levito. Si tengono varie adunanze settimanali di istruzione della Bibbia, seguite da una media di 400 aderenti di cui almeno 200 di Nova. Nel passato hanno aderito a La ►memoria in rassegna (vedi cap. 3). Per informazioni, tel. 0362 44.135. Email: associazione.tdg.nova.milanese@gmail.com

Unione fra Contadini, L' – Fondata il 17 febbraio 1902 da Giuseppe ►Scevola, è una delle primissime cooperative cattoliche che organizzava i contadini della Paleari e Figli con terreni a San Bernardo. La sede era presso l'oratorio di vicolo Rabosio (ora via Poldelmengo). Primo presidente, Giuseppe Lissoni, classe 1868.

Unitalsi – Vedi cap. 7.

Ussa, Unione sportiva S. Antonino – Oggi non esiste più ma era dal 1946 che la Ussa promuoveva lo sport a Nova. Prima legata ai sacerdoti che si sono succeduti alla conduzione dell'oratorio, da don Sante ►Vigorelli (cap. 6) in avanti, poi sempre più autonoma. A metà degli anni Settanta del secolo scorso, è Alberto ►Varisco (cap. 1) che tenta di imprimere un percorso diverso alla Ussa, diversificando le discipline sportive (sino a quel momento solo il calcio). Ma sarà nel 1967 la rifondazione della Unione sportiva per merito, soprattutto, di Andrea Varisco con basket, judo e pallavolo. Le squadre parteciparono ai campionati del Coni e del Csi (Centro sportivo italiano legato all'Azione cattolica).

Vantellini, don Luigi – Vedi cap. 3.

Vigorelli, don Sante – Nato a Milano il 5 gennaio 1922, arriva a Nova nel 1945 come assistente dell'oratorio su incarico del cardinale Ildefonso Schuster. Ci resterà per 20 anni, fino al 1965 quando diverrà parroco di Sacconago (oggi quartiere di Busto Arsizio). A lui si deve la fondazione della ►Corale Santa Cecilia nel 1954 e delle ►Acli. È morto il 24 agosto 2005.

Capitolo settimo: Sanità

Sanità
interventi sociali
le istituzioni e
le associazioni che
operano in campo
sanitario

Adi, Assistenza domiciliare integrata – È un servizio comunale nato nel 1974 che assiste persone bisognose di cure. Oggi il servizio è erogato dall'►Azienda comunale di servizi, via Madonnina, 9. (vedi cap. 2). Tel. 0362 36.0366. (Vedi ►Sad).

affido – Per i minori che sono temporaneamente privi di un ambiente familiare idoneo, esiste il servizio affidi con un intervento "a termine". Alla famiglia affidataria, viene riconosciuto un contributo mensile. Per informazioni, Consorzio Desio Brianza, via Lombardia, 59, Desio. Tel. 0362 39.171. (Vedi ►CoDeBri, cap. 4).

affitto, contributo per l' – I cittadini possono avere un contributo, così come previsto dalla legge nazionale sugli affitti. Il contributo è definito sulla base della disponibilità dei fondi, dal numero delle domande presentate dal reddito del nucleo familiare. Per informazioni 0362 37.4304.

Agdn, Associazione giovanile diabetici novesi – L'associazione nasce il 3 novembre 1995 e ha, come prima sede, il Centro di ascolto di via Garibaldi, 108. (Vedi associazione ►diabetici novesi).

Aido, Associazione italiana donatori organi – Nata a Bergamo nel 1973, ha lo scopo di promuovere il rafforzamento della solidarietà umana attraverso i trapianti e la donazione degli organi. A Nova è nata l'11 aprile 1981 e ricostituita nel 2008. Può contare su circa 600 iscritti. Attualmente la presidente è Sabrina Magon. Per informazioni: aido.nova@tiscali.it

alcolisti anonimi – Fondata negli Usa nel 1935, in Italia è presente sin dal 1972 e si batte per sconfiggere la dipendenza dall'alcol. L'associazione non è presente a Nova, ma si può fare riferimento a Desio, presso il

Centro parrocchiale, via Conciliazione, 15, tel. 366 90.47797 oppure a Muggiò, via San Carlo, 1, tel. 334 73.47247.

ambulanza – La prima ambulanza o, meglio, il carro ambulanza, inizia a funzionare, a Nova, nel 1886. Nell'ottobre 1982, il Comune donerà alla Cri un'autoambulanza. Fra la fine del 1985 e il 1986, i cittadini novesi sottoscriveranno 90 milioni di lire per acquistare due autoambulanze. (Vedi ►Cri).

ambulatorio – Il primo ambulatorio medico viene aperto, a Nova, nel 1760 con sede in quella palazzina che diverrà, col tempo il ►Municipio (cap. 2), in via Madonnina. Nel 1862 viene costituito il Consorzio medico con Varedo e Muggiò. Il primo medico che vi opera è il dottor Riccardo Mola. Dal 1889 al 1929, il dottor Franco Corvi. Quando questi si ritira, prende il suo posto il dottor Silvio Boselli. L'11 novembre 1943, comincia ad operare il figlio di questi, il dottor Giuseppe Boselli. Il 30 ottobre 1961, la Giunta decide di affittare dei locali in via Garibaldi, 38 da adibire ad ambulatorio comunale. Vedi ►Asl.

Anffas, Associazione nazionale famiglie dei fanciulli subnormali – Una volta si chiamava così. Oggi, più opportunamente, Associazione nazionale Famiglie di Persone con Disabilità Intellettiva e/o Relazionale. A Nova viene fondata nel febbraio 1976 mentre in campo nazionale esiste dal 1958. La sede era nel vecchio ►Municipio. Oggi non esiste più.

Asl, Azienda sanitaria locale – Oggi non esiste più in quanto, dal 2015, è stata soppiantata dalle Ats, Agenzie di tutela della salute. I servizi territoriali, sono effettuati direttamente dalle Asst (Aziende socio sanitarie territoriali). La sede è in via Giussani, 11. Telefono 0362 36.6402 – 0362 36.7574. Si eseguono prestazioni di Cardiologia, Centro prelievi, Chirurgia generale, Chirurgia vascolare, Dermatologia, Diabetologia, Elettrocardiogrammi, Neuropsichiatria infantile, Oculistica, Odontoiatria, Ortopedia, Otorinolaringoiatria, Senologia e Urologia. Prenotazioni: da lunedì a venerdì, non festivi, ore 8.30-13 e 13.30-16; è possibile prenotare nelle sedi Cup (Centro unico di prenotazioni) di Cesano, Desio, Limbiate, Muggiò, da lunedì a sabato.

Auto&Servizi – È un'associazione di volontariato che opera nella mobilità ed è finalizzato all'accompagnamento così da, come scrivono loro stessi, *"conciliare i tempi di vita familiare con quelli lavorativi"*. Offre servizi per le famiglie e per le aziende. La sede è in via Diaz, 19. Un settore dell'associazione, si occupa anche dell'ambiente. Per informazioni ci si può rivolgere al numero tel. 339 63.47272. Email: autoservizib@gmail.com

Avis, Associazione volontari del sangue – Fondata a Milano nel 1927 da Vittorio Formentano (vedi ►monumenti, cap. 2), a Nova comincia ad operare l'11 dicembre 1968, soprattutto per l'impegno di Melania Mangili, Romanino Casali, Luigi Beretta, Giuseppe Boselli, Emilio Bugatti, Enzo Rovelli, Vittorio Tripodi. Presidente Romanino Casali; presidente onorario il commendatore Angiolino Bonvini. La prima sede, donata da Aldo Lissoni, è in piazzetta De Amicis. Oggi, la sede novese è in via Oberdan, 17 e il presidente Avis è Aljoscia Cornelli. Quando è stata fondata, nel 1968, si raccoglievano 10 flaconi di sangue. Da quella data ad oggi sono stati raccolti 34 mila unità di sangue e suoi emoderivati. L'associazione può contare a Nova su 519 donatori e le donazioni raccolte, nel 2017, sono state 869. In campo nazionale, circa 1 milione e 300 mila soci, che ogni anno contribuiscono alla raccolta di oltre 2 milioni di unità di sangue e suoi emoderivati. Per informazioni, via Oberdan n. 17;

telefono 0362 41.074. Email: novamilanese.comunaleavis.it

casa di riposo – Oggi non si chiama più così ma Residenza sanitaria assistenziale (Rsa) e sorge in via Prealpi, 11 nel quartiere San Francesco. Ha cominciato a funzionare dopo che il 25 marzo 1997, il piano zonale della Regione ha accettato la richiesta dell'Amministrazione comunale di provvedere alla sua realizzazione. La residenza è gestita da privati, una cooperativa sociale. Sono disponibili 150 posti-letti in camere doppie o singole. Le quote per la permanenza nella residenza sono, rispettivamente, di euro 76 il giorno per ospiti non autosufficienti totali e 81,05 euro per i soggetti a patologie di Alzheimer. Il presidente della struttura è Alberto Pozzoli. Per informazioni, tel. 0362 36.4380. Email: ospiti.nova@rsa-sanfrancesco.it.

(**Non hanno comunicato il numero dei dipendenti**).

Cassa Mutua per Semiabbienti – Era una mutua sanitaria fondata, a Nova Milanese, dai fascisti nel 1930. Presidente è stato Umberto ►Grimoldi (cap. 1). Nel 1931, c'erano iscritti 2.400 novesi.

Cdd, Centro diurno disabili – È un servizio per persone disabili di età compresa dai 18 ai 65 anni. Nel centro si fanno attività assistenziali, riabilitative e sanitarie solo diurne, dalle 9 alle 16. I Centri sono a Nova, Muggiò, Cesano e Desio. Per informazioni, vedi cap. 4 ►CoDeBri.

Centro ascolto prevenzione devianza giovanile – Nei primi mesi del 1994, con lo psicologo Roberto Matterazzo, comincia a funzionare questo sportello per affrontare le problematiche giovanili (dai 15 ai 30 anni di età). Molto interessante la loro inchiesta, fatta nel maggio 1997, sulla condizione giovanile novese. I risultati dell'inchiesta dicevano che i giovani novesi avevano al primo posto, nei "valori", amore e amicizia. Poi, di seguito, la famiglia, l'istruzione, il lavoro, il divertimento. Oggi questo sportello non esiste più.

Centro socio - educativo – È un servizio consortile residenziale diurno per portatori di disabilità, maggiori di 14 anni. Nato nel 1981, a Desio, su iniziativa dei Comuni di Bovisio Masciago, Cesano Maderno, Desio, Nova Milanese, Muggiò e Varedo, oggi si chiama Consorzio Desio-Brianza e ha sede a Desio in via Santa Liberata 52. Offre servizi di Formazione e Scuola, Lavoro nonché Servizi alla persona. (Vedi cap. 4 ►CoDeBri).

colonia elioterapica – Vedi cap. 3.

Comunità terapeutica – È una comunità psico-socio-educativa indirizzata agli adolescenti, dai 6 ai 16 anni con problemi psichiatrici, tossicodipendenza, anoressia e altri disturbi. Il servizio viene effettuato a Desio, via Gabellini, 22. Per informazioni, telefono 0362 30.1920.

consorzio – Per il Consorzio Desio e Brianza, vedi alla voce ►Centro socio-educativo e ►CoDeBri, cap. 4.

Consultorio familiare – Nasce a Nova nel dicembre 1975 così come previsto dalla legge n. 405, ma in realtà comincerà ad operare nel febbraio del 1978. La sede era in via Madonnina 9. Oggi non esiste più. Vedi ►Asl.

Consultorio pediatrico – Vedi ►Asl.

contributi economici – Per le persone con grave disagio economico, sociale e a rischio emarginazione, il Comune offre dei contributi economici, a tempo, e progetti d'aiuto personalizzati. Per informazioni, Servizi sociali, tel. 0362 37.4274.

contributi per ricoveri – Per gli anziani che non hanno possibilità di rimanere nelle loro famiglie, il Comune aiuta la famiglia a trovare una struttura residenziale per l'anziano e, compatibilmente con la situazione economica, un contributo per la retta del ricovero.

Cri, Croce rossa italiana – Importante associazione novese nata nel 1971 per iniziativa, soprattutto, di Melania Mangili e di un gruppo di volontari dell'Avis. Dal 16 febbraio 1998 ha sede in via Croce Rossa, 2 in un edificio di proprietà comunale, a fianco del Villoresi. Rilevante, al loro interno, il nucleo di Protezione civile di cui è responsabile Vincenzo Tulino. La Cri di Nova può contare su 121 volontari e 3 dipendenti. La dotazione dell'autoparco comprende 1 centro mobile di rianimazione, 4 autovetture, 3 pulmini, 1 autocarro leggero, 1 fuoristrada, 1 roulotte infermeria, 1 roulotte dormitorio, 1 roulotte segreteria, 1 rimorchio per i bagni, 1 rimorchio per la cucina, 1 rimorchio per trasporto materiali. Un'ambulanza è allestita a centro mobile di rianimazione ed è dedicata a Vittorio Tripodi, un volontario molto attivo morto il 27 marzo 2006. Per molti anni il commissario Cri di Nova è stato Renato Caimi. Oggi il presidente è il medico Luca Callari. Alla Cri di Nova ci si può rivolgere anche come Guardia medica, tel. 840.500092. (Vedi anche ►Avis e ►monumenti al cap. 2). Per informazioni, tel. 0362 40.722. Email: info@crinova.it

Curiera, La – È un'associazione di volontariato che opera a Nova dal 2001 con la finalità di aiutare ragazzi disabili e organizzare il loro tempo libero. Portano i ragazzi a fare delle gite, organizzano varie attività come portare al mare o in montagna i ragazzi oltre a una settimana in campeggio. Si fanno anche laboratori ricreativi e attività sportive. Importante il carnevale organizzato con l'►Arci (cap. 5) e le scuole e, di solito alla fine di settembre, la 24 ore di pallavolo. Il responsabile dell'associazione è Tiziano Passoni. Si riuniscono presso il Centro sociale Togliatti, via Togliatti, 6, mentre la sede è in via Assunta, 70. Telefono 0362 45.0431. Email: ass.curiera@gmail.com

defibrillatori – Sono 16 i defibrillatori esistenti sul territorio di Nova, l'importante strumento salvavita in grado di rilevare le alterazioni del ritmo della frequenza cardiaca e di erogare una scarica elettrica al cuore qualora fosse necessario. Gli ultimi due, in ordine di tempo, sono stati posizionati in via Mazzini (in memoria di Emiralda Picco e Franco Bandirali) e presso il Municipio (in memoria di Silvana Tarondo e Armando ►Longoni, cap. 1). Gli altri sono presso le palestre delle scuole, in piazza Marconi, presso gli oratori, alla Cascina ►Triestina (cap. 5), alla ►casa di riposo, alla sede dell'►Avis e ai campi sportivi.

diabetici novesi, Associazione – Nasce a Nova nel maggio 1996 con lo scopo di aggregare e fornire alla persona diabetica e ai suoi familiari, gli strumenti per affrontare adeguatamente la malattia. Importante la manifestazione Giornate della Glicemia dove è possibile, gratuitamente, farsi misurare glicemia e colesterolo. Il presidente dell'associazione è Michele D'Errico. Per informazioni: tel. 0362 45.0622. La sede è in via Brodolini, 2, presso ►Villa Toschi (cap. 2).

diossina – Sabato 10 luglio 1976, alle 12,40, scoppia il reattore dell'Icmesa di Meda che fa parte del gruppo farmaceutico Roche. La nube che si sprigionerà dal reattore, investirà una vastissima zona. A Nova viene scoperta in grande quantità, per un caso fortuito, nel febbraio 1977, a Grugnotorto. Da quel momento è emergenza: sono recintate alcune pertinenze delle scuole e si vietano alcune coltivazioni agricole. La vicenda è anche stata la dimostrazione lampante come lo sviluppo economico non possa proseguire incontrollato, senza provocare danni serissimi per tutta la popolazione.

disabili, trasporto adulti e ragazzi – L'►Azienda comunale di servizi (vedi cap. 2), cura il trasporto di cittadini disabili presso strutture ospedaliere o centri di cura. La stessa cosa per i ragazzi disabili, da casa alle scuole o nei centri convenzionati. Per informazioni, Azienda comunale dei servizi, via Madonnina, 9. Tel. 0362 40.832.

emergenza abitativa, contributi – Sono contributi rivolti al sostegno del mantenimento dell'abitazione in locazione e per alleviare il disagio delle famiglie in difficoltà. Per informazioni tel. 0362 37.4304.

epidemie – Diverse, nel corso dei secoli, le epidemie che hanno colpito Nova. Secondo le ricerche di Angelo Baldo e Massimo Banfi nella loro preziosissima "Storia di Nova", nel 1630, anno della peste manzoniana, a Nova ci furono 28 decessi, meno comunque dell'anno precedente quando ci furono 59 decessi per carestia. Nel 1795 il bestiame dei contadini è colpito dalla peste bovina; tifo e vaiolo nel 1816 e 1817 quando si registrarono 82 morti e 81 nati; il colera nel 1835; il tifo petecchiale nel 1867 (due morti, Giuseppe Ghezzi e Giovanni Trabattoni; un morto per colera, Pietro Sala); il vaiolo nel 1888 (con l'oratorio, sembra, utilizzato come lazzaretto); la febbre "spagnola" nel 1909. Oggi ritornano malattie che pensavamo di aver sconfitto per sempre come la malaria e la tubercolosi.

età evolutiva, Servizio – Questo servizio aveva sede nella sede del vecchio ►Municipio (cap. 2), in via Madonnina, 9. Offriva consulenze e visite preventive per bambini e adolescenti. Oggi il servizio è demandato all'Unità operativa Npia (Unità Operativa Neuropsichiatria Psicologia Infanzia Adolescenza) presso l'ospedale di Desio e riguarda bambini e ragazzi per la fascia di età 0-18 anni. Per informazioni, tel. 0362 38.3684.

farmacie comunali – A Nova ci sono tre farmacie comunali. La prima esistente, quella di piazza Marconi (oggi spostata in via Madonnina, 9, telefono 0362 40.527), è stata aperta nel 1962 e pagava un affitto di 500 mila lire annue; quella di via Locatelli, 2 nel 1972 (tel. 0362 40.982). L'ultima, quella di via Ugo Foscolo n. 5 (tel. 0362 36.6461), il 21 febbraio 1998. Dall'inizio del 1997, le farmacie comunali fanno parte dell'►Azienda comunale di servizi (cap. 2). Nel 1919 ci fu il tentativo, a Nova, di creare una farmacia cooperativistica, ma senza risultati.

farmacie private – Quella più vecchia era in via XX Settembre, 4 ed era di proprietà del dottor Giuseppe Manzoni. Oggi è di proprietà di una società del dott. Gianmarco Bencetti (tel. 0362 40.419) e si è spostata a pochi metri, sulla via Garibaldi. L'altra farmacia privata era

quella del dottor Gibelli, ora della società della dottoressa Gloria Sambenati ed è in via Brodolini, 1 (tel. 0362 43.186). A Nova Milanese esiste anche una ►parafarmacia.

fasce deboli – È un progetto formativo e occupazionale per adulti svantaggiati (ex detenuti o tossicodipendenti), o di fragilità particolare ad esempio inoccupati di lunga durata. Il servizio è offerto dal Servizio integrazione lavorativa (Sil). Per informazioni, tel. 0362 37.4274. (Vedi cap. 4 ►CoDeBri).

forno, dati inquinamento – Secondo i dati di uno studio del Politecnico effettuato nel 2017, il forno inceneritore di Desio (cui Nova aderisce), inquina meno del traffico. La qualità dell'aria è dello 0,2% per gli ossidi di azoto, dello 0,001% per le polveri sottili e dello 0,0005% per le diossine. Secondo lo studio, questi dati sono, se confrontati con il traffico veicolare della zona, 100 volte di meno per gli ossidi di azoto, 1.000 volte di meno per le diossine e 10.000 volte più basso delle polveri sottili (Pm10).

guardia medica – Vedi ►Cri,

inquinamento – Abitiamo in una delle zone più inquinate d'Italia con fabbriche ormai chiuse ma con all'interno tanti prodotti inquinanti. Per disinquinare l'Acna di Cesano Maderno, ci sono voluti 100 miliardi di lire, pagati dai contribuenti. A Nova ci sono stati vari casi d'inquinamento nel corso degli anni. Si ricorda la Schering di via Villoresi, l'Ecobriantea di via Zara, la Asfalti Nord, la Cromotecnica di via Silvio Pellico, la Arec di via Garibaldi, la Galbapren di via Volta. Il 2 luglio 2015 si è verificato un incendio in via Locatelli presso la ditta Seruggia Trasporti che ha interessato una vicina azienda plastica con il risultato di disperdere nell'aria sostanze pericolose come Abs, Nylon e Pvc. Recentemente l'Amministrazione comunale è riuscita a chiudere il demolitore auto sulla via per Cinisello che aveva di molto degradato la zona. Senza dimenticare, naturalmente, l'inquinamento da ►diossina. Nel 2012, in Europa, a causa dell'inquinamento ci sono stati 524 mila morti; 84 mila solo in Italia. E siamo anche la zona dove si muore di più a causa delle emissioni diesel. La zona più colpita, in Italia, è la Milano-Monza che conta 115 decessi prematuri l'anno a causa del Dieselgate. Vedi anche qualità ►acqua e ►aria.

inquinamento acustico – Nova è abbastanza rumorosa. Almeno questo ci dice un rilevamento effettuato da una società specializzata del 2016 a seguito del piano di zonizzazione acustica decisa dal Consiglio comunale il 10 marzo 2016. I valori acustici sono compresi fra i 60 e i 77 decibel (il limite di legge diurno è 60; quello notturno 50). Un ambiente domestico di giorno si attesta solitamente sui 40-50 decibel. Dai 60 decibel in più il rumore all'interno dell'abitazione è fastidioso. Di notte riesce difficile dormire con un rumore superiore ai 50 decibel, mentre la casa diventa invivibile con rumori superiori ai 70-80 decibel. La soglia del dolore inizia a circa 130 dB. Oggi la perdita dell'udito si manifesta attorno ai 50 anni; negli anni Settanta del secolo scorso, attorno ai 70-75 anni. (Vedi anche ►rumori).

inquinamento magnetico – Sembra ormai accertato che i ripetitori telefonici facciano male alla salute. Però ci lamentiamo se il nostro telefonino non ha campo. Una legge prevede che non possono essere installati nei pressi di scuole e ospedali. A Nova ci sono 17 ripetitori telefonici alcuni posizionati su aree private e altri su aree comunali. Per quanto riguarda le aree private sono in via Veneto (2), via Vesuvio (2), via Dalmazia (2), via Roma, via per Cinisello. Per le aree comunali sono in via

Berlinguer (3), via Brodolini (campo sportivo), via Locatelli (campo sportivo 2), via per Cinisello (area cimitero 2), via Diaz.

letture in ospedale – Vedi cap. 5.

maternità, assegno – È dal 1999 che una legge nazionale prevede la concessione dell'assegno di maternità attraverso i Comuni. Sono due le categorie che possono accedere all'assegno: uno spetta alle mamme che non lavorano e l'altro spetta alle famiglie con almeno tre figli minori. Gli assegni sono erogati in base al reddito Isee (Indicatore della situazione economica equivalente). Per informazioni, tel. 0362 37.4274.

mediazione linguistica – A favore degli alunni stranieri, al fine di consentire la loro integrazione nell'ambiente scolastico, il Comune di Nova ha istituito un servizio di facilitazione e mediazione linguistica. Per informazioni, Servizi sociali del Comune, tel. 0362 37.4274.

medici – A Nova operano 16 medici di base (di cui 2 pediatri), uno ogni 1.458 abitanti. Nel 2016, in campo nazionale, c'erano quattro medici ogni 1.000 abitanti.

Moebius, Associazione italiana sindrome di – La Sindrome di Moebius è una malattia rara la cui caratteristica principale è la paralisi facciale permanente. A Nova, dal 2000, esiste una sezione dell'associazione nazionale Onlus che ha sede in via Donizetti, 7. Per informazioni, tel. 039 272.4931.

Mutua, Enrico Toti – Questa mutua – che prende il nome della medaglia d'oro morto nel 1916 (la famosa stampella lanciata contro il nemico) – ha cominciato ad operare dalla metà degli anni Trenta del secolo scorso. Nel 1945, subito dopo la Liberazione, la dirige il sindaco Carlo ►Fedeli (vedi cap. 1). Nel 1967, la presidenza è affidata a Renato Caimi che, assieme a Giuseppe ►Seregni (cap. 1), risolleva la mutua da una grave crisi finanziaria, rilanciandola e arrivando ad avere più di mille novesi iscritti. Sono commercianti, contadini, studenti, ma anche disoccupati. La mutua offriva, agli iscritti, assistenza medica, ricovero ospedaliero e alcune prestazioni fisico - terapeutiche. Resterà funzionante sino al 12 dicembre 1987. Alla chiusura, l'avanzo di amministrazione – 34 milioni di lire – vengono donati in parte alla Cri (29 milioni) e alla Caritas.

Not, nucleo operativo tossicodipendenti – Alla fine degli anni Ottanta del secolo scorso, a Nova, funzionava il servizio Not dove ci si poteva rivolgere per problemi legati alla tossicodipendenza. Nel 1989, a Nova, erano morti, a causa di droga, sette persone. Nei primi mesi del 1989, ben 40 novesi si erano rivolti al Not. Tutte persone sotto i 30 anni d'età. Nel 1991, diventeranno 53.

ospedale – Nova fa riferimento a quello più vicino che è quello situato a Desio. L'attuale sede dell'ospedale, ha cominciato a funzionare il 20 settembre 1968. Prima di quella data era situato, sempre a Desio, in via Garibaldi, sin dal 1820. Attualmente l'ospedale di Desio – che una legge regionale ha accorpato a Monza (San Gerardo) – è collocato in via Giuseppe Mazzini, 1, ha 977 dipendenti (193 dirigenti medici e 471 infermieri più 313 altro personale) e 329 posti-letto più altri 26 posti-letto in Day Hospital. Il Pronto soccorso registra una media di 200 accessi al giorno. Nella zona, quello di Desio, è uno dei più grandi. Copre un'area di 7.000 mq. ed è dimensionato su 9 piani più 1 seminterrato, per una volumetria complessiva di 135.000 mq. Importanti gli interventi di spesa nel 2018: 1.401.527 euro per attrezzature; 266.570 euro per la sostituzione del radiologico del Pronto soccorso; 115.000 euro per un nuovo Ecodopler per la Cardiologia; 5,5 milioni di euro per lavori di ristrutturazione del monoblocco ed è stato presentato il progetto del nuovo Pronto soccorso, già finanziato dal Regione Lombardia per 2 milioni di euro.

parafarmacia – Nelle parafarmacie, oltre a prodotti vari di bellezza, si possono acquistare farmaci e prodotti farmaceutici per i quali non esiste l'obbligo di ricetta medica. La legge italiana prevede, però, l'obbligo di presenza di un farmacista iscritto all'Albo. A Nova la parafarmacia è in via Sarajevo, 6. Si chiama Farmaci e Salute ed è diretta dalla dottoressa Carosso (tel. 0362 45.9588).

pasti a domicilio – Attraverso l'►Azienda comunale dei servizi (cap. 2), il Comune fornisce pasti caldi a domicilio a persone anziane e disabili adulti che non sono in grado di provvedere autonomamente. Il servizio funziona tutto l'anno. Per informazioni, tel. 0362 37.4274. Vedi anche ►Adi.

protezione civile – Vedi ►Cri.

ripetitori telefonici – Vedi ►inquinamento magnetico.

Rsa, Residenza sanitaria assistenziale – Vedi ►casa di riposo.

rumori – Vedi ►inquinamento acustico.

Sad, Servizio di assistenza domiciliare – È un servizio di assistenza domiciliare per aiutare momenti particolari della vita quotidiana a disabili adulti (igiene personale, somministrazione pasti ecc.). Vedi anche ►Adi. Per informazioni, Servizi sociali del Comune, tel. 0362 37.4252.

segretariato sociale – È un servizio gratuito informativo, di orientamento e consulenza per anziani, con disabilità, adulti in difficoltà, famiglie con minori, migranti. Per informazioni e appuntamenti, 0362 37.4274.

Sfa, Servizio formazione autonomia – È un servizio rivolto ai disabili che, al termine della scuola secondaria di 1° grado (medie), necessitano di interventi formativi a supporto della crescita personale e sociale. Per informazioni, Consorzio Desio Brianza, via Lombardia, 59, Desio. Tel. 0362 39.171 oppure Servizi sociali del Comune, tel. 0362 37.4274. (Vedi ►CoDeBri, cap. 4).

Sid, Servizio integrazione disabili nelle scuole del territorio e assistenza domiciliare – Vedi cap. 4 ►CoDeBri.

Sis, Servizio di integrazione scolastica – È un servizio che ha avuto inizio nel 1982 con lo scopo di favorire l'integrazione scolastica per i disabili. Il servizio è espletato, oggi, dal Consorzio Desio-Brianza (vedi cap. 4 ►CoDeBri).

soggiorni climatici e culturali – Una volta venivano chiamati solo soggiorni climatici ed erano diretti alle persone anziane bisognose di cure marine. A Nova cominciano a funzionare nel 1975 per iniziativa dell'Amministrazione comunale, dell'►Eca (cap. 2) e della Regione. Andavano a Finale Ligure e il servizio era usufruibile per coloro che non avevano reddito o avevano reddito minimo. I pensionati pagavano solo la quota di partecipazione. Oggi sono organizzati dalla Cascina ►Triestina (cap. 5) con il patrocinio del Comune ed è cambiata anche la denominazione. Si chiamano "Soggiorni climatici e culturali" e le mete, per il 2018, sono state la Sardegna, Ischia, l'Olanda, l'alto Salento, Cattolica, Riccione, Palma di Maiorca e, a ottobre, anche una crociera. Per informazioni, via Pietro Nenni, 3, telefono 0362 36.5161. Email: cascinatriestina@virgilio.it

sportello ascolto per ragazzi e genitori – Per i ragazzi delle medie (secondarie di 1° grado) che hanno problemi o vogliono approfondire determinati argomenti, c'è uno sportello presso l'istituto che frequentano. Lo sportello per i genitori ha lo scopo di sostenerli nel loro ruolo educativo grazie alla collaborazione con psicologi e psicoterapeuti. Questo sportello è presso la primaria Fasola Quarello di via Mazzini. Per informazioni, Cooperativa Duepuntiacapo di Paderno, tel. 393 52.54887.

sportello stranieri – È un servizio comunale offerto tramite la cooperativa "Progetto Integrazione" rivolto ai cittadini immigrati per informazioni, supporto e consulenze per ricongiungimenti familiari, permessi di soggiorno, riconoscimento titolo di studio ecc. Per informazione, Sportello stranieri, piano terra Comune. Tel. 0362 37.4613.

telesoccorso – È un servizio rivolto agli anziani così che l'anziano, in caso di bisogno, possa chiedere aiuto a personale specializzato. Viene applicato all'apparecchio telefonico. Per informazioni, tel. 0362 37.4274.

tossicodipendenza – Vedi ►Comunità terapeutica.

tutela minori – Il servizio è finalizzato al sostegno di minori a rischio di disagio con sostegno socio-assistenziale ed educativo. Si occupa di monitorare, programmare e gestire una serie di interventi dopo l'approfondimento dell'assistente sociale. Per informazioni, Servizi sociali del Comune, tel. 0362 37.4274.

Unitalsi – L'acronimo sta per Unione nazionale italiana trasporti ammalati a Lourdes e santuari internazionali. L'associazione novese è nata nella primavera del 1964 per volontà di don Rainaldo ►Grassi (cap. 6). Opera nell'assistenza e trasporti malati nei santuari, visite a domicilio e ai ricoverati nelle case di riposo e ospedali. Il primo presidente è stato Pietro Viganò e oggi, dopo che lo è stato per 35 anni Angelo ►Paris (cap. 1), è Giovanni Sanna. Nel 1984 l'Unitalsi di Nova aderisce ad un progetto per offrire ai disabili un soggiorno marino; le prime vacanze furono fatte a Peania, località montana in provincia di Savona. Piuttosto impegnativo e faticoso recarsi da questa località tutti i giorni al mare. Da qui l'idea di trovare una struttura vicino al mare. La scelta cadde sulla ex Colonia Vanoni a Borghetto Santo Spirito, che fu ristrutturata anche con lavoro volontario e chiamata Casa della Gioia. La durata del soggiorno è di due settimane. In questa Casa, nel mese di maggio, sono ospitati un gruppo di bambini colpiti dalle radiazioni di Cernobyl (28 aprile 1986). Nel 2010 è stato attribuito al comitato Unitalsi novese, da parte del Rotary Club di Seveso e Varedo e del Seveso, il riconoscimento "Testimonianza di vita 2010" per l'impegno in ambito sociale. La sede è presso la Parrocchia centrale. Per informazioni, tel. 0362 40.514.

Capitolo ottavo: Statistiche

Statistica
i "numeri" che
riguardano Nova

abitanti, numero – All'inizio del '900, a Nova, dimoravano meno di 3 mila abitanti ed erano solo 980 nel 1751. Da quella data sono sempre aumentati. A metà del 1500, c'erano a Nova 123 abitanti. Grande incremento fra il 1951 al 1961: si è passati dal 5.762 a 10.473 abitanti. Nel 1964 si sono registrate ben 359 nascite. Nel 2016 c'erano, a Nova Milanese, 23.275 abitanti di cui 11.429 maschi (49,1%) e 11.846 femmine (50,9%). Nel 2017, 23.324 abitanti. Oggi, 2018, siamo a 23.334. Secondo il Piano del governo del territorio, Nova non potrà avere più di 26 mila abitanti.

abitazioni di proprietà – A Nova l'82,9% delle abitazioni, secondo il censimento 2011, sono di proprietà. In queste abitazioni ci vivono 7.328 famiglie. Prima del 1919 c'erano 172 abitazioni di proprietà; dal 1946 al 1960, 774 abitazioni. Nel 1951 ci sono 630 appartamenti di proprietà su circa 1.500 abitazioni.

abitazioni in affitto – A Nova Milanese, vivono in abitazioni in affitto, 1.021 famiglie. Nel 1951, in affitto, c'erano 818 appartamenti; nel 1991, saranno 1.323.

abitazioni per anno costruzione – Risultano essere 151 gli edifici costruiti, a Nova, prima del 1919. Fra il 1919 e il 1945, gli edifici sono diventati 181. Dal 1946 al 1960, sono 539; dal 1961 al 1970, gli edifici costruiti sono 811; dal 1971 al 1980, sono 655; dal 1981 al 1990, gli edifici sono 169; dal 1991 al 2000, sono 170; dal 2001 al 2005, sono 67. Dopo il 2005, gli edifici costruiti sono 13.

abitazioni per numero di locali – A Nova ci sono 954 edifici con una sola stanza abitata; 722 sono composte da due stanze; 538 da tre/quattro stanze; 308 abitazioni con cinque/otto stanze; 123 da nove/quindici stanze; 111 edifici con oltre sedici stanze.

abitazioni per numero di piani – A Nova ci sono 157 edifici a un piano; 1.593 a due piani; 668 a tre piani; 338 a quattro piani o più.

abitazioni proprietà, costo – Secondo il Borsino immobiliare il costo medio di una casa, a Nova, è di 1.293 euro il mq.

abitazioni, numero di – Secondo i dati del censimento del 2011, a Nova Milanese ci sono 8.977 abitazioni. Le superfici delle abitazioni occupate da persone residenti a Nova ammontano a 777.806 mq.

agricoltori, numero – Nel 1951 c'erano a Nova 172 persone dedite all'agricoltura; nel 1961, si erano ridotti a 162; nel 1971 a 71 persone. Vedi anche ▶agricoltori, cap. 4.

alfabeti – Sono coloro che conoscono l'alfabeto, sanno leggere in parte ma hanno difficoltà con lo scrivere. A Nova, questa categoria di persone è di 1.622 (i maschi sono 750; le femmine, 872). Negli anni dal 1951 al 1991, gli anni con maggior numero di alfabeti è stato il 1971 con 3.467 alfabeti di cui 1.567 maschi.

alimentari, negozi – Secondo i dati dell'anno 2017, a Nova, c'erano 26 negozi alimentari con una superficie complessiva di 1.780 mq. Uno ogni 897 abitanti.

alunni elementari, numero – Nel 2018, gli alunni frequentanti le primarie di Nova sono 1.139. Nell'anno scolastico 1977-78, erano 1.714. Nel 1996, 1.016. (Vedi cap. 5).

alunni infanzia, numero – Nel 2018 nelle scuole infanzia di Nova, c'erano 648 alunni. (Vedi cap. 5).

alunni medie, numero – Sono 555 gli alunni che frequentano le due scuole medie di Nova (scuola secondaria di primo grado). Nel 1977, erano 971; nel 1996, 607. (Vedi cap. 5).

alunni stranieri infanzia – Nel 2006 c'erano 80 alunni stranieri che frequentavano la scuola dell'infanzia su 1.083 totali. Nel 2008, 55 su 707 alunni totali. Nel 2018, ce ne sono 100 su 648.

alunni stranieri medie – Nel 2006 c'erano 37 alunni stranieri che frequentavano la scuola secondaria di 1° grado (medie) su 537 alunni totali. Nel 2008, 29 alunni stranieri su 530. Nel 2018 69 alunni stranieri su 555.

alunni stranieri primaria – Nel 2008 c'erano 105 alunni stranieri su un totale di 1.086 alunni, che frequentavano la scuola primaria (elementari). Nel 2018, 178 alunni stranieri su 1.139.

analfabeti – Oggi, a Nova, risultano esserci 147 analfabeti. I maschi sono 42; le femmine 105. Secondo il censimento del 1991, gli analfabeti, a Nova, erano 255. Nel 1951, gli analfabeti erano 110 di cui 41 maschi. La punta con più analfabeti è stato il 1971 con 435 analfabeti di cui 176 maschi.

anziani – Nel 2017, c'erano, a Nova, 5.100 anziani (quelli da 65 anni e oltre). Nel 2002, erano 2.292. (Vedi anche indici di ►vecchiaia).

aree sport e tempo libero – Le aeree dedicate allo sport e il tempo libero ammontano, a Nova, a 81.160 mq.

aree verdi attrezzate – Sono 292.308 mq. le aree verdi attrezzate a Nova.

artigiani, imprese – Vedi cap. 4.

artigiani, occupati – Vedi cap. 4.

automobili Euro 6 – Risultano esserci a Nova 403 autovetture della tipologia Euro 6 (le meno inquinanti). La maggior parte delle autovetture di Nova sono in Euro 4 (4.918) mentre nella tipologia Euro 0 (quelle che inquinano maggiormente) sono 1.023 autovetture, il 2,9% del totale auto.

automobili in piazza Marconi – Ogni giorno infrasettimanale, passano da piazza Marconi 863 automobili. Nel 1997 ogni giorno, nelle vie che gravitavano su piazza Marconi, passavano

10.824 mezzi. (vedi ►Put, cap. 2).

automobili, numero – A Nova, nel 2015, c'erano 14.117 automobili, 606 ogni mille abitanti. Nel 2004, le automobili erano 12.999 (574 ogni mille abitanti). Nel 2013 dopo un trend costante di crescita, diminuiscono a 14.022. Nel 2016, c'erano 14.263 automobili. In dieci anni (2005/2015), c'è stata una percentuale di crescita del 7,7%. Fra i 55 comuni della Brianza, il centro che ha più automobili è Vedano al Lambro con 648 auto ogni mille abitanti.

bagno – Nel 1951, a Nova, solo 75 famiglie potevano permettersi di fare il bagno nella propria abitazione su 1.582 abitazioni. Nel 1991, 6.947 persone avevano il bagno in casa.

banche – Vedi cap. 4.

bed&breakfast – Nel 2018, a Nova, non risultano esserci alberghi ma quattro bed&breakfast (via Giotto, via Sciesa, via F.lli Cervi, via Monte Grappa) e un residence in via Garibaldi.

casalinghe – A Nova Milanese le casalinghe sono 1.941.

case – Vedi ►abitazioni.

celibi / nubili – Alla data del 31 dicembre 2017, a Nova Milanese risultano esserci 9.637 celibi o nubili. Nel 2007 erano 8.891. Nel corso degli anni sono sempre aumentati ad esclusione del 2012. Nel 2011, infatti, erano 9.084; nel 2012, sono diventati/e 8.697.

celibi, maschi – Nel 2017, c'erano a Nova 5.198 maschi celibi che rappresentano il 45,5% della popolazione. Nel 1951 erano 692; nel 1991 erano 4.747.

censimento – È compiuto ogni dieci anni dal 1861. L'ultimo è stato fatto nel 2011 e, quindi, il prossimo, nel 2021. L'unico che non ha rispettato i dieci anni, è stato quello del 1936, svolto a soli cinque anni dal precedente a seguito di una riforma legislativa del 1930 che ne aveva modificato la periodicità, subito dopo riportata a cadenza decennale. A Nova per il censimento del 21 aprile 1931, il Comune nomina una commissione che è formata da alcuni consiglieri comunali e dal parroco. Fanno parte della commissione, Giuseppe ►Fasola (presidente), Aurelio Alberti, don Carlo ►Mezzera (cap. 6), Gerolamo ►Zorloni (cap. 3), Egidio Vignati. I rilievi sono effettuati da Aurelio Alberti, Mario ►Corti, Attilio Lissoni, Pietro ►Scuratti. (Per i consiglieri, vedi cap. 1).

censimento per motivi fiscali – Per volere di Francesco II Sforza, nel 1530 avviene un censimento che riguarda anche Nova. I "nobili" (sei persone) sono censite a parte. E così sappiamo che a Nova ci sono 111 persone, 34 a Grugnotorto e 14 a Cascina Meda. In totale ci sono 159 persone, 37 famiglie, 18 paia di buoi. Nel 1770 censimento fatto dagli Austriaci: 1.004 persone, 278 uomini, 507 donne e 219 ragazzi.

cognomi – Il cognome più comune che si trova a Nova, è quello degli Scuratti che sono più di 190. Segue, nella graduatoria, il cognome Villa (90), Tagliabue (87), Pagani (85), Mariani e Rinaldi (74), Arosio (66), Sala e Sironi (64), Elli (61).

coniugate – Le donne coniugate, a Nova Milanese, nell'anno 2017, risultano essere 5.784 vale a dire il 48,8% della popolazione. Nel 1951 erano 1.353; nel 1991 sono salite a 5.413.

coniugati – Nel 2017, a Nova, i maschi coniugati erano 5.736 cioè il 50,2% della popolazione. Nel 1951 erano 1.358; nel 1991 erano 5.340.

coniugati / e – Nel 2017 ci sono a Nova 11.520 coniugati/e. La classe d'età con più coniugati è quella che va dai 50 ai 54 anni (1.562). L'anno con più coniugati è stato il 2008 con 12.169 coniugati / e.

consorzi – Vedi cap.4.

convivenza – Nel 2011, c'erano a Nova, 45 persone conviventi. Nel 2017 sono diventati 64.

coppie – Nel 1991, a Nova, risultavano esserci 1.384 coppie senza figli; 3.921 con figli; 130 padri con figli; 421 madri con figli.

densità abitativa – Nel 2011, a Nova, c'era una densità abitativa di 3.817,40 abitanti per chilometro quadrato. Oggi 4.100 per Kmq.

depositi bancari – Al 31 dicembre 2015 risultavano esserci nelle banche novesi depositi per 288,9 milioni di euro. Se prendiamo come riferimento gli anni che vanno dal 1995 al 1998, quando c'erano le lire, l'anno con più depositi bancari è stato il 1995 con 284.095 milioni di lire; il più basso il 1998 con 256.835 milioni di lire. Dal 1999 al 2015, i depositi sono considerati in euro. L'anno con più euro depositati è stato, come visto il 2015. L'anno con meno depositi è stato il 1999 con 144,4 milioni di euro.

depositi per abitante – Nel 2015, il deposito medio per abitante nelle banche è stato di 12.420 euro.

dichiarazione Irpef, numero – Vedi cap. 4.

dipendenza strutturale – Nel 2017, a Nova, ci sono 55,9 persone a carico di ogni 100 che lavorano. Nel 2002 erano 39,8. Poi questo numero è sempre aumentato.

diplomati – Sono 6.824 i diplomati novesi. I maschi sono 3.389; le femmine, 3.435. Nel 1961, i diplomati erano 90. Nel 1971, sono diventati 368. Nel 1991, c'erano, a Nova, 3.292 diplomati.

disoccupati – Vi sono a Nova Milanese 10.294 residenti di età pari a 15 anni o più. Di questi 9.670 risultano occupati e 471 in cerca di nuova occupazione.

disoccupazione femminile – Nel censimento 2011, risultano esserci un tasso di disoccupazione femminile del 7,2%. Nel 1991 era del 16,4%; nel 2001 era del 7%. Oggi, ci sono, a Nova, 4.538 femmine (dai 15 anni e oltre), delle quali 4.211 sono occupate e 258 disoccupate.

disoccupazione giovanile – A Nova, nel 2011, c'era un tasso di occupazione giovanile del 19%. Nel 1991 c'era un tasso del 29,7%; nel 2001, del 16,8%.

disoccupazione maschile – Secondo i dati del censimento del 2011, a Nova Milanese, c'era un tasso di disoccupazione maschile del 5,2%. Nel 1991 dell'8,8%; nel 2001, del 4,1%. Oggi risultano esserci, a Nova, 5.756 maschi (dai 15 anni e oltre) dei quali 5.459 occupati e 231 disoccupati.

divorziate – A Nova, nel 2017, c'erano 317 donne divorziate, il 2,7% della popolazione. Nel 1981 le donne divorziate erano 7, nel 1991, risultavano esserci 47 donne divorziate.

divorziati – Nel 2017 risultavano esserci, a Nova, 220 maschi divorziati, l'1,09% della popolazione. Nel 1981 i maschi divorziati erano 15, dieci anni dopo sono diventati 52.

divorziati / e – Nel 2017 risultano, a Nova, 537 divorziati/e. La classe d'età dove sono maggiori i divorziati/e, è quella che va dai 50 ai 54 anni (105 casi). Nel 2007, erano 363. Poi sono andati sempre ad aumentare.

donne feconde, carico di figli – È il rapporto percentuale tra il numero dei bambini fino a 4 anni ed il numero di donne in età feconda (15-49 anni). Stima il carico dei figli in età prescolare per le mamme lavoratrici. A Nova, nel 2017, questo carico era 23,9.

emigrati – Nel 2017 hanno abbandonato Nova, per altri comuni 558 persone mentre 25 persone sono andate all'estero. L'anno in cui più persone hanno abbandonato Nova per dimorare in altro comune italiano, è stato il 2006, ben 874.

età 75 anni – Nel 1971, a Nova, 289 persone avevano superato i 75 anni d'età. Dopo venti anni, nel 1991, sono diventati 738. Il 61,8% è rappresentato dalle femmine.

età dai 15 ai 64 anni – In questa fascia di età, nel 2017, c'erano, a Nova, 14.931 persone. L'anno con più incremento è stato il 2003 con 15.766 persone. Quello con minor incremento il 2013 con 14.694 persone.

 età media – Nel 2017 l'età media dei novesi era di 44,2 anni. Nel 2007 era 40,6. Nel 2011 era 41,8. L'età media dei brianzoli è di 43,9 anni. Fra i 55 Comuni della Brianza, i comuni più "giovani" sono Roncello (39,4 anni), Correzzana (41,2). I più "vecchi", Vedano (46,6), Vimercate 46,2, Monza (45,5).

età scolastica – Nel 2017 i ragazzi in età scolare di Nova (sino a 18 anni), erano 4.172. La classe d'età più numerosa è quella dei 15 anni: 254 di cui 131 femmine e 123 maschi. La meno numerosa è quella di un anno: 149 bambini, di cui 83 maschi e 66 femmine.

età sino a 14 anni – Sono 3.244 i bambini nella fascia di età che va dallo 0 ai 14 anni, nel 2017. L'anno con più incremento è stato il 2010: 3.521 bambini; quello con meno incremento, proprio il 2017.

famiglia, numero componenti – Nel 2016, c'era una media di 2,46 persone per famiglia (nel 2011, erano 3 persone di media). Ci sono 262 famiglie composte da una sola persona; 226 famiglie con due persone; 146 famiglie con tre persone; 118 con quattro persone; 27 famiglie con cinque persone 8 famiglie con sei o più persone.

famiglia, numero componenti 1991 – In questo anno i componenti medi per famiglia, a Nova, era di 2,9 persone.

famiglie con straniero – Nel 2017 vi erano, a Nova Milanese, 899 famiglie con almeno uno straniero mentre 702 erano le famiglie con intestatario straniero.

famiglie, numero – Le famiglie a Nova Milanese, alla fine del 2016, erano 9.519. Dieci anni prima, nel 2006, erano 8.908. Se andiamo indietro ancora dieci anni, 1996, erano 7.691.

gabinetti – Nel 1951, a Nova, solo 228 case avevano il gabinetto interno su 1.523 abitazioni. All'esterno, invece, l'avevano 1.295 abitazioni. Nel 1991, case con gabinetto interno 6.890 (su 6.942 abitazioni); esterno, 52.

immigrati italiani – Nel 1964 ne sono arrivati, a Nova, 1.448 e se ne sono andati via 609, quindi c'è stato un saldo attivo di 839 immigrati. È l'anno, il 1964, in cui si registra il maggior numero di immigrati. Vengono, soprattutto dalle regioni del Sud, ma anche dal Veneto che rappresenta la più antica immigra-zione (Polesine). I più numerosi provengono dalla Puglia (Monte S. Angelo), dalla Sicilia (Belmonte Mezzagno), dalla Basilicata (Muro Lucano). Il record di immigrati, a Nova, ha provenienza però lombarda: fra il 1966 e il 1971, ne sono arrivati 7.436.

immigrati stranieri, fasce d'età – La fascia d'età dove si trovano più stranieri, a Nova, è quella che va dai 35 ai 39 anni: 273 (139 femmine, 134 maschi). Dai 90 ai 94 anni, è presente una sola persona, un maschio.

immigrati stranieri, luogo provenienza – Sono considerati cittadini stranieri le persone di cittadinanza non italiana aventi dimora abituale in Italia. A Nova, nel 2017, gli stranieri residenti sono 2.160 (1.042 maschi e 1.118 femmine) e rappresentano il 9,0% della popolazione residente. Per quanto riguarda i Paesi dell'Europa, la maggior parte degli stranieri dimoranti a Nova (921), sono romeni (465 femmine e 456 maschi). Poi ci sono 128 persone che provengono dall'Ucraina, dall'Albania (102), dalla Repubblica Moldova (59). Dall'Africa i più numerosi sono gli egiziani con 152 persone (66 femmine e 86 maschi). Seguono il Marocco (135 persone), il Senegal (70). Per quanto riguarda il continente americano, i più numerosi sono i peruviani con 82 persone (44 femmine e 38 maschi). Dall'Ecuador ve ne sono 72, da Cuba 10. Due anche dagli Usa, tutte e due femmine. La comunità più numerosa dell'Asia, abitante a Nova, è quella cinese con 99 persone (50 femmine, 49 maschi) seguita da pakistani (35) e Sri Lanka, 20. L'Oceania ha una sola presenza: una donna che proviene dall'Australia. Nel 1991 a Nova c'erano 72 cittadini stranieri residenti (a Muggiò 50, a Desio, 136). Ogni mille abitanti, a Nova, ci sono, a quella data 3,5 stranieri.

immigrati stranieri, minorenni – Nel 2017, nella fascia d'età da 0 a 19 anni, sono presenti a Nova Milanese 603 cittadini stranieri.

imposta di famiglia – Vedi cap. 4.

imposte e tasse – Vedi cap. 4.

imprese – Vedi cap. 4.

km. rete gas – La rete gas, a Nova, si sviluppa per 61 chilometri.

km. strade comunali – A Nova, ci sono strade comunali per un totale di 56 chilometri.

laureati – A Nova, ci sono 2.003 persone che possiedono una laurea; 957 maschi e 1.046 femmine. Nel 1951, i laureati, a Nova, erano 15 di cui 10 maschi; nel 1961, il totale saliva a 20 (17 maschi); nel 1971 i laureati sono 49 (40 maschi). Dieci anni dopo, nel 1981, i laureati sono 128 (95 maschi). Nel censimento 1991 risultavano esserci, a Nova, 228 laureati. Di cui 144 maschi.

licenza elementare – Sono 4.129 i novesi, oggi, con licenza elementare. I maschi sono 1.738; le femmine 2.391. Nel 1951 erano 4.394 di cui 2.138 maschi; nel 1961 erano 7.778 (3.741 maschi); nel 1971, 8.186 (4.033 maschi); nel 1981, 8.267 (3.873 maschi); nel 1991 erano 6.564 (2.970 maschi).

licenza media – I novesi che posseggono la licenza di scuola media inferiore, sono 6.312 di cui 3.409 maschi e 2.903 femmine. Nel 1951 erano 263 di cui 147 maschi. Fra il 1951 e il 1991, l'anno con più persone con licenza di scuola media è stato il 1991 con 7.063 persone di cui 3.834 maschi.

matrimoni civili – Nel 2017, a Nova, ci sono stati 31 matrimoni civili. Nel 2006 erano stati 19 i matrimoni civili.

matrimoni religiosi – Nel 2017 sono avvenuti, a Nova, 23 matrimoni religiosi. Nel 2006, i matrimoni religiosi furono 36.

misti, negozi – Nel 2017 c'erano, a Nova, 6 negozi considerati misti in quanto commerciavano, oltre agli alimentari, anche altre merceologie di prodotti. Complessivamente, essi avevano una superficie complessiva di 720 mq.

mortalità, tasso di – Il tasso di mortalità è, a Nova, pari all'8,84 per mille.

morti – Sono state 206 le persone morte, nel 2015, a Nova Milanese. Nel 2017 si sono registrati 288 morti (101 maschi e 107 femmine).

motocicli – Nel 2016, a Nova Milanese, erano presenti 2.083 motocicli. Nel 2015 erano 2.057. L'anno in cui si sono avuti più motocicli a Nova è stato il 2011 con 2.106.

multe, proventi – Nel 2015 i proventi per le multe comminate sono stati di 51.347,64 euro. Nel 2017, i proventi per le multe comminate per violazione del Codice della strada sono stati 201.500 euro. (Vedi anche cap. 2, ►Polizia locale).

natalità, tasso di – A Nova c'è un tasso di natalità del 6,52 per mille. Nel 2016 era al 7,4 per mille. Nella graduatoria provinciale siamo al 43° posto; in quella regionale al 431° posto.

nati – A Nova, nel 2015, si sono avute 152 nascite. Nel 2017, le nascite sono state 154. Nessuno di loro è nato a Nova, ma nei vicini ospedali.

nati / morti – Nel 2016, a Nova Milanese sono nati 154 persone e ne sono morte 208 con un saldo negativo di 54 persone. Fra il 2002 e il 2016 l'anno più negativo per le nascite è stato il 2015 (152 nati a fronte di 206 morti). Il 2003 è stato l'anno con più nascite: 254.

negozi – Vedi negozi ►alimentari e negozi ►non alimentari.

negozi 1930 – In quest'anno risultano esserci, a Nova, 5 fruttivendoli, 8 osterie, 2 macellerie, 7 trattorie, 1 bar, 1 elettricista, 2 salumerie. In tutto ci sono 50 esercenti fissi e ambulanti.

non alimentari, negozi – I negozi non alimentari, nel 2017, a Nova, erano 102 con una superficie, complessiva, di 6.350 mq. Un negozio ogni 228 abitanti.

nubili – Le nubili, a Nova, nel 2017, erano 4.439. Esse rappresentavano il 37,5% della popolazione novese. Nel 1951 erano 1.314; nel 1991 erano arrivate a 3.763.

numero case 1931 – Nel censimento 1931 risultano, a Nova, un totale di 953 abitazioni con 2.645 stanze abitate da 4.075 persone.

occupati attività immobiliari – Secondo i dati del censimento del 2011, a Nova, nel settore finanziario/assicurativo e immobiliare, sono impiegate 123 persone.

occupati attività manifatturiera – Sono 2.407 persone che risultano occupati nell'industria manifatturiera nel 2011 (censimento).

occupati commercio – Nel 2011 (censimento) nei settori del commercio all'ingrosso e al dettaglio nonché nelle riparazioni di auto e moto, risultano occupati 1.996 persone.

occupati e forza lavoro – La forza lavoro, secondo l'ultimo censimento, è rappresentata da 10.294 persone. Gli occupati sono 9.672. Dal 1961 al 1971, i lavoratori dipendenti passano da 3.743 ai circa 5 mila per poi scendere, nel 1991, a 4.693 unità. (Vedi ►Unità locali, cap. 4).

occupati nelle costruzioni – A Nova Milanese, nel 2011 (dati censimento), nelle costruzioni risultano occupate 709 persone.

parcheggi – A Nova ci sono 162.267 mq. disponibili come aree a parcheggio.

patrimonio abitativo, età media – Nel 2011, l'età media del patrimonio abitativo, di Nova, era di 32 anni.

PC, Personal computer – Gli uffici comunali hanno a disposizione 156 personal computer.

pendolari – Vedi cap. 4.

pensionati, numero dei – Secondo l'ultimo censimento, ci sono a Nova 4.701 persone che percepiscono una o più pensioni.

permessi per costruire, introiti – Il comune di Nova, nel 2016, ha introitato 937.273,59 euro ricavanti dai permessi rilasciati per costruire.

Piano commerciale – È durato dal 1996 al 2000. In quel momento Nova aveva un negozio ogni 124 abitanti mentre la media nazionale era ogni 66 abitanti. Nel 1996 esistevano nel nostro paese, 171 punti di vendita (51 alimentari e 120 non alimentari) dove vi lavoravano 381 persone. Oggi si è insediata la grande distribuzione che, di fatto, ha determinato la chiusura dei piccoli negozi. Nova è "assediata" dalla grande distribuzione e anche sul proprio territorio sono presenti grandi gruppi di vendita di merceologia diversa. Nel 1969, la Sma Supermercati, tenterà di insediarsi a Nova all'angolo fra via Valassina e via Vittorio Veneto. La Giunta aveva dato parere sfavorevole *"perché verrebbe a creare uno stato di disagio nella popolazione locale che ha redditi modesti"*. Vedi negozi ►alimentari e negozi ►non alimentari.

piste ciclabili – Vedi cap. 2.

popolazione attiva – È la voce che rappresenta il grado di invecchiamento della popolazione in età lavorativa. È il rapporto percentuale tra la parte di popolazione in età lavorativa più anziana (40-64 anni) e quella più giovane (15-39 anni). Nel 2017, l'indice a Nova era a 146,3. Nel 2002, l'indice era 90,1.

prestiti – I novesi hanno chiesto prestiti alle banche, complessivamente, per più di 390 milioni di euro nel 2015. Nel 2011, molto di più: 470 milioni.

proventi Stato – Nel 2015, Nova ha percepito dallo Stato, quale fondo perequativo 3.461.222,48 euro.

punti-luce – Nel 2016 erano presenti, a Nova, 4.600 punti-luce per l'illuminazione pubblica.

reddito – Nel 2015 c'erano a Nova 15.665 contribuenti per reddito imponibile (Irpef) per un totale di 333.790.283 milioni di euro.

reddito 1965 – A Nova, nel 1965, ci sono 763 famiglie che pagano per un reddito imponibile fino a 500 mila lire; 221 famiglie fino a 1 milione di lire, 79 famiglie fino a 2 milioni di lire e 31 famiglie che hanno un reddito oltre i 2 milioni di lire.

reddito medio – Nel 2015, il reddito medio era di 17.529 euro. Oggi è diminuito a 15.021. Nella classifica provinciale, siamo al 52° posto.

reddito, scaglioni di – Nel 2015 c'erano, a Nova, 306 persone che avevano un reddito complessivo maggiore di 75.000 euro. In compenso, 59 persone non avevano reddito alcuno; 3.657 con reddito complessivo da 0 a 10.000 euro; 1.998 persone con reddito complessivo da 10.000 a 15.000 euro; 5.629 persone con reddito complessivo da 15.000 a 26.000 euro; 3.948 persone con reddito complessivo da 26.000 a 55.000 euro; 321 persone con reddito complessivo da 55.000 a 75.000 euro.

residenza, cambio – Vedi ►emigrati.

restauri Villa Brivio – Per il restauro di ►Villa Brivio (cap. 2), sono stati utilizzati, fra gli altri materiali, 110 tonnellate di profili d'acciaio, 1 km. di cavo d'acciaio, 6 tonnellate di resina epossidica, 26 tonnellate di ferro d'armatura, 450 metri cubi di calcestruzzo. Inoltre nel settore impiantistico ci sono 31 telecamere, 13,5 km. di cavi elettrici, 2,25 km. di cavi dati.

ricambio della popolazione attiva – Rappresenta il rapporto percentuale tra la fascia di popolazione che sta per andare in pensione (60-64 anni) e quella che sta per entrare nel mondo del lavoro (15-19 anni). La popolazione attiva è tanto più giovane quanto più l'indicatore è minore di 100. A Nova Milanese nel 2017 l'indice di ricambio è 121,3 e significa che la popolazione in età lavorativa è molto anziana. Nel 2009 l'indice era 129. Il più basso indice (112), si è verificato nel 2006.

rifiuti – Ogni anno i novesi producono 9.835 tonnellate di rifiuti.

rifiuti pro capite – Ogni novese produce 423 kg. di rifiuti all'anno. La raccolta differenziata è pari a 264 Kg per abitante l'anno.

rifugiati – Vedi cap. 5.

riscaldamento – Il censimento del 1951 non teneva conto del riscaldamento. Nel 1961, c'erano a Nova, 399 abitazioni riscaldate su 2.941. Il riscaldamento centralizzato e autonomo, comincia ad apparire nel 1971 quando ci sono 2.125 abitazioni con riscaldamento centralizzato e 945 con riscaldamento autonomo su un totale di 4.697 abitazioni. Nel 1981, hanno il centralizzato 4.923 abitazioni e 1.013 quello autonomo (su 6.013 abitazioni). Nel 1991, ci sono più abitazioni con riscaldamento autonomo: 3.694 contro 2.766 abitazioni con sistema centralizzato (su 7.013 abitazioni). Oggi questo dato non è rilevato.

spostamenti – I novesi che ogni giorno fanno degli spostamenti per recarsi a lavorare, sono 6.443 mentre 2.059 restano nell'ambito comunale. Per motivi di studio escono da Nova, ogni giorno, 1.337 persone mentre 1.775 restano a Nova.

stipendi personale comunale – Nel 2015, il Comune di Nova ha speso per gli stipendi al proprio personale a tempo indeterminato, più di 2 miliardi di euro.

studenti – A Nova sono presenti 1.223 studenti.

superficie media abitazioni – Secondo il censimento 2011, la superfice media degli appartamenti occupati, è di 88,2 mq. Vedi anche ►abitazioni.

superficie territoriale – Nova ha una superficie territoriale di 5,84 Kmq. Vale a dire 5.840.000 mq.

trattori – Nel 2016 risultavano esserci, a Nova, 14 trattori.

tv, abbonamento – Oggi il pagamento avviene attraverso la bolletta elettrica e, quindi, in linea di massima tutti pagano quella che viene definita l'imposta più odiata dagli italiani. Nel 1993, a Nova, su 7.261 famiglie, questa imposta era pagata da 6.040 novesi.

vecchiaia, indici di – Nel 2017, a Nova, c'era un indice di vecchiaia di 157,2 anziani ogni 100 giovani. Nel 2002, l'indice era pari a 91,2 anziani ogni 100 giovani.

vedove – Erano 1.306, nel 2017, le vedove femmine di Nova, l'11% della popolazione.

Vedove / i – Nel 2017 c'erano a Nova, 1.581 vedovi/e. La classe d'età dove risultano più vedovi/e è quella che va dai 75 ai 79 anni. L'anno che ha fatto registrare il maggior numero di vedovi/e, è stato il 2016. Erano 1.661.

vedove 1951 / 1991 – In 40 anni le vedove sono passate da 260 a 921.

vedovi – A Nova, nel 2017, risultavano esserci, 275 vedovi maschi, il 2,4% della popolazione.

vedovi 1951 / 1991 – In 40 anni i vedovi sono passati da 76 a 202.

Capitolo nono: Storia di strade, strade di storia / a cura di Puccy Paleari

Storia di strade, strade di storia

Grande Guerra, fascismo, antifascismo, Resistenza

Nova Milanese e la memoria pubblica ereditata

Le pagine che seguono, fanno parte di uno studio che aveva cominciato a compiere Puccy Paleari nel 2015. Ho ritenuto opportuno inserirle, alla fine di questo libro, anche se incomplete, perché convinto che queste pagine possano accrescere e dare un apporto importante alla conoscenza del nostro territorio e della nostra passata storia.

Questo non significa sposare acriticamente le tesi di Paleari, quanto piuttosto vedere questa ricerca come un inizio cui anche altri potrebbero cimentarsi, convinto come sono che solo dalla ricerca e dal conseguente dibattito potranno sortirne benefici. Benefici di conoscenza e non solo.

Puccy Paleari, alla fine, riporta una frase dello scrittore siciliano Leonardo Sciascia che è quanto mai attuale: il tema della Resistenza, dice Sciascia, è "la chiave di volta di ogni intendimento e di ogni azione presente e futura".

Anche capire come sono state nominate le vie, aiuta a comprendere la Storia e a ripercorrere quella locale. Perché con il cambio dei governi locali, cambiano anche le denominazioni delle vie e piazze. Cambia la società e, di conseguenza, cambiano anche i riferimenti sociologici e culturali.

Pubblico volentieri queste pagine perché consapevole dell'importanza di questa ricerca.

A.T.

Le strade non costituiscono soltanto la rete viaria del nostro comune, ma i loro nomi ci rimandano a eventi della nostra storia e della nostra cultura, a fatti e personaggi a carattere locale, nazionale e internazionale. Una dedicazione non è un solo atto burocratico ma una precisa volontà politica.

Grande Guerra

Con il fascismo si ha una spinta sostanziale alle intitolazioni di vie e piazze al primo conflitto mondiale. Il primo dato che emerge, leggendo lo stradario novese, riguarda la presenza di dedicazioni alla memoria della Grande Guerra. Nel 1924 a Nova Milanese come in altre realtà nazionali, viene dedicato il viale della Rimembranza. La Grande Guerra è preciso riferimento per la denominazione di vie e piazze comunali, come da delibera podestarile (del podestà) del 1930:

> *Ritenuto che la scelta dei nomi si è soffermata principalmente su ricordi e paesi gloriosi della Grande Guerra, onde la rievocazione dello spirito e dell'orgoglio del Soldato Italiano rimanga incancellabile anche ai posteri;*
>
> *Delibera*
>
> *di dare alle vie e strade del Comune le seguenti denominazioni: Armando Diaz, Cesare Battisti, Luigi Cadorna, Francesco Baracca e Nazario Sauro.*

Altre strade sono dedicate ad alcuni luoghi della Grande Guerra:

San Michele al Carso, Vittorio Veneto, Monte Grappa, Piave, Zara e Montello.

(Fonte: archivio comunale. Da qui in avanti Acnm).

Alcuni anni dopo, la memoria della Grande Guerra è ancora di riferimento per le intitolazioni di altre vie cittadine, vedi via Pasubio e via Fiume, come da deliberazioni podestarili del 1934.

E ancora. Una lapide con l'elenco dei morti e dispersi novesi della Grande Guerra, inaugurata il 18 febbraio del 1923, si trova sulla facciata laterale (Via Madonnina) della chiesa di Sant'Antonino Martire, dove il 3 agosto del 1925 venne inaugurata la Cappella Suffragio in onore dei Caduti, all'altare di S. Antonino.

Nell'ottobre del 1928 venne dedicata ai Caduti la quinta campana sempre della chiesa di Sant'Antonino Martire.

Negli anni trenta, durante il periodo fascista, venne dedicata al Milite Ignoto la Scuola Elementare di Via Roma.

Lasciata la Grande Guerra ci si muove lungo la linea del tempo, percorrendo lo spazio delle *strade della storia*.

Fascismo in città

Non mancavano intitolazioni riferite al fascismo. Già presente nella cittadina nel 1930 una strada denominata Via XXVIII Ottobre, quale prolungamento della via Madonnina. Nel 1931 giunse ai Prefetti una disposizione del duce affinché tutti i podestà intestassero al nome di Roma, una via principale del Comune. Così, il 3 ottobre 1931, venne cambiata la denominazione della via Giuseppe Cetti (in onore di Giuseppe Cetti, un avvocato diventato sindaco di Nova nel 1899 che aveva fatto erigere il primo settore delle scuole elementari di Nova), che divenne via Roma.

Nel nome di Costanzo Ciano, nel 1940 venne denominato il piazzale esistente all'incrocio delle provinciali Valassina e Monza-Saronno, cui è prospiciente la nuova Casa del fascio, mentre ad Antonio Locatelli viene intitolato il prolungamento di via Vittorio Veneto dopo l'incrocio con via Garibaldi. (Acnm).

Una specifica ricerca nell'archivio comunale, permetterebbe di rilevare la presenza e la consistenza nella toponomastica stradale novese negli anni 1922/1945, anche se presenti, in riferimento alle campagne coloniali italiane nonché la titolazione di strade, per onorare gerarchi del fascismo e date che celebrassero gli avvenimenti di quegli anni.

La ricerca consentirebbe inoltre di conoscere i cambiamenti di denominazioni effettuate dopo la destituzione di Mussolini nel luglio del 1943 o dopo la firma dell'Armistizio con gli anglo-americani dell'8 settembre e la nascita della RSI, la Repubblica Sociale Italiana, sempre nel settembre dello stesso anno.

Con una disposizione dell'allora presidenza del Consiglio dei ministri del febbraio del 1944, vengono *"abolite tutte le intitola-*

zioni riferite a tutti i membri della ex Casa Regnante, anche se da tempo scomparsi". Così, la novese centrale piazza Umberto I venne denominata piazza Guglielmo Marconi.

Ai giorni nostri non è rimasta nessuna traccia nella toponomastica locale con riferimento al periodo fascista come elementi memoriali che ricordino la presenza a Nova, ad esempio, di un nucleo di militari germanici.

Sono sempre più evidenti come i mutamenti politici e culturali si riflettono anche nei nomi delle vie e piazze. Al termine della seconda guerra mondiale, a Nova Milanese come in altre località, si procedette alla sostituzione delle titolazioni con riferimenti al fascismo.

Già dal 1945 avvengono i primi cambi:

> ⇒ piazzale Costanzo Ciano diventa piazzale Libertà
>
> ⇒ via XXVIII Ottobre diventa via Maurizio Macciantelli
>
> ⇒ via dei Fiori diventa via Giorgio Biondi
>
> ⇒ vicolo Piave diventa via Giacomo Balconi
>
> ⇒ via Giuseppe Cetti, già via Rebosio, diventa via Enrico Poldelmengo.

Un modo immediato per ricordare alcuni caduti locali per la Libertà.

Non viene cambiata, invece, via Antonio Locatelli, morto nel 1936, aviatore, politico e giornalista. Ha avuto tre medaglie d'oro al valore militare e altrettante d'argento. Ha partecipato alla prima guerra mondiale e alla guerra somala. Deputato del Partito nazionale fascista dal 1924 al 1929. Ha scritto per il *Corriere della Sera*.

Negli anni a venire nella toponomastica stradale novese si dà spazio a nomi che ricordano l'antifascismo, la Resistenza, i luoghi di battaglie, alcune date di rilevanti eventi, nomi delle città simbolo nella lotta per la Liberazione, i nominativi di alcuni caduti nazionali e si cerca di completare le dedicazioni dei caduti locali.

Forse inconsciamente non ci si è resi conto, allora come adesso, che agendo così si è contribuito alla sostituzione della memoria pubblica. Non c'è più traccia nei nomi delle strade cittadine di esponenti della Casa Reale e del periodo della Nova Milanese littoria.

Un patrimonio storico culturale sparito per sempre. Storie di un passato locale ormai scomparso, rimasto vivo solo nella memoria di pochi anziani, su qualche fotografia sbiadita e in alcuni elementi materiali.

Antifascismo, resistenza, liberazione

Con lo sviluppo dell'edilizia locale vengono costruite nuove strade e dedicate nuove intitolazioni.

• Via Giorgio **Amendola** 1907 - 1980 Antifascista

• via Giacomo **Balconi** 1912 - 26 aprile 1945. Cittadino novese. Partigiano. Ucciso a Cusano Milanino mentre con altri partigiani cerca di fermare una colonna di tedeschi.

• via Giorgio **Biondi** 1926 - 1944. Cittadino novese. Partigiano. Muore per un incidente nel bosco della Valera mentre con altri partigiani sta per raggiungere le formazioni di montagna.

• via Bruno **Buozzi** 1881 - 1944. Antifascista, resistente. Fucilato da tedeschi in fuga da Roma.

• via **Fratelli Cervi** resistenti. Sette fratelli Cervi: Gelindo (1901), Antenore (1906), Aldo (1909), Ferdinando (1911), Agostino (1916), Ovidio (1918), Ettore (1921). Vengono fucilati il 28 dicembre 1943 nel poligono di tiro di Reggio Emilia. Medaglia d'Argento al Valor Militare alla memoria.

• via Eugenio **Curiel** 1912 - 1945. Resistente. Fucilato a Milano dai Militi della Brigata Nera Medaglia d'oro al Valor Militare alla memoria.

• piazza Salvo **D'Acquisto** 1920 - 1943. Si accusò di un preteso attentato per salvare 22 civili. Fucilato dai tedeschi a Torre di Palidoro (Roma). Medaglia d'Oro al Valor Militare alla memoria.

• via **Fosse Ardeatine**. Eccidio delle Fosse Ardeatine. Antiche cave di pozzolana nei pressi della via Ardeatina (Roma), che vennero utilizzate dai tedeschi per la fucilazione di 335 tra civili e militari italiani il 24 marzo 1944, come rappresaglia per una azione partigiana compiuta da una formazione dei Gap

(Gruppi di Azione Patriottica), contro truppe germaniche in transito in via Rasella, a Roma, che aveva causato la morte di 33 militi tedeschi.

- via Antonio **Gramsci** 1891 - 1937. Uomo politico. Nel 1924 fondò il quotidiano politico *l'Unità*, organo del PCd'I. Per la sua attività e per le sue idee fu condannato dal Tribunale Speciale (organo del Partito Fascista), a venti anni di carcere. Muore per l'aggravarsi delle condizioni di salute, poco tempo dopo la sua scarcerazione per avvenuta amnistia.

- via Primo **Levi** 1919 - 1987. Deportato perché ebreo, nei Lager di Fossoli e poi ad Auschwitz III – Monowitz (Polonia).

- via Maurizio **Macciantelli** 1924 - 1944. Cittadino novese. Partigiano. Ucciso sulla strada di Lonate Pozzolo mentre fermava una colonna di tedeschi.

- via **Marzabotto.** Comune in provincia di Bologna, noto per la strage avvenuta nei territori dei Comuni di Marzabotto, Grizzana Morandi e Monzuno, avvenuta sulle pendici di Monte Sole tra il 29 settembre e il 5 ottobre del 1944, compiuta da truppe nazi-fasciste, che portò la morte a 955 civili inermi: bambini, donne, anziani e sacerdoti.

- via Giacomo **Matteotti** 1885 - 1924. Esponente del Partito socialista unitario. Denunciò alla Camera dei Deputati le violenze, le illegalità e gli abusi commessi dai fascisti per vincere le elezioni del 6 aprile 1924. Venne in seguito rapito da membri della polizia politica fascista, ucciso e il cadavere seppellito in un bosco ad una ventina di chilometri da Roma.

• via don Primo **Mazzolari** 1890 - 1959. Sacerdote. Partecipò attivamente alla lotta di liberazione. Per evitare di essere eliminato dai fascisti, visse in clandestinità fino al giorno della liberazione del 1945.

• via don Giovanni **Minzoni** 1885 - 1923. Sacerdote. Si schiera con i più deboli e poveri attivandosi in azioni caritatevoli. Si oppone alle violenze fasciste che dopo numerose minacce, lo uccidono a manganellate.

• via **Montefiorino**. Comune della provincia di Modena. Nel corso della II guerra mondiale si organizzò come governo autonomo in lotta contro l'esercito occupante tedesco. Nacque così, dal 17 giugno all'1 agosto 1944, la Repubblica Partigiana di Montefiorino. Medaglia d'Oro al Valor Militare.

• via Paolo **Novati**. Cittadino novese, caduto, 1940-1945.

• via Umberto **Orsenigo**. Cittadino novese, caduto, 1940-1945. Medaglia d'Argento.

• via Enrico **Poldelmengo** 1910 - 26 aprile 1945. Cittadino novese. Partigiano. Ucciso mentre con altri partigiani bloccano alle 4 strade di Nova Milanese una colonna di tedeschi in fuga.

• via **Fratelli Rosselli**. (Carlo 1899 - 1937. Nello 1890 - 1937). Attivisti dell'antifascismo italiano. Esuli in Francia vengono uccisi, assieme, dopo un pestaggio organizzato da esponenti della destra francese.

• via Amedeo **Scuratti** 1899 - 1945. Cittadino novese. Deportato, morto nel Lager di Gusen, campo dipendente del Lager di Mauthausen (Austria).

• via Mario **Sironi** 1925 - 1945. Cittadino novese. Deportato, nel Lager di Zwickau, campo dipendente del Lager di Flossenburg (Germania).

• via Claudio **Treves** 1869 - 1933. Politico, giornalista, antifascista. Esponente del Partito socialista italiano.

• via Filippo **Turati** 1857 - 1932. Politico, giornalista, antifascista. Fondatore con altri del Partito dei lavoratori italiani divenuto poi Partito Socialista dei lavoratori italiani e successivamente Partito Socialista Italiano. Dopo la sua espulsione, insieme a Claudio Treves e altri, diede vita al Partito Socialista Unitario. Nel 1926 fuggì in Francia dove svolse un'intensa attività antifascista.

• via **Val d'Ossola**. Valle della provincia del Verbano-Cusio-Ossola. Tra gli eventi storici che hanno interessato il territorio della Valle, ricopre un ruolo rilevante l'istituzione nell'autunno del 1944 della Repubblica Partigiana dell'Ossola. Dopo 33 giorni di zona libera, la controffensiva nazi-fascista dopo giorni di combattimenti provocò la caduta della Repubblica Partigiana.

• via **Val Grande**. È situata tra le montagne dell'Ossola, il bacino del Lago Maggiore e la Valle Cannobina. Questo territorio fu teatro nel giugno del 1944 di aspri combattimenti tra le formazioni partigiane e le truppe nazi-fasciste. Su queste montagne è stata scritta una pagina importante della Resistenza italiana.

• via **Val Sesia** (Valsesia). Valle della provincia di Vercelli. Territorio teatro di rastrellamenti da parte di truppe nazi-fasciste e combattimenti con formazioni partigiane. Nel giugno del 1944, venne proclamata la Repubblica della Valsesia che rimase in funzione con alterne vicende, fino alla Liberazione.

• via Mario **Vanzati** 1911 - 1944. Cittadino novese. Deportato, morto nel Lager di Ebensee, campo dipendente del Lager di Mauthausen (Austria).

• via Fratelli **Vigorelli**. Bruno, nato a Milano il 26 ottobre 1920 e Adolfo nato a Milano il 26 ottobre 1921. Nel giugno 1944 caddero entrambi, a due giorni l'uno dall'altro, in combattimenti contro i nazifascisti nella Val Grande, sopra Intra. Avevano rispettivamente ventiquattro e ventitré anni. Adolfo, Medaglia d'Oro al Valor Militare alla memoria e Bruno Medaglia d'Argento.

• via Giulio **Villa** 1926 - 1944. Cittadino novese. Partigiano, caduto in Val Grande, nel Verbano (Piemonte).

• via **XXV Aprile**. Festa nazionale italiana per celebrare **la Liberazione dell'Italia** del 25 aprile 1945.

Attraverso la toponomastica si può rilevare lo sviluppo della cittadina e la distanza intercorsa tra il tempo dell'evento e il tempo della memoria pubblica locale.

(Elenco viario aggiornato al 9.12.2014). *Fonti*. Per i dati locali: Archivio Comunale di Nova Milanese. Adriano Todaro, 4 strade. Il romanzo-storia della resistenza a Nova Milanese e in Brianza. Volume e videocassetta di Angelo Culatti con interviste ad alcuni partigiani novesi e di altre località. Ed. Comune di Nova Milanese/*unità a sinistra*, 1995.

Memoria pubblica ereditata

Di segni, tracce storiche presenti in città del periodo compreso tra il 1922 e il 1945 è rimasto solo il simbolo del fascio, visibile su molti tombini delle strade cittadine.

Due sono le architetture del periodo fascista presenti nella cittadina novese: la Casa del fascio, adibita nel 1989 a caserma dei Carabinieri e l'ampliamento dell'edificio della scuola elementare di via Roma, sui quali non vi sono più i simboli fascisti che erano presenti anche tra l'altro, sulle spallette del ponte del derivato del Canale Villoresi, all'angolo tra via Garibaldi e via Villoresi.

Non risultano altri elementi nell'arredo urbano che fanno riferimento al periodo storico in oggetto e della presenza in città, su edifici pubblici e privati, di scritte murali con motti attribuiti spesso a Benito Mussolini. Solo pochissimi anziani ricordano la presenza nella cittadina di alcune scritte, testimonianze orali queste che necessiterebbero di essere registrate.

Dei luoghi di incontro e di azioni del partigianato locale non c'è nessuna traccia in città, come dell'azione condotta il 1° Maggio del 1944 dove venne collocata una bandiera rossa in cima all'acquedotto, quasi di fronte alle scuole elementari di via Roma, dove erano alloggiati un gruppo di militari germanici. Ora, l'acquedotto è stato abbattuto e non c'è nessun segno a ricordo dell'evento sopra citato.

Altri elementi della memoria pubblica

Al monumento ai caduti di viale Rimembranza, eretto nel 1925 per ricordare i novesi morti nel corso della Grande Guerra, sono state aggiunte, dopo il 1945, altre targhe con incisi i nomi dei soldati novesi morti e dispersi, nel periodo compreso tra il 1940 e il 1945.

Una lapide dell'Anpi, con nomi e foto dei resistenti novesi e dei civili morti in azioni partigiane e nel corso dei giorni della liberazione, era stata posta sulla facciata dell'ex Municipio di via Madonnina. La lapide ora si trova nei pressi del nuovo Municipio.

Nell'area antistante il nuovo Municipio, l'attuale piazza Gio.I.A, nel 1986, è stato collocato un altro monumento commissionato dal Comune di Nova Milanese, dedicato alla Resistenza e alla pace. Almeno così viene indicato oralmente, perché non vi è nessuna dicitura presente. Alla base del monumento sono state posizionate alcune lapidi realizzate anni addietro, con incisi i nominativi dei caduti durante la Grande

Guerra e il periodo compreso tra 1940 e il 1945 e una lapide con i nominativi dei resistenti novesi e dei civili morti in azioni partigiane e nel corso dei giorni della Liberazione;

Si trova inoltre:

⇒ il roseto di Ravensbruck e una targa dedicata a tutti i deportati dei Lager nazisti, inaugurato il 25 aprile del 1996;

⇒ nel gennaio del 2012 viene dedicata ad Anna Frank la scuola elementare di via Novati.

Conservare, tutelare, valorizzare

Alle chiacchiere, alle facili dichiarazioni di intenti da parte dei politici, soprattutto nel corso di commemorazioni, è necessaria una precisa volontà politica per assumere l'impegno della conservazione, tutela e valorizzazione di queste *memorie fragili.* Nel concreto, il monumento di viale Rimembranza come le lapidi di piazza Gio.I.A., richiedono urgenti interventi di restauro e di manutenzione, parimenti a tutte le altre tracce materiali come carte d'archivio, documenti, memorie, testimonianze orali e video testimonianze da conservare, tutelare e valorizzare. Il tutto utile per stimolare la conoscenza non di un episodio come frequentemente viene considerata ad esempio la Resistenza, ma di un processo di liberazione. Leggere, quindi, la storia attraverso le fonti documentarie.

Sarebbe ormai giunto il tempo per avviare una prima riflessione sulle motivazioni di titolare una strada, una piazza, un edificio con i nomi dei resistenti e dei civili locali e non, caduti per la Liberazione dell'Italia dal nazi-fascismo e considerare il rapporto tra storia, memoria e ambito locale così da costruire l'identità locale e nazionale. Necessario poi, riflettere sulle titolazioni che fanno riferimento a persone ed eventi sconosciuti ai più o misconosciuti/dimenticati.

Altre piste di ricerca:

⇒ la ricostruzione delle cause, dei percorsi, dei luoghi di morte e di sepoltura dei caduti locali;

⇒ i vuoti che pure esistono, come ad esempio l'assenza in ambito locale di precise titolazioni all'esperienza delle donne nella Grande Guerra e nella lotta di Liberazione (**sono poche le vie dedicate alle donne a Nova**);

⇒ **perché una data importante come il 25 Aprile sia stata confinata in una via abbastanza periferica;**

⇒ sempre in ambito locale si può notare l'assenza di precise tabelle esplicative di percorsi urbani della storia e della memoria.

Storia per strada, strade di storia

Ora alcune denominazioni delle targhe viarie ci sono più comprensibili. Sappiamo ad esempio che via Piave e via Isonzo fanno riferimento a due dei fiumi dove lungo le loro sponde si tennero numerose battaglie così come via Sabotino e via San Michele al Carso, sono stati luoghi di estenuanti anni della Grande Guerra e che le titolazioni alle cittadine di Trento, Trieste e Gorizia... fanno riferimento alla loro unificazione all'Italia. In riferimento a quegli anni, rilevante è l'essere venuti a conoscenza delle motivazioni delle vie dedicate a Carlo Pessi e a don Carlo Mezzera, cittadino novese nel caso di Pessi e acquisito nel caso di don Mezzera.

Sarà ora più facile collegare i nomi di Marzabotto, Fosse Ardeatine, Val Sesia ecc., ai rispettivi eventi storici come sapere che cittadini novesi hanno lottato e sono morti per la libertà. Le dedicazioni a Enrico Poldelmengo e a Giacomo Balconi, ci consentono di ricostruire cosa è successo a Nova Milanese e in zone adiacenti nei giorni della Liberazione dell'aprile 1945.

La *lettura* delle tabelle segnavia, della toponomastica, ci consente tra l'altro, di conoscere un po' di più la nostra cittadina, lo sviluppo della città nel tempo e di quale è stata e qual è la volontà di conservare in città la memoria.

Osservando le targhe si sono inoltre rilevate altre informazioni, come:

⇒ lo stato dei segnavia (usura dei materiali per mancata manutenzione o per atti di vandalismo);

⇒ le caratteristiche fisiche delle targhe, la collocazione per fornire agli utenti le specifiche informazioni nel rispetto dei principi di efficienza ed efficacia; se nel segnale il nome intitolato a persone è riportato per esteso (G. o Giuseppe, Giovanni), senza abbreviazioni e con la presenza dei titoli onorifici;

⇒ l'uniformità nella scrittura dei testi (maiuscolo/minuscolo);

⇒ presenza di elementi di personalizzazione (logo del Comune);

⇒ presenza dei cartelli nome strada su entrambi i lati di tutte le strade in corrispondenza delle intersezioni, cartelli mancanti.

Sulla storia e la memoria, l'aspetto principale è l'educazione, non limitato al tempo scolastico ma che si sviluppa nell'arco di tutta la vita. Circa la conoscenza della Resistenza, così scriveva Sciascia:

> questo è il punto - la Resistenza non è un tema di ricorrenza, quale quello sulla festa degli alberi o sulla giornata della Croce Rossa, ma è il tema stesso della scuola: dell'educazione, della formazione, della coscienza degli italiani; la chiave di volta, insomma, di ogni intendimento e di ogni azione presente e futura.

È mia convinzione che non è imponendo una legge che avviene la conoscenza e la trasmissione di valori, quanto da una precisa politica culturale della memoria, soprattutto a chi è affidata la gestione della memoria pubblica in ambito locale e nazionale.

Puccy Paleari

Nova Milanese, versione aggiornata al giugno 2015

Bibliografia

AA.VV. – *Biblioteca Civica Popolare*, Nuovo Umanesimo, 1967

AA.VV. – *La memoria ritrovata*, Il Cortile, ottobre 1996

AA.VV. – *Nova, un paese in continua evoluzione*, 1988, Seconda classe media Segantini

Arienti, Pietro – *La Resistenza in Brianza*, 2000

Baldo, Angelo e Banfi, Massimo – *Storia di Nova*, Gruppo culturale San Carlo, 12 marzo 1994

Caimi, Marilena – *Sviluppo urbanistico e industriale di un paese dell'hinterland: Nova Milanese*, Tesi di laurea, 1978-79

Cinquanta, Rossana e Spinelli, Davide (a cura di) – *Nova, le donne e il '68*, Bice Bugatti Club, 2018

Colombo, Antonio – *Storia e cronaca dal 1598 al 1914*, marzo 1989

Diligenti, Emilio e Pozzi, Alfredo – *La Brianza in un secolo di storia d'Italia 1848-1945*, Teti Editori, 1980

Taglia, Giusy – *Novesi, i personaggi che hanno contribuito a cambiare il volto della città*, FrancoAngeli, 2010

Todaro, Adriano – *4 strade*, Unità a sinistra, aprile 1995

Todaro, Adriano – *Dizionario politico-sociale di Nova Milanese*, Unità a sinistra, 1998

Todaro, Adriano – *Una vita in prestito*, Legacoop, 1997

Zaninelli, Sergio – *Storia di Monza e Brianza*, Milano, 1969

Fonti e Siti web utilizzati

Archivio comunale di Nova Milanese

Archivio di Stato di Milano

Archivio parrocchiale di Nova Milanese

Camera di Commercio di Monza e Brianza

Comune di Monza (redditi Irpef Nova)

Giornale di Desio

Il Cittadino

Il Cortile

Istat e www.tuttitalia.it

Italia.indettaglio.it/ita/lombardia/novamilanese.html

Settore Affari Generali Comune di Nova Milanese

Settore Anagrafe/Elettorale Comune di Nova Milanese

Settore Economico Finanziario Comune di Nova Milanese

Settore Gestione del territorio Comune di Nova Milanese

Settore Interventi sociali Comune di Nova Milanese

Settore Lavori pubblici Comune di Nova Milanese

Settore Polizia locale Comune di Nova Milanese

Statistiche Provincia di Monza e Brianza

Wikipedia

www.asr-lombardia.it (Annuario statistico regionale)

www.comuni-italiani.it

www.sistan.it - Sistema statistico nazionale (Sistan)

Indice analitico

Nota di edizione

Questo libro

Il Dizionario politico-sociale di Nova Milanese. Qui potrete trovare:

- Tutti i nomi dei Sindaci e dei Consiglieri comunali dal 1860 al 2018

- Nomi, fatti, luoghi relativi a: Comune e territorio, la Resistenza e gli anni della guerra, l'economia, l'associazionismo e il mondo della scuola, il mondo dei cattolici, della religione e non solo, la Sanità e i servizi e interventi sociali

- tutte le Statistiche relative a Nova Milanese aggiornate al 2018.

In appendice la "Storia di strade, strade di storia" di Puccy Paleari.

L'autore

Adriano Todaro è nato a Nova Milanese nel 1942. Il primo libro scritto ("Autobianchi: vita e morte di una fabbrica") e l'ultimo ("Neuroni in fuga"), sono reperibili anche in formato elettronico, oltre che cartaceo, presso numerose piattaforme e store presenti in internet.

Le edizioni ZeroBook

Le edizioni ZeroBook nascono nel 2003 a fianco delle attività di www.girodivite.it. Il claim è: "un'altra editoria è possibile". Zero-Book è una piccola casa editrice attiva soprattutto (ma non solo) nel campo dell'editoriale digitale e nella libera circolazione dei saperi e delle conoscenze.

Quanti sono interessati, possono contattarci via email: zerobook@girodivite.it

O visitare le pagine su: https://www.girodivite.it/-ZeroBook-.html

Ultimi volumi:

Emma Swan e l'eredità di Adele Filò / di Simona Urso (ISBN 978-88-6711-153-4)

Otello Marilli / di Ferdinando Leonzio (ISBN 978-88-6711-155-8)

Sei parole sui fumetti / di Ferdinando Leonzio (ISBN 978-88-6711-139-8)

Autobianchi : vita e morte di una fabbrica / di Adriano Todaro ; prefazione di Diego Novelli (ISBN 978-88-6711-141-1)

Sotto perlaceo cielo : mito e memoria nell'opera di Francesco Pennisi / di Luca Boggio (ISBN 978-88-6711-129-9)

La diaspora del comunismo italiano / di Ferdinando Leonzio (ISBN 978-88-6711-127-5)

Accanto ad un bicchiere di vino : antologia della poesia da Li Po a Rino Gaetano / a cura di Piero Buscemi (ISBN 978-88-6711-107-7, 978-88-6711-108-4)

Il cronoWeb / a cura di Sergio Failla (ISBN 978-88-6711-097-1)

Col volto reclinato sulla sinistra / di Orazio Leotta (ISBN 978-88-6711-023-0)

L'isola dei cani / di Piero Buscemi (ISBN 978-88-6711-037-7)

Saggistica:

I Sessantotto di Sicilia / Pina La Villa, Sergio Failla (ISBN 978-88-6711-067-4)

Il Sessantotto dei giovani leoni / Sergio Failla (ISBN 978-88-6711-069-8)

Antenati: per una storia delle letterature europee: volume primo: dalle origini al Trecento / di Sandro Letta (ISBN 978-88-6711-101-5)

Antenati: per una storia delle letterature europee: volume secondo: dal Quattrocento all'Ottocento / di Sandro Letta (ISBN 978-88-6711-103-9)

Antenati: per una storia delle letterature europee: volume terzo: dal Novecento al Ventunesimo secolo / di Sandro Letta (ISBN 978-88-6711-105-3)

Il cronoWeb / a cura di Sergio Failla (ISBN 978-88-6711-097-1)

Il prima e il Mentre del Web / di Victor Kusak (ISBN 978-88-6711-098-8)

L'intelligenza collettiva di Pierre Lévy / di Tano Rizza (ISBN 978-88-6711-031-5)

I ragazzi sono in giro / a cura di Sergio Failla (ISBN 978-88-6711-011-7)

Proverbi siciliani / a cura di Fabio Pulvirenti (ISBN 978-88-6711-015-5)

Parole rubate / redazione Girodivite-ZeroBook (ISBN 978-88-6711-109-1)

Accanto ad un bicchiere di vino : antologia della poesia da Li Po a Rino Gaetano / a cura di Piero Buscemi (ISBN 978-88-6711-107-7, 978-88-6711-108-4)

Neuroni in fuga / Adriano Todaro (ISBN 978-88-6711-111-4)

Celluloide : storie personaggi recensioni e curiosità cinematografiche / a cura di Piero Buscemi (ISBN 978-88-6711-123-7)

Sotto perlaceo cielo : mito e memoria nell'opera di Francesco Pennisi / di Luca Boggio (ISBN 978-88-6711-129-9)

Per una bibliografia sul Settantasette / Marta F. Di Stefano (ISBN 978-88-6711-131-2)

Iolanda Crimi : un libro, una storia, la Storia / di Pina La Villa (ISBN 978-88-6711-135-0)

Autobianchi : vita e morte di una fabbrica / di Adriano Todaro ; prefazione di Diego Novelli (ISBN 978-88-6711-141-1)

Dizionario politico-sociale di Nova Milanese : Passato e presente / Adriano Todaro (ISBN 978-88-6711-151-0)

Narrativa:

L'isola dei cani / di Piero Buscemi (ISBN 978-88-6711-037-7)

L'anno delle tredici lune / di Sandro Letta (ISBN 978-88-6711-019-3)

Emma Swan e l'eredità di Adele Filò / di Simona Urso (ISBN 978-88-6711-153-4)

Poesia:

Il libro dei piccoli rifiuti molesti / di Victor Kusak (ISBN 978-88-6711-063-6)

L'isola ed altre catastrofi (2000-2010) di Sandro Letta (ISBN 978-88-6711-059-9)

La mancanza dei frigoriferi (1996-1997) / di Sergio Failla (ISBN 978-88-6711-057-5)

Stanze d'uomini e sole (1986-1996) / di Sergio Failla (ISBN 978-88-6711-039-1)

Fragma (1978-1983) / di Sergio Failla (ISBN 978-88-6711-093-3)

Raccolta differenziata n°5 : poesie 2016-2018 / di Victor Kusak (ISBN 978-88-6711-149-7)

Libri fotografici:

I ragni di Praha / di Sergio Failla (ISBN 978-88-6711-049-0)

Transiti / di Victor Kusak (ISBN 978-88-6711-055-1)

Ventimetri / di Victor Kusak (ISBN 978-88-6711-095-7)

Visioni d'Europa / di Benjamin Mino, 3 volumi (ISBN 978-88-6711-143_8)

Opere di Ferdinando Leonzio:

Una storia socialista : Lentini 1956-2000 / di Ferdinando Leonzio (ISBN 978-88-6711-125-1)

Lentini 1892-1956 : Vicende politiche / di Ferdinando Leonzio (ISBN 978-88-6711-138-1)

Segretari e leader del socialismo italiano / di Ferdinando Leonzio (ISBN 978-88-6711-113-8)

Breve storia della socialdemocrazia slovacca / di Ferdinando Leonzio (ISBN 978-88-6711-115-2)

Donne del socialismo / di Ferdinando Leonzio (ISBN 978-88-6711-117-6)

La diaspora del socialismo italiano / di Ferdinando Leonzio (ISBN 978-88-6711-119-0)

Cento gocce di vita / di Ferdinando Leonzio (ISBN 978-88-6711-121-3)

La diaspora del comunismo italiano / di Ferdinando Leonzio (ISBN 978-88-6711-127-5)

Sei parole sui fumetti / di Ferdinando Leonzio (ISBN 978-88-6711-139-8)

Otello Marilli / di Ferdinando Leonzio (ISBN 978-88-6711-155-8)

Parole rubate:

Scritti per Gianni Giuffrida: La nuova gestione unitaria dell'attività ispettiva: L'Ispettorato Nazionale del Lavoro / di Cristina Giuffrida (ISBN 978-88-6711-133-6)

Cataloghi:

ZeroBook: catalogo dei libri e delle idee 2018

ZeroBook: catalogo dei libri e delle idee 2017

ZeroBook: catalogo dei libri e delle idee 2016

ZeroBook: catalogo dei libri e delle idee 2015

ZeroBook: catalogo dei libri e delle idee 2012

Catalogo ZeroBook 2007

Catalogo ZeroBook 2006

Riviste:

Post/teca, antologia del meglio e del peggio del web italiano

ISSN 2282-2437

https://www.girodivite.it/-Post-teca-.html

Girodivite, segnali dalle città invisibili

ISSN 1970-7061

https://www.girodivite.it

ZeroBook catalogo delle idee e dei libri

bimestrale

https://www.girodivite.it/-ZeroBook-free-catalogo-puoi-.html

www.ingramcontent.com/pod-product-compliance
Lightning Source LLC
Chambersburg PA
CBHW070546270326
41926CB00013B/2216